产学研背景下体育专业
人才培养模式的改革与创新

雷　涛◎著

吉林出版集团股份有限公司

图书在版编目（CIP）数据

产学研背景下体育专业人才培养模式的改革与创新 /
雷涛著 . — 长春 : 吉林出版集团股份有限公司 , 2020.4

ISBN 978-7-5581-8295-2

Ⅰ . ①产… Ⅱ . ①雷… Ⅲ . ①体育专业－人才培养－
教学研究－高等学校 Ⅳ . ① G807.4

中国版本图书馆 CIP 数据核字 (2020) 第 047921 号

产学研背景下体育专业人才培养模式的改革与创新

著　　者　雷　涛
责任编辑　齐　琳　姚利福
封面设计　李宁宁
开　　本　787mm×1092mm　1/16
字　　数　273 千
印　　张　14.75
版　　次　2020 年 5 月第 1 版
印　　次　2020 年 5 月第 1 次印刷

出　　版　吉林出版集团股份有限公司
电　　话　010–63109269
印　　刷　炫彩（天津）印刷有限责任公司

ISBN 978-7-5581-8295-2　　　　　　　定价：65.00 元

前　言

知识经济时代，人口结构的变化，人们对体育需求的改变与娱乐、康复、健身事业的飞速发展，均会对体育教育专业的发展产生巨大的冲击，也为我们提供了绝佳的发展机遇。随着我国高等教育改革的不断深入，高校招生规模不断扩大，我国体育教育专业的人才培养模式日渐暴露出局限性。随着社会主义市场经济的发展，社会对人才的需求标准越来越高，再用传统的模式培养体育专业人才，显然已经不能适应当今社会对体育人才的需求，所以我们必须改变观念，建立正确的体育人才培养价值取向和思维方式，探索新时期新的体育教育专业人才培养模式。

学校体育是体育事业发展的基础，体育教师的质量是决定学校体育发展水平的关键要素。体育教育专业的改革与发展必须基于丰富的体育教师教育理论才能获得持久的生命力。体育教学不单单是技术示范，传统的"运动技能"本位模式应该被超越。体育教学不仅需要建构于现代科学的基础之上，还需要教师对教学经验的扬弃，更需要融入教师的教学智慧。只有这样，它才能焕发出艺术的魅力和生命的活力。

"产、学、研"一体化模式在高校体育专业中进行尝试与试验，是在注重科研成果向产业转化的同时，以知识经济促进成为社会发展主要动力为目标，强化高校服务社会与产业功能的一线举措。

基于此，本书对高校体育教育专业学生的人才培养模式的相关问题进行了论述，包括高校体育教育专业学生的人才培养模式的基本理论与影响因素、高校体育教育专业发展环境分析、高校体育教育专业培养方案与课程设置、培养机制分析、高校体育教育专业既有人才培养模式的实践措施、高校体育教育专业人才培养的实践性问题研究，并对高校"校企联合"培养模式的发展对策进行了深入的探讨，以期为高校体育教育专业创新人才的培养模式与方法体系的构建提供一些参考。

由于时间及作者水平所限，本书难免存在不足之处，在本书出版之际，真诚地欢迎各位专家、读者提出宝贵的意见和建议。

目　录

第一章 体育教学新论

第一节 体育教学发展论

一、我国体育教学论的发展历程

（一）我国体育教学思想的溯源

根据历史学家与考古学家的研究，人类最少有 200 万年以上的历史。体育作为获取生存所必须的物质财富活动之外的一个社会活动特殊范畴，产生于原始社会的晚期（公元前 8 万至公元前 8000 年），其训练的内容是多方面的，其中包括许多身体运动能力方面的训练。例如，从事畜牧业的民族骑马和骑马围猎是人们主要的谋生本领，因此青年们必须接受这方面的训练；在农业村庄，人们感兴趣的是摔跤、举重、舞蹈和养生术等，青少年则以学习这些内容为主。当时体育教育的最初内容就是通过成人接纳仪式而进行学习和训练。当然，不同的地域、不同的历史时代，体育教学的内容、形式均有差异。

在我国体育教学思想形成、发展的过程中，首先要回溯到孔子的思想。孔子思想是中国教育思想之源，他的教育思想对体育教学产生了深刻的影响。例如，孔子所推崇的"六艺"非常重视人的身体的全面发展，他认为体育活动的情调应该是轻松愉快的，"君子之音，温柔居中，以养生育之气，百忧愁之感，不加于心也；暴厉之动，不在于体也"（《孔子家语·辨乐解》）。孔子的教育思想对我国当时的体育教学作出了应有的贡献。

除了孔子的教育思想之外，其他思想流派也对我国体育教学理论的发展作出了一定贡献。如：老子为代表的道家思想，老子《道德经》中的关于"无为而无不为""刚则折，柔恒存兮""柔弱胜刚强""长生久视"之理，成为中国传统武术的方法论，并被广泛应用到古代武术教学传承之中。在中国历史的发展中还产生了以淮南王刘安为代表的黄老学派的自然主义教学思想，以董仲舒为代表的经学教学论思想，以王充为代表的儒学异端教学论思想，以嵇康为代表的玄学教学论思想，以道安、慧远、葛洪为代表的宗教教学论思想，以颜之推为代表的儒道佛初步融合的教学论思想，以王通、韩愈、柳宗元为代表的重振儒道教学论思想。这些教学思想中都有中国传统体育思想的萌芽。

（二）近代我国学制建立以后体育教学理论的沿革

1. 清朝末年我国的体育教学理论

（1）初步引进

在第一次鸦片战争之后，西方列强接踵而至，列强的豪夺给中国人带来了血的教训。不甘屈辱的中国人开始寻求强国之路，社会开始出现一系列变革。在教育领域，清政府确立了"中学为体，西学为用"的指导方针。1862年，开始兴建洋务学堂。在体育方面，1903年清政府颁布了《奏定学堂章程》，规定了癸卯学制，并确立了体育课程的必修地位，体育课程在各级各类学堂里得到了快速的发展。新式学堂的发展，导致各科教师极缺，技术性很强的体操教学更是突出。1906年，清朝学部通令全国扩大师范学堂名额，并命令各省在师范学堂设立五个月毕业的体操专修科，并开办培养师资的体操专修科或体育学堂。于是，我国开始专门培养体育师资。

从1862年开始兴建洋务学堂到1906年开办的专门体操专修科或体育学堂，虽然存在体操的教学，但关于体操教学理论的课程与教材在学校教育中还未出现，其他学科的教学论亦然。期间已出现了有关教学论方面的引进介绍，其中影响最大的教育专业刊物是《教育世界》。它1901年6月创刊于上海，创刊伊始开始系统地介绍日本学者汤本武比古所著的《教授法》，主要反映的是赫尔巴特的教学理论。除此之外，《教育世界》还介绍了西方教育家夸美纽斯、裴斯泰洛齐、第斯多惠、赫尔巴特等的教学思想。虽然有了教学理论的介绍，但教育界对教学理论仅处在接触和理解阶段，在实践教学中，教学方法还比较混乱。教学方法因人而异，无一定程式。不过，在各种差异之中，有两种共通之点：第一，在竭力接受班级教授之分班组织、团体讲演等新方法外，仍保持中国传统讲学方法，不拘年限，各科须做笔记等；第二，中国的旧学问尚未视为完全无用，故旧法尚于无形中有所保存。此期的教育方法，实是中西杂糅。

（2）初建体系

本阶段从1903年颁布《奏定学堂章程》到民国初期。由于在之前的洋务学堂得到一定的发展，并且西方的教育理论通过派遣留学生、翻译西方的教育著作、创建教育学刊等方式在中国奠定了一定的基础，由此，我国的教授法著作开始出现，学校教育中也出现了教学理论课程。1903 年的《奏定初级师范学堂章程》规定了"教育学"学科，分五年教学，第三学年是"教授法"。此外，我国学者还翻译了不少日本的教授法著作，如：沈统翻译东基吉的《小学教授法》，董瑞椿译通·勒次郎的《统合新教授法》，山西大学堂译书院 1905 年译印神保小虎的《应用教授学》，章根译田·义治的《小学教授纲要》（1903 年上海会文堂印）等。

通过对日本教学理论的学习，中国学者应当时教学计划的要求开始编写教授法著作。其中有朱孔文编的《教授法通论》（时中学社 1903 年版），《初级师范学校教科书各科教授法》（商务印书馆编译所 1906 年编集），《小学教授法要义》（木村中治郎、于沈编纂，蒋维乔校定）等。由于受日本的影响比较深，而日本的教学理论又倾向于赫尔巴特的五段教学法，我国的教学论教材所体现的多是赫尔巴特的教学方法。

由于现代意义的教学理论正处于刚刚接受和引进阶段，中国的分科教学论还未出现，这个时期的教学理论是各个学科通用的一般教授法。我们可从教育家的言论中分析。陈宝泉在为康绍言、薛鸿志编辑的《设计教学法辑要》做序时说道："前清末造，初兴学校的时候，真不知教授法为何事。曾忆初到日本，一听老师讲五段教学法时，以为用科学的方法发展儿童的本能，实为新教育之最大特色。所以，当时管私所编辑的小学教授用书，以及各小学实用的教授方法，殆无一不是适用五段教授法原理的。"而据林砺儒等说："中国自有学校教育，其教授法即通用演讲式之注入主义，非惟中学然也。大抵文学、历史、地理等科，专赖教师之取材兴说明；即理科之实验，亦由教师行之，作为说明一种，学生旁观而已。学生之作业，除作文、演算外，惟图画、手工、体操，则非诉诸学生之动作不可，然亦不过模拟的作业而已，其教授之良否，则纯视教师准备教材之是否丰富，说明之是否透辟为断。总之，学生所得，殆出自教授之授予。"由此，可以看出，我国的体育教学论还依附于教学论之中，没有分化出来。

2. 民国时期我国的体育教学理论

（1）继承清末体育教学理论

1911 年 10 月，爆发了资产阶级领导的辛亥革命，不仅推翻了清王朝的统治，而且也结束了我国两千多年的封建专制制度。1912 年 1 月，资产阶级革命党人在南京成立了以孙中山为大总统的中华民国临时政府，临时政府一成立就设立了教育部，由蔡元培担任教育总长。成立伊始就颁布了《普通教育暂行办法》《普通教育暂行课程标准》等法令，之后在 1912 年 9 月颁布了《小学令》和《中学令》，建立了民国学制系统的结构框架，史称"壬子学制"。由此，一套相对完整的教育制度建立起来。新学制在体操课方面根据不同学段的学生制定了不同的教育宗旨，并且设置了相应的课程内容。此外，国民政府继续沿用"军国民教育"思想，并对士兵体操的重视达到了高峰。

在这一时期，我国体操课的教学，从教学思想到教学方法，都没有太大的进步，基本上是清朝末年教学理论的延续。如在体育课的教学方法上，1913 年 4 月 17 日教育部曾通令颁布《中等师范学校教员教学方法》："凡中等师范学校，以后至第三学年始，任择何种科目，每周以二时或三时就教员所讲，令学生笔记。逐渐加强加速，仍由教员随时视察指正讹误。"由此可见，这时的体操教学仍以引进日本的赫尔巴特教学方法为主。

同时，我国学者也编著了一些教学理论的著作。在 1912 年教育部颁布《师范学校规程》和 1913 年的《高等师范学校规程》都规定教育学科中包含教授法。在这一时期，我国学者编写的教授法教材有：1909 年白作霖编著、蒋维乔校订、商务印书馆出版的《各科教授法精义》；1913 年商务印书馆出版的《教授法原理》；1916 年蒋维乔编写、商务印书馆出版的《教授法讲义》；1917 年钱体纯编写、商务印书馆出版的《教授法》；1915 年钱体纯、杨保恒编写，仇采、蒋维乔校订，商务印书馆出版的《师范学校新教科书教授法》。

在这一阶段关于体育教授法的教材开始出现，只是还包含在普通教授法之中。如蒋维乔编写的《教授法讲义》就分为两个部分：总论与分论。总论讲述的是教授之意义、教授之目的、教授之材料、教授之方法等；分论为修身、国文、算术、历史、地理、理科、手工、图画、唱歌、体操、农业及商业、英语等各科教学。同时，蒋维乔编写的《师范类学校教科书各科教授法》、李步青编著的《新制各科教授法》已出现在师范类学校的教授法教材中。这些教材都是在对普通教学理论论述的基础上，就各个学科进行论述，体育教授法包含其中。可见，体育教授法教材已经出现，但是还没有完全独立出来。

（2）全面引进吸收期

1919 年之后，中国进入了西方教学方法的系统引进期。倡导的"提倡民主，反对专制，反对旧礼教、旧道德；提倡新科学，反对迷信；提倡新文学，反对旧文学，开展文学革命"推动了中国教育的全方位改革，欧美教育家的教学思想得到快速传播，西方盛行的各种教学方法在中国得到快速发展。随着美国实用主义教育家杜威，美国学者孟录、推士、迈克尔等人先后来中国讲学，实用主义教育思想在中国得以广泛传播。

1919 年 2 月，陶行知发表的《教学合一》系统阐述了"教授法"到"教学法"的理论思想，引起了当时中国教育界对教学理论的深刻探讨。之后，部分学校逐步把教授法改为教学法。与此同时，教学理论课程建设也得到了发展。1925 年全国教育联合会《新学制师范科课程纲要》规定必修科目中有普通教学法、各科教学法、小学各科教材研究等。之后，民国教育部也颁布了不同的规程，来确立普通教学法和各科教学法的地位。

随着西方教学理论在中国的传播，中国学者的教学理论观点也随之发生改变。在教学方法上，由原来的赫尔巴特以教师为主导的教学理论，转变为注重学生的主体地位，教学方法由原来单一的灌输式转向启发式教学为主、其他教学方法兼顾。随着教育科学研究的发展，这一时期还出现了"教材及教学法"教材，这类教材一般分为通论和各论。通论对教材和教学方法进行总述，各论包含体育课。

随着体育教学科研的发展，中国的"体育教学法"逐渐从"各科教学法"中独立出来，成为教学论学科的一个分支。1933 年 7 月，吴蕴端著的《体育教学法》一书出版，该书分通论、各论两编，是迄今为止所知中国最早的体育教学法专著，为之后的体育教学法从"各科教学法"中独立出来奠定了基础。

1937 年抗日战争爆发以后，中国社会陷入动荡，中国的教育事业艰难开展，体育教学理论的研究进入停滞期，在这一时期体育教学理论教材基本是以前教材的延续。

3. 体育教学论建构独立体系

（1）体育教学论飞速发展期（1989 年至 21 世纪初）

这一时期，借助国内教育教学理论研究成果，部分学者开始探讨我国体育教学理论自身体系，许多学者、专家对一些体育教学的基本理论问题进行了较为深入的思辨研究。

在体育教学指导思想上，综合分析各种体育教学指导思想，确定体育教学要为"终身体育"服务。在体育教学内容研究中，发展体育教学过程理论，全面分析体育教学过程中相互联系的各个因素，强调体育教学中的"双主体"作用，丰富了教学原则和方法。在体育教学评价方面，重视教学评价理论，强调过程性评价对学生获得体育成就的作用，注重学生在体育教学过程中的心理水平监测，但在实际操作方面还存在一定困难。随着体育教学理论研究和体育教学改革的不断深入及 1988 年第一本《体育教学论》专著的出版，不同版本的《体育教学论》应运而生，关于体育教学理论的论文越来越多，研究范畴取得了新的突破，体育教学论得到了飞速的发展。

（2）体育教学论作为一门独立学科（21 世纪初至今）

21 世纪以来，体育教学论已经初步成型，基本上有了自己的内容与框架，形成了自己的独立体系，得到了广大体育教育工作者的认同。2004年教育部体卫艺司《普通高等学校体育教育本科专业主干课程教学指导纲要》中正式确定《体育教学论》为"普通高等学校体育教育专业主干课程"，将"体育教学论"从其他教学理论中独立出来，从此，体育教学论作为一门独立的学科，担负起了传授体育原理、理论，培养体育教学人才的重任。

二、体育教学论的定位分析

（一）体育教学论的学科性质

学科性质是学术的分类特质，指一定的科学领域或一门科学分支的特质。对一门学科性质的认定，关系到其在科学领域的归属和分类等许多重要问题。体育教学论的学科性质问题，是这门学科得以确定的基本问题，体育教学论之所以能够独立于其他学科而存在，就是由其特有的性质决定的。那么，体育教学论的学科性质是什么呢？

按照目前体育教学论已有的科研成果及社会科学对学科性质整体归类，我们把学科的性质分为三类：理论科学、应用科学、理论兼应用科学。当然，我们对体育教学论的学科性质的界定还不能简单地套用上述三类。因为，对学科性质的界定还必须综合考虑这门学科的相关特点、甚至相关的概念，同时还受其他相关学科性质的影响。

体育教学论是分科教学论的组成部分，因此体育教学论的学科性质首先受教学论学科性质的影响。而人们对教学论学科性质的研究存在一定分歧，处在不断演变之中。17世纪夸美纽斯在他的《大教学论》中就指出："寻找一种教学方法，使得教员可以少教，但是学生可以多学。"他主要关注的是研究教育、教学的技巧、操作方法和策略等。这种教学研究的观点，长期以来得到西方学者们的赞同。持有这种观点的人，侧重于把教学论定位到研究具体的教学操作方法和技术的学科。而苏联和东欧国家的教学论学者则持不同的观点，如苏联学者达尼洛夫、叶希波夫在所著的《教学论》中指出："教学论是教与学的一部分。"它阐述教育和教学的理论。它研究的问题是学校教育的任务和内容，学生掌握知识、技能和技巧的过程，教学原则、方法和组织形式。他们认为教学论研究的是教学的一般规律，因此他们倾向于把教学论定位于研究教学一般规律的理论学科。

我国部分学者也对体育教学论的学科性质做了思辨性研究。如，张学忠、毛振明指出："体育教学论是集理论性和应用性于一体的综合性学科。前者说明体育教学论是研究体育教学现象、特征、本质和规律等基本问题，不断提高体育教学基础理论的科学性和系统性，含有理论性学科的特征。后者说明体育教学论研究的基本理论要运用体育教学实践，从而指导和服务于教学实践，含有应用性学科的特征。因此，具有综合性学科的特征。"还有学者认为，体育教学论属于应用理论研究，其研究的根本途径在于通过研究体育教学活动和现象，揭示体育教学客观规律；通过建立具体而系统的体育教学范畴和理论体系，说明和解决体育教学活动的关系和课题，并运用到体育教学实践中去。

体育教学论作为教学论的分科教学论，它的学科性质要在综合教学论的认识基础之上，并且结合体育学科自身的特点，概括出体育教学论的学科性质。体育教学论不仅要有体育教学理论知识的教学，而且还要把这种理论应用到实践教学。因此，体育教学论既要根据体育教学实践发展的需要，总结出各种类型的具体教学模式、教学策略、教学设计方法、技术等，还要在这些实践中总结、概括出普遍的规律，以便更好地指导理论教学。因此，最终把体育教学论定位精要概括为：实践性很强的理论型应用学科。

（二）体育教学论的研究对象

任何一个学科的发展都应有个核心领域，也就是说，都有其特定的研究对象。特定的研究对象是一门学科产生和存在的客观依据。因此，明确体育教学论的研究对象，是实现体育教学论科学化的首要问题，对体育教学论的学科建设与发展具有十分重要的意义。那么，体育教学论的研究对象是什么呢？究竟如何确定体育教学论的研究对象呢？

针对上述问题，确立体育教学论的研究对象我们必须把握以下几个方面：一是体育教学论所确定的研究对象是客观存在的，但这并不是说体育教学领域中所有客观存在的都是体育教学论研究对象。二是要区分体育教学论概念的内涵与体育教学论的研究对象。体育教学论的定义是揭示体育教学论这个概念所反映的对象的本质属性，体育教学论的研究对象是指体育教学论要研究什么？三是要区分体育教学论的研究对象与研究任务。体育教学论是研究体育教学一般规律的科学，并不等于体育教学论的研究对象就是教学规律。四是体育教学论研究对象是由它所要解决的特殊矛盾的任务决定的。要界定体育教学论的研究对象，就要弄清体育教学论所要解决的特殊矛盾是什么。体育教学论之所以区别于其他学科，就是它是研究教与学的矛盾。因此，要抓住教与学这一本质的联系，也就抓住了教学研究的根本。五是要区分体育教学论研究的客体与研究对象。体育教学论研究的客体是整体的体育教学活动，我们不能把研究的客体纯粹地等同于研究对象。因为，体育教学活动这一客体是学校体育教学活动所指向的对象。

根据上述分析，我们再来看目前已有的科研成果中对体育教学论研究对象的界定。我国学者在这方面形成了不同的看法，归纳起来可以分为两类：一类是把体育教学论的研究对象界定为体育教学的一般规律。樊临虎在其《体育教学论》里认为："体育教学论的研究对象是探索体育教学本质与规律，寻求最优化的教学途径与方法用于体育教学实践，提高体育教学质量。"另一类是把体育教学论的研究对象界定为各种具体的教学变量和教学要素。如，张学忠、毛振明认为，"体育教学论研究的对象是体育教学问题"等。

从以上对体育教学论研究对象的相关研究成果来看，把体育教学规律变成体育教学论的研究对象、把体育教学论研究对象归结到体育教学活动中的问题、离开教与学的问题来谈体育教学论研究对象、笼统地把体育教学论的研究对象指向体育教学论的概念等等说法都是有失偏颇。因为体育教学论的研究对象是指要研究什么的问题。把体育教学论的研究对象说成是体育教学论的规律，这就把体育教学论研究对象与任务混淆了。

根据以上论述，体育教学论的研究对象是从体育教学中所要解决的特殊矛盾、体育教学的任务及教与学的问题出发来研究体育教学活动中所面临和所要解决的问题。

（三）体育教学论研究的基本范畴

对于一个学科来说，基本范畴无疑是这个学科最基本的问题，诸如一个学科的基本属性、研究对象、研究方法等都可以算作是这个学科的基本范畴。由于体育教学是一个复杂教育现象的统一体，因此，我们想弄清楚体育教学论的研究范畴，也要从多方面来考虑。首先，从体育教学论的学科性质来看，体育教学论是一门实践性很强的理论型应用学科。诚然，体育教学论不仅要研究体育教学的一般规律，还要研究这些规律在教学实践中的应用，这都是体育教学论的研究范畴，当然还包括体育教学论这门学科的基本属性、研究对象、研究方法等。再者，我们从体育教学系统来考虑，构成教学系统的要素包括教师、学生、教材、教学手段、教学目的等，并且每个要素都在教学系统中发挥着独特的作用。其中，每个要素都是体育教学论研究范畴的构成体。

要弄清楚体育教学论的研究范畴，不能从这些表面来看，我们要通过这些表面现象看到实质。体育教学论的真正研究范畴，应该：能适用于任何体育教学活动；能保持相对的稳定性；能重复操作而保持相似结果的存在；具有矛盾的辩证统一性，以保证在范畴本身矛盾运动中揭示各种关系，形成理论体系；要具有结构性，在范畴因素之间构成一个有机体，并能进一步具体的演绎，形成完整体育教学论体系。要达到这样的要求，我们要先弄清楚，体育教学要面对的矛盾统一体。体育理论与技术最终要被学生所认识，因此，学生是认识与发展的主体，被认识的体育理论与技术是客体，而教师、教学环境等只是促进认识的媒介。主体与客体，主体与媒介，客体与媒介之间都存在矛盾。其中，主体与客体之间的矛盾转化上升的过程就是体育教学发展的动力，是体育教学理论发展的推进器。这就组成了体育教学论研究的三个基本范畴：学生、体育理论与技术和媒介。在基本范畴的进一步演绎下，得出体育教学论研究的内容体系。首先，学生范畴表现出来的研究内容有体育教学过程中的主体性，体育教学过程中的主体、客体，及其相互间的关系问题，如何培养学生的主体性发展问题等。其次，体育理论与技术范畴表现出来的研究内容有体育教学过程、体育教学内容、体育教学系统、体育教学规律与原则、体育教学方法、体育教学模式、体育教学组织形式等。最后，媒介范畴所表现出的研究内容有体育教学过程的主体性、体育教学目标、体育教学环境、体育教学艺术、体育教学管理与评价等。这些研究内容构成了体育教学论的学科体系。

三、现阶段我国体育教学论存在的困惑与反思

一直以来，国内众多学者对体育教学论的研究都是围绕着体育教学论的科学化这条基本线索而展开的。体育教学论科学化的实现，既有学科内在发展的必然逻辑，又有社会发展的外在需求和条件。就学科发育状况而论，在我国，体育教学论已经成为体育科学中最有活力、成果最丰硕的领域之一。但是，我们也应该承认，体育教学论要作为一门完整的学科，还存在着一系列不可忽视的问题。

具体表现为研究方法的缺失和理论构建与实践指向的模糊。

1. 体育教学论研究方法存在的问题

从哲学的角度上讲，目前的体育教学论所运用的哲学方法明显地偏重于认识论，而且没有充分体现历史辩证法的精神。从我国体育教学论发展的历程可以看到，一百多年来，体育教学理论曾经发生过多次彻底否定与全盘肯定的现象。如，民国时期完全肯定欧美"自然主义"体育教学理论，新中国成立后我们马上给予全盘否定，并建立了以凯洛夫教育学为基础的苏式理论，数年后，又开始批判苏式理论的热潮。尤其是在体育教学论开放发展的今天，我们的体育教学论研究者在接受新理论的同时，往往会草率地否定以前的某种理论。

体育教学论研究方法的缺失，还表现在对体育教学过程中的认识活动进

行机械的、静止的分析，对体育教学过程客观规律的必然性、复杂性缺乏令人信服的论证，结论或要求的主观任意性、强加性比较突出。例如，我们大多数人都已熟悉的体育教学论中的概念：体育教学目标、体育教学原则、体育教学方法、体育教学模式、体育教学策略等大都是从教学论、教育学中演变而来，没有根据体育教学认识论来重新审视或再次抽象概括。

概括地说，当前体育教学论研究方法的缺失主要表现为"双重替代论"和"无为论"。"双重替代论"是指我国体育教学研究的方法论的理论基础来源于教学论，而"教学论的理论基础长期以来只以哲学认识论为唯一理论基础，简单地用哲学认识论公式去套教学过程。"这导致我国的体育教学论研究要么重复别人的话，要么借用别的学科的理论，自己学科独立体系的理论支撑不够。"无为论"是指体育教学论研究者除了移植教学论的研究方法外，在方法论方面再也无所作为，任其自由发展。

2. 体育教学论理论构建与实践指向的模糊

从对体育教学论的学科定位分析得知，体育教学论是一门实践性很强的理论型应用学科。这样双重的性质，使得体育教学论面临着双重的困境，一方面是理论研究迟滞，另一方面由于与实践脱节，导致一线体育工作者不满和抱怨。

体育教学论是一门理论学科，首先必须肯定的是，理论学科决定研究者研究的理论范型，但并不决定其在价值关系上也是理论的。换句话说，理论研究不等于理论本身，否则，只能导致理论的失真。亦即，在理论研究中，我们不能为理论而理论。在这一问题上，目前我国体育教学论学科的理论构建中普遍能看到"为理论而理论"的影子。很多研究者摒弃理论来自实践的科学精神，一味地沉迷于从教学论"移植"相关的理论知识，并沉浸于教学、教学目标、教学本质、教学模式、教学策略、教学设计转化为体育理论的来回穿梭。这种过分拘泥于理论的研究，往往使研究者注意力分散，置活生生的体育教学现实于不顾，导致体育教学论未能深入研究现实发展与未来展望的问题。

体育教学论也是一门应用学科，其理论具有实践指向性。然而体育教学论的实践指向性并不决定学科研究中的实用主义倾向。毫无疑问，体育教学论要以实践经验为基础，研究和解决体育教学中实际问题，并从实际问题的研究出发，构建自身的理论体系去指导实践教学，以此循环反复，否则，体育教学论就没有存在和发展的必要和可能。当然，体育教学论在以实践经验为基础的同时，也应该注意以实践经验为基础并不等于体育教学论就应该是停留在就事论事的表面思考上。这里主要是指，一些学者对体育教学论的研究，着重关注体育教学活动相关的、直接的、具体的操作，而对体育教学活动的联系性、普遍性等缺乏理性关照，缺少归纳反思、实践经验的工作。体育教学论要指导教学实践，但教学论不能只知道个别特殊的体育教学活动，尤其不能只知道我们都已熟知的那些体育教学活动。体育教学论不能只承认教学现实，不能只解决教学现实问题，应该在解决教学现实问题的基础上有针对性地把这种体育教学理论进行升华，归纳出其实质性的规律，使自己掌握的体育教学中的特殊规律上升到一般规律。但是，目前我们的体育教育工作者正缺乏这种能力，他们往往习惯于简单直观地解释说明教学实践中的现实问题，而不反思这些问题背后的实质，这使得体育教学论的理论视野日趋狭窄，体育教学论的研究成果日趋肤浅和零碎。

四、我国体育教学论的发展趋势

从体育学科研究的方法论体系到教学实践的逻辑思路与从体育论研究的方法论到体育教学论学科自身两个层面来分析体育教学论的发展趋势。

（一）重建体育教学论的研究范式

1. 体育教学论研究的方法论的客观化

新中国成立后很长一段时间，我国体育教学论都是以马克思主义体育教学论的形式存在。马克思主义体育教学论的主要特点，就是以辩证唯物主义和历史唯物主义特别是辩证唯物主义认识论作为自己的方法论基础。改革开放后，由于其他思想的引进，出现了批判以马克思主义认识论为基础的教学论体系的现象，他们认为其已失去先进性，与时代脱节，应该引进系统论、控制论、信息论的方法论。这是对马克思主义认识论的一种错误的认识。一方面马克思主义指导下的教学论是一个开放的体系，可以吸纳其他理论的研究成果。另一方面，我国一些学者认为，马克思主义的认识论是教学论的唯一理论基础，并就教学论许多问题争论不休，这都说明他们对马克思主义认识论理解不够深入。如："控制论、信息论、系统论是马克思主义辩证法、认识论的具体运用，在马克思主义的认识论里已经包含着丰富的三论思想。"因此，我们首先要对体育教学论的方法论基础进行再认识，树立正确的辩证唯物主义和历史唯物主义世界观。我们认为我国体育教学论的研究方法论应该以马克思主义哲学基础为中心，以开放的体系批判地吸收其他方法论的精华，来拓宽体育教学论体系构建的理论基础。

2. 体育教学论研究方法的多元化

所谓多元化指，体育教学论的研究大量引进其他学科的新方法，对教学现象进行整体综合研究。体育教学研究方法将出现多元化趋势。因为任何单一的研究方法都难以探求日益复杂的体育教学活动规律。每一种研究方法都有各自的适用范围，同时也有局限性。体育教学论只有博采各种研究方法的长处，克服现有研究方法的缺陷，逐步建立起一个适合本学科特点的、由多种多样研究方法构成的体育教学论研究方法群，才能真正适应教学论未来发展的需要。

首先，对体育教学论认识现象的研究将出现宏观体系的构建与微观机制的分析同时进行。因为体育教学论作为一门新兴学科，自身的学科体系需要进一步完善，而体育教学论的根本就是处理在教学中出现的问题，对做观的教学现象进行分析。其次，注重定量研究与定性研究的互补与融合。再次，体育教学论的研究方法将会继续借鉴和移植其他学科的研究方法。最后，体育教学论的研究将由重视演绎推理转为归纳概括。体育教学论在建立之初，多用演绎推理研究方法，但是体育教学论要想独立健康发展，不能过分依赖演绎推理，因为上位学科的一般原理，无法解决体育教学的特殊实践。

3. 体育教学论研究模式趋于多样化

首先，由演绎构建学科体系转为关注实践问题的解决。我国体育教学论独立之初就带有学科教学论所共有的特点，就是演绎教学论的学科体系，这是体育教学论建立之初必须走的一个过程，但是作为正在走向成熟的学科，首先要摆脱这种研究模式，建立问题研究模式。因此体育教学论的发展应该立足这些问题，注重理论研究与实践研究的结合。其次，体育教学论研究出现以学为中心的研究转换。通过对体育教学的反思，我们发现在教学过程中体育教师忽视了学生的"学"，过分重视教师的"教"。因此，最近一次的基础教育课程改革中明确提出了"我们的教学要以学生的学习为主体"的观点。这就要求我们转变原来只注重"教"的理论的研究，进而转向以"学"为中心，构建"教""学"并重的研究模式。

4. 体育教学论研究方式趋于合作化

首先，体育教学论的研究手段出现合作化。体育教学论和其他学科相融合，正利用其他学科的研究方法和手段。如：与心理学的融合，使体育教学论能运用心理学的实验方法进行教学研究；与运动生理学紧密联系，使体育教学论可运用生理测量的方法进行教学效果的研究。其次，体育教学论研究者之间出现合作化趋势。高校体育院系之间，形成体育教学论研究中心，并定期召开交流会。再次，中小学教师的定期评课与交流。最后，高校教学论专家与一线中小学教师的纵向交流也是体育教学论研究合作化的标志。

（二）体育教学论学科体系更加科学化

1.体育教学论学科的逻辑结构趋于科学化

"学科"必须在一定程度上反映"科学"的结构。"学科"的内容不是片断的、枝节的知识集合体。"学科"不能没有逻辑，而且，"学科"的逻辑应依存于"科学"的逻辑。就是说，科学的逻辑框架在相当长时期内是相对稳定的，"学科"的内容应当依据这一框架加以厘定。英国教育学家穆尔（Moore，T.W.）在《教育理论的结构》一书中指出："一种教育理论是一种逻辑上复杂的结构，可以用大量不同的方法加以评价。就它包含经验判断而言，它要受有关的经验事实的检查；就它包含价值判断而言，它易受到各种哲学论点的责难；就它是一种论点而言，它要受内部的一致性的检验。假如某种教育理论经不起其中任何一方面的检验，人们就不会用它来指导教育实践。"由此可以看出，理解一种教育理论如体育教学论的逻辑结构是十分重要的。

要研究体育教学论的学科逻辑结构，我们还要关注其学科性质，因为不同学科性质的体育教学论就有不同的逻辑结构。我们知道学科可分为理论学科和应用学科，而前面我们把体育教学论学科定位到融理论与应用为一体的综合学科。作为综合学科，那么它既要包含"描述—解释"的理论又要包含"构想—规范"的理论。根据穆尔的观点，教育理论是一种实践性理论，它与描述性理论、解释性理论（后两种又称"科学理论"）在结构上有很大不同。实践性理论开始于另一种假定，"事情的某种可能状态应该是这样的，而且要达到某种所希望的目的"，"一种实践性理论必须始于目的或目标。然后人们必须确定，在既定的环境中，什么是实现这个所希望的目的的最佳手段……"，"一种实践性的理论主要由一套有各种理由支持的建议组成"。

2.体育教学论教材趋于理性化

作为体育教学论学科体系直接的反映，体育教学论的教材体系发展呈现出理性化发展趋势。教材体系不仅从严格的逻辑出发组织教材内容，构建教材结构，强调教材的逻辑性，注重理性分析，力求把教学论知识囊括在严密的逻辑框架之内，而且兼顾到了教材编写的规范。

3.体育教学论学科内容整合化

现阶段，体育教学论学科内容的整合主要表现在体育教学理论研究成果的整合、体育教学论与课程论的整合、体育教学论与学习论的整合这三个方面。

第二节 体育教学实践论

一、体育教学论课程开展实践教学的必要性分析

我们深知，作为学科教学论之一，体育教学论在体育教育人才培养方面承担着不可替代的责任。然而内容的传授却需要以适当形式的表达为基础，无论是对于学科教学论的母学科——课程与教学论，还是对于学科教学论，他们都具有一个共同的特点，即都倾向于认为教学论本身就是一门兼具理论性与实践性的课程。那么，其兼具理论性与实践性的深层机制是什么？针对这种特性我们该如何教学？

唯物辩证法认为事物的变化发展是内因和外因共同作用的结果，内因是事物变化发展的根据，外因是事物变化发展的条件，外因通过内因起作用。内因和外因的辩证关系具有深刻的实践意义。针对体育教学论课程的实践教学问题，本节将试图运用唯物辩证法的观点从影响课程教学的内部因素和外部因素两个方面来进行阐述。

（一）课程教学内部因素影响

在影响课程性质的内部因素中，课程观和课程知识观这两个不同层次的教育理念起着主要的作用。

1. 体育课程观

众所周知，课程作为一个独立的研究领域，是 20 世纪初的事情，但时至今日仍然缺乏一个普遍认同的关于课程的定义。

无论人们对于课程如何定义，一个基本的事实是：每一种有代表性的课程定义都有一定的指向性，即都是指向当时社会历史条件下课程所出现的问题……每一种课程定义都隐含着作者的一些哲学假设和价值取向。我们认为这些哲学假设和价值取向的不同也反映了课程观的不同。课程观是课程的灵魂，所以不同的课程观最终也必然会导致不同的课程实践。

传统的课程理论学者把课程观归结为我们熟悉的三类，即社会本位课程观、知识本位课程观、个人本位课程观。在学校体育课程领域，体育课程观被划分为重视体育人文教化作用的人文主义体育课程观和重视体育强身健体作用的科学主义体育课程观，随着这两种体育课程观的融合从而逐渐形成全

新的以理解为基础的体育课程观。

以理解为基础的体育课程观包括以下几方面的内涵：（1）学生是体育课程的主体。一方面学生的现实生活和可能生活是体育课程的依据；另一方面，从深层次上看，学生创造着课程，不应把体育课程及教材看作是学生必须毫无保留地完全接受的对象，而应发挥学生对体育课程的批判能力和建构能力。（2）"生活世界"是体育课程内容的范围。（3）体育课程是学生通过反思性、创造性实践而建构人生意义的活动。（4）体育课程的学习活动方式以理解、体验、反思、探究和创造为根本。（5）教师和学生不是体育课程的简单执行者，而是体育课程的创生者。以理解为基础的体育课程观追求的是人的更加自由和全面发展（生命的周全），它关心的不仅是真，而且还有善和美，表达了从人文科学的知识向人生意义与世界经验转换的理念。

近年来，随着教学改革的不断发展，追求生成性教学及构建生命课堂等教学理念也逐渐进入我国广大教育工作者的视野。作为体育教育人才培养主干课程之一的体育教学论，在以理解为基础的体育课程观的关照下，更加应当注重课程的教育意义，以人为本培养德才兼备的体育教育人才。

2. 体育课程知识观

在学校教育中，课程是知识的载体，知识的性质及存在状态也将对课程教学产生深远的影响。课程教学总是要以一定的知识传授为基础，然而生活世界中的知识并不是各自孤立的，而是出于具体的教学情境中的。从这个意义上说，课程知识领域可以分离出两种课程知识观：认识关系取向的课程知识观和意义关系取向的课程知识观。

在新的课程观和课程知识观的指引下，课程实现了功能的转变，即由知识的承载者变成知识与人"相遇"的可能情境，意义取向的课程知识观下的知识也实现了"主体性存在"。在此种情况下，课程教学理所当然要秉承实践的教学理念。

（二）课程教学外部因素

1. 21 世纪国际教育理念的变革

随着教育改革的发展，以人为本的教育思想越来越引起广大教育工作者的重视。同时，一些突出这一教学思想和理论的研究也逐渐浮出水面。主要体现在课堂上对学生主体性的重视和学习观的转变。

一直以来，我国传统课堂教学没有跳出"大框架"，即仍然把教学活动的性质框定在"特殊认识活动"范围内的教学观。课堂教学过程忽视了人的因素，教师把丰富复杂、变动不居的课堂教学过程简括为特殊的认识活动。而传统教学方法的主要方式是注入式传授，实际上是知识灌输，重视大运动量的练习、作业，流于机械训练，学生面对的是教师的权威控制和教材的"话语霸权"，其学习方式就是死记硬背和交叉式的练习，在这种情况下，学生的学习根本无主体性可言。

面对上述状态，我们必须突破"特殊认识活动论"的传统框架，从更高的层次——生命的层次，用动态生成的观念，重新全面地认识课堂教学，构建新的课堂教学观，让课堂焕发出生命原有的活力。

随着教育改革的发展，人本的教育思想逐渐发展成为"生命教育"理论。在生命教育理论看来，教育是"为了人们生命质量的提高而进行的一种社会活动"，教学过程"不仅仅是分门别类知识的增长，而且是具有生命活动的人的生成"过程，强调课堂教学应当是一种生命活动。要使传统的课堂教学转变为生命课堂，需要我们改变课堂教学只关注教案的片面观念，树立课堂教学应形成师生共同参与、相互作用、创造性地实现教学目标与过程的新观念。

此外，学习方式是当代教育理论研究中的另一个重要概念。目前学术界对它的解释并不完全一样，大多数学者认为，学习方式是指学生在完成学习任务时基本的行为和认知、情感的取向。也有学者认为，学习方式不是指具体的学习策略和方法，而是指在自主性、探究性和合作性方面的基本特征。可见，学习方式是一个组合概念，是指学生在教学活动中的行为参与、认知参与和情感参与方式的有机结合，其中学生的行为参与是载体，认知与情感因素表达了学习方式的实质内涵。学生学习方式的改变，意味着要改变学生的学习态度、学习意识和学习习惯与品质，它们的共同点是让学生成为学习活动的主体，而教师更多地成为学生学习活动的引导者、促进者、组织者和合作者。

2. 我国基础教育课程改革的发展

2001 年 6 月，教育部印发了《基础教育改革纲要（试行）》，对基础教育课程目标、课程评价、课程管理、教师的培养和培训及课程改革的组织与实施等九个方面实行改革，构建符合素质教育要求的新的基础教育课程体系。新课程改革带来了全新的教育理念，也带来了全新的挑战。体育教学也将在《体育与健康课程标准》指导下发生深刻变化。新课标强调教学是教与学的交往、互动、师生双方互相交流、相互启发、相互沟通、相互补充的过程。在这个过程中，教师与学生分享彼此的思考、经验和知识，交流彼此的情感、体验与观念，教师不再是简单的知识传授者，而是通过与学生的对话被教；学生也不再是机械的知识接受者，也同时在教。另外，教师在体育教学活动中要特别注意学生在学习活动中的主体地位，注重学生学习方式的转变，提高学生的创新能力和学习能力。

基础教育课程改革的发展，迫切要求高等师范院校转变教学理念，实现高师师范专业人才培养（教师教育）与基础教育课程改革的接轨。但我们面临的现实情况是，在体育教师教育领域，体育学科教学论是学生的一门专业必修课，它是由传统"中学体育教材教法"演变而来的。由于此门学科形成较晚，加之长期以来存在的有关课程属性、课程功能等方面的误区，其发展已远远滞后于当代基础教育改革的实践，既不利于学科自身的发展，更无法满足市场经济社会发展的需求。

针对这种情况，我们认为应该改进高校教学方式，将知识的学术形态转变为教育形态。

二、体育教学论课程开展实践教学的标准

我们知道，标准的设立是为了给行为以参照，在某种意义上它还是进行评价的依据。而本节对实践教学的评价，试图结合近年来我们的教学实践经验，同时选取代表教学主体和学习主体的教师和学生为评价对象，从外显的行为和内隐的情感、价值观两方面的变化加以审视，树立本科体育教学论课程实践教学的标准。

（一）课程实践教学是手脑并用的过程

实践教学包含一定的实践形式，而这种实践形式的目的在于给予学生一定的直接经验。因为直接经验是一切学习的基础。正如陶行知先生所说"亲知是一切知识的基础。没有亲知做基础，闻知和说知皆不可能"。在《体育教学论》的教学中，仅凭教师的讲授远远不能达到实践的要求，因为学生的差异是各方面的，既有当下理解上的差异，也有个体既往经验上的差异。如，在我们进行课程实践教学时就有一位同学这样写道："我最大的感想是这边的教学和我们那里一点都不同，不管是体育高考训练还是体育教学……我的家乡（湘西）那边可以说是比较落后的地区，从我所经历的学校看，小学根本就不重视体育教学，根本就没有一个专职的体育教师，加上场地器材有限，体育根本不受重视。初、高中还好点，虽然有规定的体育课，但体育教师从来没有像在某中学所看到的一样教授学生体育技能……"

没有一定的实践做基础，学生不仅很难建构起自己对于教学的兴趣，而且在相互交流上也缺少共同的话题基础。在我们组织的第一次教学观摩结束之后，有位同学写道："听了体育课，我与同学交流了一下，我们认为这堂课

组织得非常好，但也存在一些细节问题，如：教师的声音不够洪亮，示范动作不到位，准备活动只是简单的热身跑，有些单调……"所以，我们认为学生在进行体育教学论学习之前，进行一定的课外见习、观摩是必要的，因为这时的实践，为学生以后知识的"嫁接"提供了基础和条件。

实践不仅包含一定的形式，更需要内容充实。内容的充实体现在实践教学过程中学生认知能力的发展及精神生命的成长上。如果实践的过程没有触动学生的内心，而只是在形式上符合实践的样式，那么这样的实践不能称之为真正的实践，这样的实践教学也不能称之为真正的实践教学。在我们的体育教学论实践教学中，可以明显地发现学生的问题意识逐渐显现。

（二）课程实践教学是师生共同成长的过程

我们的实践教学既然秉承了陶行知先生"做中学"的教育理念，当然应该注重在"做"上下功夫，我们的做不仅是学生的做，而且是教师的做。陶行知先生认为："在做上教的是先生；在做上学的是学生。从先生对学生的关系说，做便是教；从学生对先生的关系说，做便是学。先生拿做来教，乃是真教；学生拿做来学，方是实学。"此话不无道理。首先，从教师形象上来说，这种教学使教师从高高的讲台走向实践之中，改变了传统的三个中心——"教师为中心""教材为中心""课堂教学为中心"的格局，为教学改革提供了新的思路。其次，从师生关系上来说，这种师生共同实践的教学过程打破了传统的教师与学生对立的格局，在交流与互动中改变了学生对于教师"可敬不可亲"的认知，从而为学生今后的教学实践树立了良好的榜样。最后，因为实践教学的环境是不断变化的，对于教师来说，新的学生、不断变化的环境条件和要求，必定需要教师不断去适应、改革、创新。

三、体育教学论课程实践教学体系的构建

（一）实践教学体系构建的总体设想

虽然现在关于体育教学论学科体系的研究正逐步成熟，在不久的将来体现新的学科体系思想的《体育教学论》教材也将出版。但合理的内容仍需要适当的形式作为表达，实践教学体系的构建是保证体育教学论教学目标顺利达成的重要条件。我们试图在体育教学论模块教学主导思想下，从两个方面开展实践教学。

在体育教学论实践教学体系的构建方面，我们认为首先需要明确的是教材观的问题。钟启泉先生将教材观分为目的型和手段型两种类型，认为"目

的型的教材观从教师的角度出发，把作为学科内容的教材视为完成教学任务的决定性手段；手段型的教材观则把儿童借助教材的作用而产生的主体方面能力的变化，视为教材的作用"。从学科教学的角度来看，处理教材的方式大体有以下三种：一种是教师教教材，学生学教材；二是教师用教材教，学生用教材学；第三种是教师不用教材教。对于前两种对待教材的方式，可以反映出两种截然不同的教学观。第一种在观念上把教材奉为圭臬，是一种教书匠的态度，也是一种目的型教材观的体现；后一种视教材为一种重要的教学载体和资源，持一种研究者的态度，属于一种手段型的教材观。在关于体育教材的新特点的研究中，有研究者提出"体育教材的编制为体育教师创造性地开展体育教学活动留有余地，体育教材被定位于一种重要的课程资源，不能简单地当作教条来教"。

从"教教材"到"用教材"宏观的观念转变为我们的教学做出了重要选择，但是在具体的层面上，在体育教学论的教材使用上同样面临着多种选择，我们认为，具体的课程教学模块的确立和针对不同模块的教法选择息息相关。

（二）课程教学模块的确定

在本科体育教学论的实践教学体系的构建中，我们认为至少有三种不同的教学选择：其一，是在"做中学"的实践理念下，构建全程实践的教学模式，即打破原有教材内容设置，以全新的实践内容代替当前以严密的学科逻辑顺序为主要编排标准的课程教材；其二，是延续当前的教材使用，但是在教材的各个章节中寻求实践支点，然后在整个课程的教学设计中将实践的支点一一联结，构建出连续不断的实践形式；其三，是在延续当前教材主体内容不变的情况下，重新构建课程内容体系，例如将课程内容分为理论性教学内容和实践性教学内容两部分，从而在实践教学方法的选用上有更多的选择余地。

在以上三种选择中，我们认为第一种和第三种是一种变革的形式，而第二种更多体现的是实践对理论的适应。而在第一种方法中，变革不仅完全否定了当前的课程教学研究成果，而且使体育教学论的教学失去了客观的评价标准，从而不利于体育教育人才的培养。所以综合分析，我们认为采取第三种教学内容体系更有利于课程教学目标的达成。

在比较和借鉴的基础上，倾向于采取后者的教材内容分类方式，即将课程的实践教学分为两大部分，体育理论篇的实践教学和应用教学论内容篇的实践教学。而在两部分的教学方式选择上也采取各不相同的策略。

（三）"问题取向"的理论篇教学内容实践教学体系设计

"问题取向"的教学是在借鉴"问题取向"研究的基础上的。所谓"问题取向"研究，是以问题（而不是以学科）为核心的研究模式，其主要目的不是学科知识的积累或完善，也不是建立新的学科，而是为增进、更新、深化和拓展对特定问题的认识，从而有助于人们对该问题的了解、评价，并有助于对该问题的解决。

1. 在问题的设置方面

"问题取向"的教学模式中的"问题"含义是多重的。它涉及这一问题的研究现状、不足及困难，但主要目的在于使学生产生疑惑。"问题"的层次也倾向于多重设置，可以是体育教学中一些重大的教育理论问题，也可以是中观层面或微观层面的问题。问题设置的关键在于能引起学生的疑虑，并且是有意义的问题，从而激发学生主动挑战的热情。

2. 在问题的解决方面

解决问题必须借助于各个相关学科的研究成果，运用多学科有机结合进行研究，从而有助于打破各个学科的封闭状态，使教学始终处于自我发展与更新的过程之中。

3. 在具体的教学实施中

（1）把教材理论问题放在我国基础教育实践过程中来阐述

当今世界的竞争归根结底是人才的竞争，而现在的基础教育是培养未来人才的摇篮，中小学生健康水平关系到我国未来的发展水平。我国第八次基础教育课程改革提出了"健康第一"的指导思想，而在课堂讲授中，这些理念及思想很少能真正触动学生的内心。如果将这些理念及思想以问题的形式提出来，给予学生实践的机会，让他们主动去观察、见习、比较，当他们再次回到课堂，参与到教师的讲课之中，无疑会对所学的理论及思想产生更加深刻的理解。

（2）以专题讲座为主导的课程重点难点教学

体育教学论的教学内容十分丰富，加上外出参加教育实践活动等，教学时间安排上会显得严重不足。针对这种情况，一方面教师在上课时对每一章节的教学内容采取"以点带面"的方法，以专题的形式，讲解重点和难点问题。另一方面，可以请专家开展讲座，使学生从专家的经验中汲取思想精华。专家的讲座一般都是学生们关心的热点问题，专家们的专题讲座以其研究或管理专长的视角，对问题的分析和阐述，是教师和书本上所不具备的，现实性强，感染力也强。我们认为这种方式不仅有利于引导学生思考问题，而且有利于激发学生的从教热、创新思维和使命感。

（3）以集体研讨为中心的热点问题探讨

在体育教学论教学中，对学生们关心的热点、难点问题，在设立专题讲授的同时，选择有代表性又易于引导学生思考的问题为核心进行研讨式教学。一般来说，可以采取两种形式：以学生为主体的课堂讨论和师生交互式的课堂讨论。课堂讨论要注重实效，必须在讨论前布置问题与要求，让学生有充分的时间去查找可参考的资料。另外，每次课堂结束及问题探讨结束，教师要进行归纳总结。这样做，易于激发学生自主学习和参与教学过程，鼓励他们敢于积极思考和表达自己的意见，培养他们开拓创新、奋发进取的精神。

（四）"任务驱动"的应用篇内容实践教学体系设计

1."任务驱动"教学法发展概述

"任务驱动"教学法也称任务驱动教学模式或任务型教学法，它源于20世纪80年代，是当时外语教学法研究者和第二语言习得研究者在大量研究和实践的基础上提出来的建立在建构主义教学理论基础上的一种有重要影响的学习理论。所谓"任务驱动"就是教师将要学习的新知识隐含在一个或几个任务之中，学生通过对任务进行分析、讨论，明确任务涉及的知识，找出新旧知识间的联系，在老师的指导、帮助下完成任务，实现对所学知识的意义建构。一直以来，随着探究的不断增多，任务驱动教学法也不断走向成熟。特别是自2005年以来，任务驱动教学法逐渐成为英语教学和职业教学研究的热点，人们对其认识也更加全面和深入。教育部在《关于全面提高高等职业教育教学质量的若干意见》中明确提出：探索任务驱动型的教学模式。但是在体育教育领域对"任务驱动"教学法的研究并不多见。

2.《体育教学论》应用篇教学内容采取任务教学法的可行性

体育教学论是高等院校本科体育教育专业的一门专业主干课程，具有很强的应用性，也是一门实践性很强的课程。它要求学生通过该课程的学习，了解基础教育课程改革的基本精神，把握基础教育改革的基本理念，了解体育教学基础知识，掌握体育教学研究和教学设计的一般理论，逐步树立正确的体育教学研究和教学设计观，全面理解体育教学模式与评价方法，提高学生运用评价方法进行科学合理评价的能力。

在传统的课程观和知识观的影响下，课程教学表现出以"教师中心、教材中心、课堂中心"三中心的教学方式，这种传统"填鸭式"的教学方式，往往是以教师为主体，学生虽然也被称作"主体"，但是往往摆脱不了在教师指导下理解、记忆的命运。这种教学不仅抑制了学生学习的积极性，而且忽视了学生的创造性，使学生的学习始终处于被动状态，不利于各种专业技能的掌握，最终也难以培养出富有实践能力和创新精神的未来体育教育工作者。在新的课程观和课程知识观的关照下，课程成为学生与知识相遇的可能情境，而且知识也具有了主体性，此时的教学应该且必须走向全面发展、走向交往与互动、走向开放与生成。而任务驱动教学法正体现了这一发展趋势。

总的来看，虽然"任务驱动"教学法的历史并不很长，运用领域窄（当前主要是运用于外语教学和职业教育教学），但它却是一种适合体育教学论的教学方法，是培养学生自主学习能力和独立分析、解决问题能力的一种"授之以渔"的方法。它不仅能真正实现技能和知识的"骨肉相连"，而且对于隐性体育教学内容的学习、掌握也大有裨益。

3."任务驱动"《体育教学论》应用篇实践教学体系的设计

（1）教学目标

体育教学论课程应用篇实践教学的目标至少包括三个层面。在宏观的层面上，培养人的认知、情感和意志品质等，并使其达到有机结合，达到完整意义上的人的教育。在中观的层面上，培养教学智慧和创新精神，培养富有创新精神的体育教育人才。在微观的层面上，突出对学生教学的思维和教学操作能力的培养两个方面。具体而言，应该涵盖体育教师基本素质要求，包括逻辑思维能力、口头表达能力、书面表达能力、资料查找能力、多媒体运用能力以及团队合作意识等一般教师教学能力和体育教师特有的教学示范、教学组织能力等。

（2）教学形式

任务取向的《体育教学论》应用篇的实践教学是建立在教学分组的基础之上的。教师的课堂教学主要讲授相关概念性的内容，而关于实践的操作内容则需要学生去亲自实践。

整个教学过程遵循以下的流程：①教师分析课程目标，确定教学内容，设计教学任务，布置任务；②教师提供帮助，教学分组；③人员设置；④学生完成任务；⑤成果展示；⑥交流以及教师评价。这种形势下一系列小任务的循环贯穿整个应用篇的教学。而对于课程教学来说，课程结束前的模拟教学比赛则可以被看作最大的任务。

（3）教学评价

任务驱动教学法下对学生的评价，应该包括过程性评价和终结性评价两个部分。过程性评价包括学生出勤情况、平时作业完成情况等。终结性评价包括理论知识的掌握和实践操作能力两部分。

在理论知识的考核方面，应突出对学生创新思维的考察。因此，应有计划地设计开放性的考试题目，进行单独考核。对实践操作部分的评价，采取团体竞赛的形式，设计内容包括小组说课与试教等，应尽量做到学生个人成绩和所在小组成绩密切相关，从而更加有利于小组团队建设。个人成绩可采用如下评价方法：个人成绩＝小组成绩 x 个人评议成绩。小组成绩是指导教师和其他老师共同评出的，个人评议成绩是小组其他成员给出的，也按照个人参加活动的积极程度和个人任务完成情况分成不同的等级。

第三节 体育课程模式论

一、体育课程模式概述

（一）体育课程模式的概念

课程模式与课程结构是两个不同的范畴，前者指典型的以简约化的形式表达的课程范式，后者则是课程内部的各组成部分及其相互关系。但是课程结构是形成课程模式的基础，任何课程模式都包括特定的课程结构，因为课程模式是特定教育环境相适应的课程范式。构建课程模式首先要分析特定环境所要求的课程功能是什么，但课程功能最终要靠一定的课程结构来体现，没有无结构的模式。由此可以得出，课程结构是课程模式形成的前提，课程理论是形成课程模式的基础。

因此，我们可以认为体育课程模式是在某种课程理念统摄下的体育课程内容、课程结构、课程评价以及课程实施环境的有机合成体。一个完整的体育课程模式应具备的基本要素是"模式主题""功能与结构设定"和"支持系统与使用环境"。

（二）几种常见高中体育课程模式

课程专家必须认识到，学校应该是这样一个地方：在那里，学生不怕发问，不怕出错，不怕不能取悦教师，也不怕冒认知的危险，不怕思辨……每一位学生都愿意学习，知道应如何学习。选择一种课程就是选择一种未来，让所有学生的智慧充分涌动的课程才是好课程，为学生提供丰富多彩的课程内容，不断地增大选项课的比重必将成为高中课程改革的总趋势。体育课程内容一定要以学生为主体，贴近高中学生的身心特点、贴近学生的健康生活、贴近学生的锻炼实际，站在学生的主体立场上整体设计高中体育课程体系，体现普通高中课程的基础性、时代性、选择性、实践性和综合性等特点。

从理论分析与文献研究看，目前主要有以下几种模式：

表 1-1 高中体育课程模式

学年	课程模式 1	课程模式 2	课程模式 3	课程模式 4	课程模式 5
高一年级	普修	普修	普修	普修	项目选修 A
高二年级	普修	普修	项目选修 A	选修	项目选修 B
高三年级	普修	选修	项目选修 B	选修	项目选修 C

5 种模式的主要区别在于学生开始自主选修课程时间起点不同。传统体育课程模式，在高中阶段没有开设选修课程。"三修"模式，高一年级按行政班普修，高二年级和高三年级按年级依学生兴趣和体育基础分别采用模块选修和项目的自由选修的形式。一是每学年选一个项目，三年共选项 3 次，以均等的学习时间和精力先后习得三个项目，如表 1-1 中的课程模式 5；第二种选项模式是只在高三时才让学生选项学习，如表中的课程模式 2；第三种模式是高一选择一次，高三再选择一次，可以重复也可以换项目，如表中的课程模式 3；还有一种模式是高中三年以普修为主，只在每节课内进行班级内的小型选择项目教学，如表中的课程模式 1。以上四种模式都不同程度地存在一些不足，主要体现在以下几个方面：①对选项课程模式考虑只是表面上简单的、机械的设计，并没有从学生身心健康发展和体育运动技能习得的规律上着眼，全面系统地设计课程体系，以至于出现一年选项一次，两年选项两次，三年就让学生选项三次的简单做法；②按照课程目标统领教学内容的思路，我们会发现几种模式的课程内容缺乏必要的内在逻辑性和递增性，不利于学生体育意识、能力和锻炼习惯的养成；③缺乏系统全局性的思考，没有将有限的学校资源有效地整合起来，造成不必要的浪费，甚至带来全校性教学混乱的局面。

至此，基于示范性高中的实际情况，我们认为课程模式 4（"普修 + 模块选修 + 项目选修"）是最佳的选项体育课程模式。

（三）传统体育课程模式的主要弊端

从课程结构和功能来看，传统体育课程模式的主要弊端表现在"点"与"面"两个方面：从"点"方面，即教学内容与学生见面的环节上看，主要表现为人为地将体育课程内容分解为"纯竞技性"技术教学，让原本丰富多彩、原汁原味的体育内容被分解得"支离破碎"，味同嚼蜡，让原本生龙活虎、欢呼雀跃的体育课堂变得"死气沉沉"，学生"昏昏欲睡"；从"面"方面，主要表现为教学内容在课程结构设计上"蜻蜓点水式的低水平重复"，学生是"样样都学，样样都是只知皮毛"，根本谈不上体育"调情感强意志"的功能，更不用说终身享用的体育锻炼能力与习惯了。为了进一步揭示传统高中体育课程内容编制中存在偏失的根源，我们对当前我国学校体育教师和专家进行了问卷调查，调查人数共计 40 人，问卷有效回收率为 85.5%。

从调查结果看，体育课程内容偏繁的主要原因：一是课程所含及的学习内容类别（运动项目种类）太多，同一项目内容的重复率太高，运动技术环节过分讲究，三者的比例均为 70%；二是项目类别过多，而各项目之间难度要求层次不明显，不同学段课程内容难度递进层次不明显，二者比例为 50%。从课程内容设计的角度来看，体育课程内容偏繁现象的产生既有设计理念方面的问题，也有设计技术运用方面的偏失，当然，后者是在前者指导下的结果。比如，在设计理念上，表现为偏重技术学习，过分注重技术的完整和系统，在具体的设计中就会表现出运动技术环节分割过细的问题。在设计操作上的失误表现为：较多地使用了学年水平的螺旋排列。从调查结果看，造成体育课程内容偏旧的原因有三：一是脱离学生实际生活，习得的内容难以得到运用，这个因素的统计比例高达 80%；二是综合性内容偏少（如，对基本技战术内容运用的练习活动设置缺乏）这个因素的统计比例为 70%；三是内容结构的设置模式单一，这个因素的统计比例为 40%。一般来说，课程内容偏旧是与课程内容设计相关联的，特别是与课程内容选择的理论紧密相关。这表明，体育内容偏旧现象的产生，主要症结在于传统体育课程内容选择偏重竞技运动内容，注重基本运动技术的掌握而忽视学生个体发展的需要和体育能力的培养。

在调查中，专家认为传统体育课程内容体系结构不合理现象主要体现在两个层面上：一是单个学年中，二是在不同学年之间。其中，在单个学年中，内容结构不合理主要表现为：第一，课程内容广度过大，比例为 70%；第二，新旧学习内容安排比例不合适，比例为 50%。在不同学年间，内容结构不合理主要体现在：第一，学年之间的内容难度递进性差，比例为 80%；第二，学年之间同一项目新旧内容的连续性差，比例为 50%。可以看出，传统体育课程模式在课程内容的广度和内容的连续性以及难度递进性的安排上是存在严重缺陷的。

除上述调查结果外，也有一些教师专家认为，造成单个学年课程内容结构不合理现象发生，也有课程内容以外的因素的影响，例如，教师所采用的教学组织方法手段是否合理。至此，我们可以这样认为造成传统体育课程模式不足的主要原因是：在设置课程内容时，几个重要编制维度（如横向和纵向关联、顺序性、连续性等）上的偏颇和紊乱。

二、高中"三修"体育课程模式的构建

（一）构建高中"三修"体育课程模式的意义

如果我们形象地把体育课程模式比喻为一个人，那么课程模式的理念则是人的"精神"和"灵魂"，课程的结构则是人的"骨架"，而支持课程的环境和内容则是人的"肌肉"。

1. 从宏观看，一定课程理念统摄下的课程内容与结构的组合方式是课程模式的"骨干"

在对课程内容的调查中发现：分别有 87% 和 56% 的师生认为高中体育课程应重视课程的基础性和多样性，重视课程的选择性、实用性与可行性。在对课程结构组合方式的调查中分别有 89% 和 78% 的师生赞同采用学期内模块式与学年间项目递进式相结合的形式。这种内容与结构的组合保证了课程模式系统结构的最优化，从而实现课程功能的最优化。

2. 从中观看，课程选修起始时间、选修方式以及选修次数等是模式的"血脉"

通过调查表明，在对选修次数的调查中，85% 的专家与师生选择 2 次或 3 次，这既是学生兴趣选择不断调整的需要，更是学生掌握一主项+二辅项的基础体育能力的保证。在对选修起始时间的调查中，有 68% 的专家和教师选择从高一下期开始，有 66% 的学生选择从高一下期开始，但还有 32% 的学生选择从高二开始选修，仅有 2% 的学生选择从高三开始选修，这说明了高中学生有迫切进入选修课程的愿望。因此，在高一上期普修后尽快进入模块选修是非常符合学生心理需求特点的。

开设一个学期的普修课程的原因主要有三点：一是考虑到高中新生来自不同学校，体育学习基础和习惯不尽相同，通过一段教学养成良好的课堂常规意识与行为习惯为后段的选修课程打下基础；二是起始年级的第一学期以行政班级教学有助于新班集体凝聚力的形成，便于班级教育教学管理；三是田径和体操的教学内容对促进人体体能和健美体型有着特殊的作用，因此，精选田径和体操内容作为普修课程是很有必要的。普修的主要内容包括田径、体操、球类的基础能力、健康教育理论及选修课程准备知识等 5 大单元。

在选修的方式上，主要存在是直接选择 2 至 3 个项目，还是由课程模块过渡到项目课程的分歧，85% 的专家与教师选择模块选修+项目选修的方式。高中学段仍属学生终身体育的奠基阶段，应该体现"宽基础，厚能力"的特点。如果过早地进入"单一"的项目课程，势必造成一段时间后师生对项目内容感到枯燥乏味，而且"过早地"专项化练习将会造成学生身体局部机能的不协调，影响学生身心的全面健康发展。

模块选修与项目选修的主要区别在于课程自由度的开放上，高中体育选修课程不能简单地停留在学生一次或两次地选择项目上，而要设计出既有利于学生从模块方向平稳过渡到自主选择项目上，又要保证每一个学生体育学习内容的递进性；既有利于学生体育兴趣的集中和体育锻炼能力的提升，更要让学生在课程习得过程中逐步养成终身体育习惯。

3. 从微观看，与学生体育需求相适应的项目是课程模式的"肌体"

从学生未来生活发展来看，选择一种好课程就是选择一种美好未来，让所有学生的体育兴趣和运动天赋充分涌动的课程才是好的体育课程。调查表明：男女学生的兴趣主要集中在篮球、乒乓球、排球和羽毛球等项目上，男女生兴趣分歧表现在男女生分别对足球和健美操更感兴趣。对学生兴趣现状调查结果分析可知，一方面在初中阶段教师对学生多样的体育兴趣发现和培养不够，尤其是对田径、体操、武术、排球和足球等体能与技巧性较高的项目上更为欠缺，以致多数学生对此不屑一顾；另一方面表现出学生普遍对快节奏、对抗性、韵律轻巧类项目感兴趣，而且男女生均对游泳表现出很高的兴趣。根据学生体育兴趣的分布情况并结合示范性高中教学实际，向学生提供了篮球＋健身跑跳投＋体育舞蹈、足球＋体操＋健身跑跳投、排球＋体操＋健身跑跳投、小球（羽毛球＋乒乓球）＋武术、武术＋体操＋蹈拳道、健美操＋舞蹈＋健身跑跳投等共 6 个模块选修课程和篮球、足球、排球、羽毛球、乒乓球、武术、路拳道、健身操、舞蹈等 9 个项目选修课程。

（二）"三修"模式的基本结构

根据上面对模式有关问题的调查，并按照课程模式的结构组成，可以初步构建出如下"三修"模式的基本框架。

课程模式应由哪些因素构成？一般认为，课程模式的基本内涵有三方面的内容：第一，课程的共同部分，即同级学校中所共有的课程；第二，课程的不同部分；第三，课程内部特定的课时比例。将课程模式分为"共同部分"和"不同部分"及"特定的课时比例"三部分能使人在比较中清楚地看到各种模式的特征，其特点是侧重从结构上分析课程模式的构成要素，反映了课程与课程模式的密切联系。

1. "三修"体育课程模式的要素分析

从课程结构的视角研究课程模式必定存在一定的局限性，更理想的方式是超出课程结构的眼界，站到模式的高度按课程模式的自身特点来探讨课程模式的内部构成。我们前面已经谈到课程模式都应具备的基本要素是"模式主题""功能与结构设定"和"支持系统与使用环境"。因此，我们可以按照这种理论来构建"三修"体育课程模式。

（1）第一要素：关于模式主题

科学的理论观是正确把握体育课程内容设计中各种基本关系和规律的关键，体育课程内容设计必须建立在一定的理论基础之上、体育课程模式的理论基础是指影响与制约体育课程的目标、内容、实施和评价的基本领域，它决定着体育课程模式的价值取向并为体育课程内容体系的构建提供方法论的指导。模式主题是一种模式的"身份证"，任何一种课程模式都有自己鲜明的个性，它集中体现在课程模式主题上，课程主题是由一定的课程理念、课程思想和课程主张支配着的，它体现课程模式的理性特征，是课程模式的灵魂、精髓和核心内容，贯彻并主导整个模式体系，支配模式的其他要素，并衍生出与主题有关的其他范畴。课程模式主题是统领整个模式的灵魂和核心。一种模式是否成熟，关键看它的主题是否独特鲜明、是否有代表性和针对性，是否能满足特定教育环境的需要。"三修"体育课程模式在理念上摒弃传统模式过分注重学生的"三基"，以竞技体育项目为主发展学生身体素质的指导思想，确立以学生全面和谐发展为本，培养学生终身锻炼习惯，提高学生的体育迁移能力和创新精神的模式主题。

（2）第二要素：功能与结构设定

课程模式是典型的以简约的方式表达的课程范式，除具备一个鲜明的主题外，还须由主题设定课程的功能目标和课程结构。如果说主题是课程模式的核心，那么课程功能和课程结构的设定则是课程模式的主体内容。

系统科学整体优化原理认为任何系统只有通过相互联系，形成整体结构才能发挥功能，通过对系统中各要素和结构的整合才能实现整体功能的优化。"三修"模式比传统模式无论在系统结构合理性，还是各要素的功能整合的完整性方面都有明显的优越性。"三修"模式课程结构可分为课程宏观结构、中观结构和微观结构三个层次。宏观结构：三个学年分别由普修模块选修项目选修组成；中观结构：每一学年均由不同的教学单元（普修学年）与教学模块（模块选修学年）和项目选修学年等三个板块；微观结构：即各个选项在每一学期开设的具体课程内容。课程功能的设定是课程结构的基础，它秉承着课程模式主题的理念，导引着课程结构的方向，因此，在课程模式的诸要素中，功能目标的设定是由模式主题通向课程结构的"桥梁"。

课程模式结构设定包括两个方面：一方面是整个课程由哪些因素构成；另一方面这些因素以怎样的方式组合。"三修"体育课程模式破除了三年普修"大一统"的课程结构，精心构建了高一普修＋高二模块选修＋高三项目选修的"递进式"结构。这种独特的课程结构必将产生多方面的功能，对学生身心进行全方位的影响。

（3）第三要素：支持系统与使用环境

课程模式的实施离不开应有的相关支持系统与环境，包括师资结构与素质、学制、学校管理体制和各项设备条件等。"三修"体育课程模式废弃了传统的三年师生基本固定不变、系统相对封闭、按行政班授课的形式，而是依据师生个体特性重新组合：高一，保持原行政班师生组合，高二、高三，年级内学生按兴趣特长选项，组成不同项目和水平的教学班，教师以教学专长择班施教，师生以兴趣相近者组合新的教学班级，其他体育资源在数量与质量上并没有大的异同。"三修"课程模式的结构是一个从面（普修）到线（模块）再到点（项目）的三位一体的立体结构，这种独特的课程结构的优势在于让学生的体育兴趣、体育能力和锻炼习惯逐步递增内敛，有利于学生终身体育意识与社会适应能力的形成。整体结构包括在课程模式理念下的宏观、中观和微观三层结构。宏观结构包括普修、模块选修和项目选修，中观结构包括六个普修点、六个模块课程以及六大项目课程，微观结构则是每个教学单元或模块的教学内容。普修的作用在于打好选修学习的基础，主要是学生体育兴趣点的积累与基本运动能力的培养。模块选修主要目的是按模块顺序依次循环学习，逐步找准个人体育兴趣方向，重点是兴趣的定向与自我锻炼能力的提升。项目选修主要目的在于经过两次选择两个项目的课程学习，对学生的体育兴趣的强化，对学生体育习惯与能力的巩固。分阶段逐步递进的结构既强化了学生体育能力的基础性，又有效地保障了学生对体育课程的选择需求，同时，还充分考虑到了学生自主锻炼意识与能力的发展性。

2. "三修"体育课程模式的主要特征

一个成熟的课程模式应具备一定的完整性和稳定性，从"三修"课程模式的结构要素和内容设置上分析，该模式的主要特征可以概括如下几点：

（1）特征1：有序性与选择性

从普修到模块选修再到项目选修体现了课程开放的有序性，在这种有序的课程设计中既是学生逐步选准个人锻炼兴趣方向的过程，同时更是体育能力、专项技能与锻炼习惯不断养成的过程。这种课程结构的有序性与学生身心发展与技能习得的有序达到了完美的统一。体育心理学研究表明，学生体育兴趣的强化与发展不在于动作技能与知识的广度，而在于一定方向上的深度，即某项技能水平越高则其运动兴趣越易得到提高。因为只有专项技能达到一定水平时，才能更多地体验到运动魅力，领悟动作的奥妙，感受到无穷的乐趣。从模块到项目的选定为学生提供了宝贵的选择空间，充分地激发和保护了学生的兴趣，调动了学生参与课堂练习的积极性，让更多的学生更尽兴地"动起来"，这种积极的课堂的行为习惯将会迁移到课外活动，身心健康和社会适应能力都会得到更有效的提高，"三修"模式节省了学习复杂繁多的项目技术和技能的时间，大大提高了学生学习自己感兴趣项目的时间，多快好省地让学生集中精力和时间学习自己喜爱的项目，保证和延长了学生体验快乐体育的时间总量，两三年下来，学生的体育意识、能力就会得到加强，通过提高学生的体育认知能力和良好的情绪体验可以促进学生体育技能与锻炼习惯的养成。

（2）特征2：课程内容的递进与目标的内敛性

从学生身心发展规律出发，在精选普修内容的基础上，按学生兴趣选择课程模块方向，再进行两次机会的项目选择学习，实现了从面至点再到面的完整过程，主题与主题之间，单元与单元之间环环相扣；前面的学习内容为后续学习内容作铺垫，后面的内容是前面的自然延伸，学年内容间层层递进。课程结构除在横向上均衡协调外，在纵向上形成了紧密相连的链条，使主题间、单元间隐含着明晰逻辑主线，从而保证了课程内容的递进性与目标的内敛性。

传统教学模式中明显存在认知的内容多于情感、社会性与审美方面的内容，过多地传授与训练多于让学生感受美、欣赏美、表现美的内容。对课程内容的某一部分的内容给予偏重是有必要的，但对其他部分则不能忽略，也应当在课程中占有相应的分量，否则就会给学生的知识、经验或精神上的发展留下空白，对学生人格发展不利。另外，考虑各部分内容的比例平衡外，还要注意各部分内容、单元之间的前后衔接与相关。传统教学模式中课程结构主要问题在于主题与主题之间、单元之间缺乏有机联系，前后学习的内容缺乏有机联系，前后的学习内容跳跃性比较大，使学生的学习活动缺乏准备性、连续性。"三修"模式的体育学习过程可以形象地看作是一种由面至线再及点的立体结构模型，而传统模式是一年又一年的多次重复的"一统式"结构。"三修"模式节省了学习复杂繁多的项目技术和技能的时间，大大提高了学生学习自己感兴趣项目的时间，多快好省地让学生集中精力和时间学习自己喜爱的项目，保证和延长了学生体验快乐体育的时间总量，从而激发和保护了学生参与体育锻炼的积极性，促进学生终身体育锻炼习惯逐步养成。

（3）特征3：模式结构的开放性

一个完整的体育课程模式应包含模式主题、功能与结构设定和支持系统与使用环境等三大要素。"三修"课程模式无论是课堂教学形式，还是课程内容上都保持了一定的弹性，是一种有伸缩余地的课程模式。内容的开放性主要是通过课程模块实现的，在高二模块选修中都是以一个项目为内核组合而成的教学模块，教学内容围绕项目特点统领，保持内容的相对集中性；课堂形式的开放性、教学评价的开放性以及教学组织形式的开放性和课程理念的开放性都是模式的重要特征。同时，模式在保持一定的开放性的同时，较好地设计了课程的层次性，教学内容内在的逻辑性，知识与习得技能的递增性，从而保证了学生锻炼习惯、兴趣、能力的聚敛性。

第二章 产学研概论

第一节 "产、学、研"相关概念的界定与理论剖析

一、相关概念的界定

(一)"产、学、研"合作的概念

"产、学、研"合作指以企(事)业单位、高等学校、研究机构为基本主体,以政府、中介机构、金融机构等为辅助主体,在市场经济条件下按照一定的机制或规则进行结合,形成某种联盟进行合作研发,不断进行知识消化、知识再生产、知识传递和知识转移,创造某种未知的需求和价值,以实现技术创新、人才培养、社会服务、产业发展和经济进步等功能。根据合作的功能划分,"产、学、研"合作可以区分为人才培养型合作模式、研究开发型合作模式和生产经营型合作模式。

"产、学、研"合作是一个发展的、开放的、主体之间动态交互的过程,其合作的内容、目的和形式随着时代的发展而发展。"产、学、研"三方是合作的基本主体,这三类主体的角色各不相同:科研机构和高校是创新知识的源泉和人才的主要输出者,是科学技术转化为生产力的创造者;企业是科技的主要输入者,是技术创新的主体,科学技术转化为生产力的实现者。由于以上三类主体的目标存在着非一致性,需要政府制定政策和规则,出面充当推动、沟通、协调和监督的角色,必要时提供资金支持;需要中介机构牵线搭桥,沟通合作各方,以减少信息不对称带来的损失;需要金融机构提供合作的贷款、融资和投资。因此,随着时代的发展,"产、学、研"的内涵也在不断发展和丰富,如今提到的"产、学、研"的内涵包括了"官产学研中金"等广泛的内容,而随着社会、经济的发展,"产、学、研"的内容将更为丰富。

（二）"产、学、研"培养研究生的概念

"产、学、研"培养研究生是指以"产、学、研"合作为基础和平台，利用"产、学、研"合作主体各自的教育资源和优势，把对研究生的教育教学过程与实际应用和生产过程相结合，使学用结合、研究与生产紧密结合的一种研究生培养方式。"产、学、研"培养研究生的主要目的是改善研究生知识和能力结构，提高研究生面向实践应用的能力和素质，并在此过程中推动科技成果向现实生产力的转化。这有效地解决了研究生教育与社会需求脱节的问题，缩小了学校和社会对人才培养与需求之间的差距，增强了学生的社会竞争力。因此，"产、学、研"培养研究生首先是实现合作的目的，即提高研究生的素质，其次是主体间的合作，它服务于前者，这决定了"产、学、研"培养研究生与"产、学、研"合作的重大区别，即"产、学、研"培养研究生只是人才培养型"产、学、研"合作模式的一种类型。

（三）运行机制的概念

机制一词最早源于希腊文，原指机器的构造和工作原理。生物学和医学通过类比借用此词，指生物机体结构组成部分的相互关系，以及其间发生的各种变化过程的物理、化学性质和相互关系。在自然科学领域中，机制引申为事物或自然现象的作用原理、作用过程及其功能。在社会科学中，"机制"的基本含义有三种：一是指事物各组成要素的相互联系，即结构；二是指事物在有规律性的运动中发挥的作用、效应，即功能；三是指发挥功能的作用过程和作用原理。综合概括，机制就是"带规律的模式"。在任何一个系统中，机制都起着基础性的、根本的作用。

运行机制是指"一定机体内各构成要素之间相互联系和作用的制约关系及其功能。在机制整体运行中，所构成的各要素之间的配置方式以及调节功能不同，则运行机制的运行过程和特点就不同"。

在"产、学、研"培养研究生模式中，各构成要素主要是指高校、企业和各级政府。因此，本文所定义的运行机制即在"产、学、研"培养研究生模式中，高校、企业和各级政府之间相互作用、相互依赖、相互制约的过程及方式，以保证"产、学、研"培养研究生的正常运行、健康发展。

一般，企业的运行机制包含内部与外部两方面的内容，内部运行机制有：产权机制、决策机制、信息调节机制和动力机制；外部运行机制有：国家干预机制和市场调节机制。高校运行机制主要包括动力机制、调节机制、自我约束机制和竞争机制。"产、学、研"培养研究生模式中既有企业的参与，又有高校加入，因此，在以上两种运行机制的基础上，根据前期调研的结果，选取动力机制、过程管理机制、知识产权保护机制、协调机制、约束机制等五方面来探讨"产、学、研"培养研究生的运行机制。

二、"产、学、研"培养的理论基础

（一）教育价值理论

教育的价值有个人价值和社会价值两种论争，而在本质上，二者应该并且可以统一在一起。"产、学、研"合作为个人价值和社会价值的统一铺平了道路，是实现教育价值统一的具体载体。首先，教育是培养人的活动。但是，在校园里表现优异的学生在参与社会实践时却发生了一系列的问题。人们逐渐认识到，局限于课堂的讲授和说教不可能培养出具有良好能力素质和高尚道德情操的人才，言语永远是空洞的。于是，教育者把产业实践引入课堂，和产业界合作共同培养学生，使学生在实际的生产生活中，在解决问题的过程中认识自己，了解社会，成为社会的有用之才，实现个人的价值。同时，我国传统文化宣扬"君子耻于言利"，把个人发展与社会进步、个人奉献与社会获取人为地分割开来，特别是要求教育工作者要"安贫乐道"，造成了教育人才的大量流失和教师整体素质的滑坡，以至出现"造原子弹的不如卖茶叶蛋的"这样的故事，而它所反映的不仅是社会体制的失误，也有教育者本身的责任，对此人们则缺少深刻的思考。随着社会的发展，客观上要求实现个人价值和社会价值的统一，"产、学、研"合作则为这一统一铺平了道路。通过"产、学、研"合作，使教师走出书斋，在广阔的社会天地中发挥自己的聪明才智，服务于社会主义现代化建设，实现个人价值与社会价值的整合。更重要的是，使外部社会环境了解教育的内部规律，增进社会对知识的尊重，对教育的理解和支持，使教育的战略地位真正得以从教育自身上确立起来，而不是仅仅依赖政府等外来力量。

其次，教育的独特性决定了教育价值的实现不在于教育本身，而在于教育的外部社会环境。哈佛大学校长博克曾指出："为了寻找使我们忧虑的根源，我们最好从观察学校的外部环境入手。"另一方面，随着民主观念的深入人心，社会外部对教育的知识垄断地位不断加以指责，特别是产业界，极力要求打破教育的封闭状态，在教育中体现其对劳动力知识和技能的要求，培养适用的产业工作者。这些巨大的内外部压力与需求促使教育逐步向产业和产业劳动者开放，日益加强与产业部门的合作与交流，在合作交流中与社会进行充分的沟通，在相互沟通中确立教育自身的存在，了解社会对教育的需求，相互支持，促进教育的层次、科类结构与社会的经济产业结构、人才需求结构等的一致，培养适应社会发展需要的人才，形成教育和社会其他系统的协调发展。

（二）大力资本理论

"大力资本理论"的提出，对产业的发展产生了广泛而深刻的影响，也对整个教育体系形成了巨大的冲击，引发了一场革命性社会变革，"产、学、研"合作是产业和教育部门适应这一变革的内在选择。对产业部门而言，大力资本是知识和人才，而不是物质和资本成为企业发展的决定性因素，掌握先进的科学技术，拥有高素质的人才，成为企业至高无上的追求，高校在这方面拥有显而易见的优势。于是，产业界纷纷以无偿捐赠、设立奖学金、委托培养、科技招标等方式与大学开展合作，甚至直接参与学校的内部管理，共同开发高技术和培养高素质的人才，以提高企业的竞争力和发展潜力。小企业是如此，跨国的企业集团也是如此，一个产业部门是如此，一个国家也是如此。世界各国都已明白，综合国力的竞争归根结底是科技和人才的竞争。因此各国纷纷投入巨资，积极加大对"产、学、研"合作的扶持力度，使经济的发展真正走上依靠科技进步和提高劳动者素质的道路上来。

对教育部门而言，人力资本理论把教育从神圣的殿堂拉回到尘世，从奢侈的消费变成有利可图的投资，从政府的怀抱抛向社会大市场，导致了教育的观念、目标、结构、内容、方法、技术、管理体制以及终身教育、学习化社会、教育的产业化、教育的大众化等一系列全面而深刻的变革。在这一系列变革中，教育面临着经费短缺和生源竞争日益激烈的压力。这一压力促使教育部门希望和产业部门合作，针对产业实践提供科技攻关和技术改造服务，充分利用社会资源为教育资源获得资金物质支持。同时，由于知识更新的加快，使得基础研究和应用研究，知识应用与知识创造之间的界线日益模糊，教育部门希望通过"产、学、研"合作来促进学科的建设，面向经济建设主战场，获得广阔的发展空间。教育还处于这样一种社会地位：它孕育着全社会所有美好的希望，也承受着全社会的指责，这使得教育的变革十分困难，十分谨慎。通过"产、学、研"合作，可以打破教育内部的垄断与封闭，树立良好的形象，扩大自己的影响，并引入市场法则和竞争机制，提高教育运行的质量与效益，在服务社会中形成自我约束、自我发展的良性运行机制。

（三）耗散结构理论

耗散结构理论主要研究系统与环境之间的物质、能量和信息的交换关系及对系统本身的影响等问题，凡是与环境发生物质、能量、信息交换关系而维持一定时空的有序结构就是耗散结构，反之与外界环境没有物质、能量、信息交换，宏观体系的各部分长时间不发生任何变化而维持的有序结构就是平衡结构。耗散结构的组织是开放的、动态的，平衡结构的组织是封闭的、静态的。如果说高校是一种平衡结构的组织，研究生的培养主要依靠本校组织的资源、人力、物力和财力，与外界的交流很有限，那么"产、学、研"联合培养需要利用高校外组织或团体的资源，不断与外界进行资源、信息等交流，就要打破高校这种封闭、静态的平衡结构，使之逐渐成为能与外界环境进行畅通交流的耗散结构组织或类耗散结构组织。

企业、高校与科研单位都应具备开放性和非均衡性。开放性可以确保物质、能量、信息的畅通，从外界吸收负熵抵抗自身熵的作用，是系统从无序朝向有序演变，由低级有序演变到更高级有序。在技术创新的过程中，企业在与外界环境的信息流、能量流、物质流的交互中，可以找到实现其发展目标的新的能量源和物质源；开放的企业组织，从市场中获得自身所需信息，重新审视自己的发展战略，强化符合自身发展需求的创新理念，使企业迅速适应市场变化；科研单位在与企业的合作中，了解消费需求方向，从而根据市场需求研发出创新产品。孤立、封闭的技术研发，必然会出现没有市场的技术成果；同样，没有研发能力的企业，也不可能满足市场需求。只有人员流动、信息流动、成果流动、产品流动、资源流动的远离均衡的开放技术创新系统，才有可能实现技术成果向现实生产力的转化。

（四）网络组织理论

网络组织是组织间既竞争又合作，实现共同利益最大化的组织联合。当今的连锁企业、企业集团、外包企业、虚拟企业（如可口可乐、耐克）、战略联盟等组织都是网络组织。它超越了传统组织的内外之分，组织不仅包容了"外组织"的成分，而且也部分被"外组织"所包容；它克服了传统组织间竞争有余而合作不足的弊端，组织间通过合作网络纽带联系起来，相互独立的组织间既是竞争又是合作的关系；它既解决了组织内部分工过细而带来的"大企业病"，又解决了市场细化带来的组织间交易成本过高的问题。网络组织理论的核心概念是网络和节点，网络是组织间联系的纽带，节点即网络的基本单元，如企业、个人等；网络治理的主要机制是适应、协同和维护机制，共同参与和动态性是治理机制的关键。网络组织理论认为，网络组织是对工业化时代形成的官僚制组织及范式的一种替代，它比市场组织稳定，比层级组织灵活，是一种介于市场组织和层级组织之间的新的组织形式，是当今及未来最有效的组织形式。"产、学、研"联合实质上就是以高校、企事业单位、科研院所、政府和其他社会组织为节点，以各主体间的资源、信息交流为纽带构成的网络结构性组织。网络式的"产、学、研"联合培养，不仅发挥了各自的优势和长处，又克服了自身的劣势和不足，是一种合作主体之间多赢的合作形式。

（五）教育生产力理论

教育作为一种社会现象，最初起源于劳动。只是随着阶级和国家的出现，教育才脱离生产劳动独立出来，异化成统治教化的工具，知识与生产力之间的天然联系被人为地割裂。一方面，广大劳动者被排除在学校之外，目不识丁。另一方面，少数人垄断了教育，或埋头于故纸堆中；或在远离社会生活的"世外桃源"内一味修身养性，谈经论道，以知识为玩物；教育界与经济产业界彼此处于"老死不相往来"的隔绝状态。对此，陶行知曾一针见血地指出："中国教育的通病是教用脑的人不用手，不教用手的人用脑"，其后果，便是社会生产力低下，发展缓慢，整个社会缺乏一种科学实证的精神，这是造成我国科学技术落后的一个重要原因。实际上，我国教育在整个历史发展过程中，一直都没有或者很少真正体现其生产力的本质，这也是困扰教育发展的许多问题的根本原因所在——对教育的生产力本质强调得不够，而不是强调得过了头。随着教育的生产力本质的日益显现，教育与生产劳动出现了在更高的层次上再一次融合的趋势。特别是 20 世纪一系列革命性事件，知识以及传授知识的教育对社会生产力发展的推动作用逐渐显现，促使人们重新思考教育的本质，重新认识教育界与产业界的相互关系。美国麻省理工学院的校长查尔斯·M·福斯特指出："美国高等教育必须面对新时代的挑战，这就要求我们不仅要重新确立我们的使命和我们为之服务的变化着的社会环境，而且应重新思考我们与工业界及联邦政府的关系和相互作用，加强合作。"人们认识到，教育的生产力本质体现为教育培养的人才和创造的科技知识对社会生产力的巨大推动作用，但是这种推动作用的实现依赖于教育界与产业界的精诚合作，通过合作促进知识的推广应用，创造出物质财富，实现向生产力的转化，为社会的发展同时也为教育的发展奠定一个坚实的物质基础。如果没有这个基础，一切都无从谈起。从某种意义上说，知识的推广应用与知识的传承创造同等重要，日本经济大国地位的确立在很大程度上是以它消化吸收应用科学技术的能力为支持的。另一方面，在知识的实践应用中，可以验证和深化对知识的认识，从中发现问题，推动知识向前发展，形成实践——知识——生产力之间的相互促进和良性循环。这样，"产、学、研"合作作为体现教育的生产力本质，促进知识向生产力转化的有效方式，得到了社会各界的重视，并逐渐发展起来。

（六）教育与生产劳动相结合理论

"产、学、研"合作和教育与生产劳动相结合有着密不可分的联系，广义上的教劳结合本身就包括"产、学、研"合作的内容。实际上，"产、学、研"合作是实现教育与生产劳动相结合的重要途径和有效方式。教育与生产劳动相结合思想的代表是马克思，他依据对资本主义生产特点的分析，论证了教育与生产劳动相结合是大工业发展的必然趋势，是社会生产力发展的客观要求。他指出："教育与生产劳动相结合，不仅是提高社会生产的一种方法，而且是造就全面发展的人的唯一方法，也是改造现代社会的最强有力的手段之一。"以列宁继承了马克思的思想，把"教学工作与社会生产劳动紧密结合"写入《俄共（布）纲领草案》，他强调说："没有年轻一代的教育和生产劳动的结合，未来社会的理想是不能想象的，无论是脱离生产劳动的教学和教育，或是没有同时进行教学和教育的生产劳动都不能达到现代技术水平和科学知识现状所要求的高度。""科学技术的发展，使物质生产中的智力因素不断增长，生产劳动逐渐变成科学劳动，社会劳动不断智力化，这就需要通过生产劳动与教育相结合，把科学技术同时引进生产领域。"

教育与生产劳动相结合理论为"产、学、研"合作的发展奠定了坚实的基础。我国是社会主义国家，教育与生产劳动相结合是我国的基本教育方针。在这一基本方针的指导下，"产、学、研"合作作为教劳结合的重要内容和有效途径，得到了稳步发展。最初的"产、学、研"合作仅仅局限于生产实习和毕业设计等，随着经济的发展，"产、学、研"合作的方式和内容也从低级到高级，从简单到复杂，从单一到多样，发展到组建股份制高新技术企业，创立科技园区等的全面合作。

三、"产、学、研"培养的社会基础

（一）学生需求

近年来，随着我国研究生教育以每年 10% 的速度扩大规模，已出现了高校研究生教学资源紧张和研究生就业不如本科生的现状。面对这种现状，研究生的就业工作已不再是原来狭窄领域里人才资源的简单配置，而表现为更加复杂、更加多样性的社会需求和适应。学历、文凭已不能单单作为进入社会的"敲门砖"，实践能力、个人能力更被企业所看中。因此，"产、学、研"培养研究生使得高校和企业在教学过程中共同合作，培养学生的实际工作能力、创造能力，有助于解决学生理论素养与实践能力相脱节的矛盾，更好地帮助学生学习，同时也能使学生尽早适应从学校的学术环境到企业的管理环境这一转变，培养他们较强的适应能力，更好地适应产业发展的需要。

（二）企业需要

根据詹妮弗·杨主持的一项针对雇主的国际比较研究以及瑞克·利夫博士针对 12 个国家中的 385 位参加合作教育的雇主所做的调查研究发现，企业参加合作教育一是为了企业自身发展考虑。合作教育一来能帮助企业物色到理想员工，成为企业日后重要的人力资源，二来能加强与大学的联系，借助高校的科研优势，弥补企业基础研发能力的欠缺，同时通过与学生、高校之间的接触、交流，增进企业人员对基础理论和前沿技术的了解和认知，提高人员素质，增强企业竞争能力。二是从企业短期利益考虑。企业支付给合作教育学生的报酬比相同条件的正式员工低很多，但是却能获得与正式员工产出相同或者更多的成果，这种廉价劳动力自然受到企业的欢迎。除此以外，学生自身的朝气和内在的潜力，也为企业带来新的理念和新的动力，对于企业人员来说是一种很好的鞭策和促进。如今的市场竞争其核心是创新，关键是人才，企业对于人才的需求近乎一种渴望。通过"产、学、研"培养研究生，把高校的人才优势转移到企业，对企业的技术创新无疑会起到很好的支撑，能进一步促进其增大研发投入。同时，还能解决企业人才不足的困难，提升企业的人才积聚和储备能力，通过人才带动信息流、技术流和资金流，从而实现资源整合，加快企业发展，提升社会声誉。

（三）高等学校职能的要求

高等学校肩负着人才培养、科学研究和社会服务三大职能，这已经得到高等教育学界的普遍认可。高等学校从最初培养专门人才的单一职能，到后来发展科学职能，再到现在直接为社会服务职能，其发展过程经历了从单一化到多样化，从封闭式到开放式，如今已经成为社会的知识工厂和思想库，成为科技进步的"孵化器"和社会进步的"加速器"，由社会边缘"象牙之塔"，成为现代社会的"轴心机构"。

"产、学、研"培养研究生从高等学校的人才培养职能上看，有利于解决我国人才培养目标单一化问题，由培养理论性、学术性人才向培养应用型、创新型人才转变，提高教育质量；从高等学校的发展科学职能考虑，有利于高校自身科研能力的发展，通过与企业的合作，不但能解决人才培养和高校科研经费的问题，不断扩展科研领域和方向，还有助于科研成果向产品、商品的转化；从高等学校的社会服务职能上来讲，有利于高校体制改革，改变封闭式办学模式，提高高校应变能力和适应能力，提高资源利用和人才培养效益，使研究生教育更好地支撑经济建设、科技进步和社会发展，也有助于高校更好地担负起"科教兴国""人才强国"的责任，为经济、政治、文化、社会建设服务。

四、"产、学、研"运行机制的理论基础

（一）协同论

协同论又称协同学，是研究不同事物共同特征及其协同机理的新兴学科。协同学一词来源于希腊文，意为共同工作。它是由德国著名物理学家赫尔曼·哈肯在 20 世纪 60 年代研究激光理论的基础上，于 1973 年首次正式提出协同学理论的概念，并在 1977 年出版的《协同学导论》一书中，建立起协同学理论的框架。它既适合于非平衡态中发生的有序结构或功能研究，同时又包括平衡态中发生的相变过程从无序到有序转变的规律和特征的研究系统。

协同论认为，千差万别的系统，尽管其属性不同，但在整个环境中，各个系统间存在着相互影响又相互合作的关系。在复杂性系统中，各要素之间存在着"非线性"的相互作用，当外界控制参量达到一定的阈值时，要素之间就能互相联系，并取代各要素相对独立、相互竞争的状况，表现出协调、合作，整体效应增强，从无序走向有序的状态，这就是所谓的"协同导致有序"。而"非线性"是指事物之间并不存在直接的因果关系。在协同论中，哈肯描述了临界点附近的行为，阐述了慢变量支配原则和序参量概念，认为事物的演化受序参量的控制，演化的最终结构和有序程度决定于序参量。根据协同论的观点，在"产、学、研"培养的过程中，高校和企业就是要获得这种协同效应，依据自身实际和需要，寻求合适的合作伙伴，尊重合作过程中要素相互作用的客观性，充分发挥"产、学、研"合作的协同效应，达到真正的合作，最终实现高效益。然而协同的效果在实践中可能是正面的，也可能是反面的。

（二）治理理论

治理理论是 20 世纪 80 年代在西方国家兴起的一种全新理论。自 1989 年世界银行首次运用"治理"作为术语后，迅速运用于政治和社会科学多个领域。英语中的治理一词源于拉丁文和古希腊语，原意是控制、引导和操纵。世界银行、联合国开发署、治理理论的主要创始人詹姆斯·N·罗西瑙等都对"治理"的定义做出过不同的解释，较有权威和代表性的是联合国全球治理委员会在 1995 年所作的定义，"治理是个人和公共或私人机构管理其共同事务的诸多方式的总和。它是使相互冲突的或不同的利益得以调和并且采取联合

行动的持续的过程。它既包括有权迫使人们服从的正式制度和规则，也包括人民和机构同意的或以为符合其利益的各种非正式的制度安排。"治理不是一种活动，而是一个过程；治理过程的基础不是控制，而是协调；治理不是一种正式的制度，而是持续的互动。

治理和统治虽有共同的词根"govern"，但其含义却有很大的不同。治理的主体既可以是公共机构，也可以是私人机构，还可以是公共机构和私人机构的合作，它是一个上下互动、多元化的管理过程，是建立在市场原则、公共利益和认同之上自愿的合作。而统治的主体一定是社会的公共机构，它是自上而下、单一的管理过程，是运用政府权威、强制为主的管理方式。根据治理理论，在"产、学、研"培养研究生过程中，治理主体包括政府、高校和企业，各种治理主体通过合作、协商、对话等方式密切配合，以信任为基础、各种组织制度为保障，合理分配各治理主体之间的权力和责任，依靠各自的优势和资源培养研究生的能力和素质，最终建立一种自主自治的管理网络。

第二节 体育专业"产、学、研"培养模式研究

一、体育专业"产、学、研"研究生教育模式的构建原则

（一）立足服务，开放办学

"地方高校体育专业研究生的兴办是与社会发展紧密相关的，社会的发展又与市场的需求密不可分，高校在人才培养上应把地方高校体育专业研究生推向社会，改变办学思路，'开放'办学思想。"所谓"开放"就是以市场为导向"走出去"和"引进来"，"走出去"就是步入社会中积极参与地方高校体育实践活动，让地方高校体育专业研究生得到更多的认识和了解；"引进来"就是把地方高校体育企事业团体引入校园，利用多方面的资源，来培养地方高校体育专业研究生人才。需要强调的是，为了避免偏重于依托地方高校体育行业部门的条件加强地方高校体育人才培养，而导致单向性的高校一头热的局面，高校必须充分考虑地方高校体育行业部门的需求，立足服务与贡献，推动地方高校体育产业部门自身的发展，在这个基础上实现优势互补、校企双赢。只有高校融入地方高校体育产业部门的市场开发、健身娱乐服务、经营创新体系，真正对其发挥不可或缺的教育支持作用，让它们参与地方高校体育人才培养设计和过程，达成对高校的联合办学，才能使"产、学、研"由表入里，不断深化。

（二）充分利用专业资源的优势

地方高校体育专业研究生开展"产、学、研"教育需要认清自身的优势资源，如学科背景、特色项目、师资力量、模块课程设置、场馆器材等，找准基本的结合方向。充分利用专业资源的优势，往往易于形成"产、学、研"的有利条件，成为开展"产、学、研"的重要依托，使"产、学、研"处于一个比较高的起点，以自身优势资源对接地方高校体育的广阔市场平台，使学校与社会体育企事业团体的合作形成宽阔的接口，从而实现结合的持久化。

（三）创建长效全面合作机制，促进实质合作

目前，地方高校体育专业研究生"产、学、研"教育尚未在高校得以推广，为了促进实质性合作，地方高校体育专业研究生"产、学、研"教育必须考虑在起点上创建长效全面的合作机制，推进双方之间的全面互动和合作的制度化、系统化，为此，可以从以下几个方面入手：一是组建合作机构，双方都高度重视合作机构的组建，为"产、学、研"提供组织保证；二是签订合作协议，为保持"产、学、研"的规范有序，加强合作意向和拓宽合作内容，需要引入签订合作协议的机制，明确双方的权利和责任，界定合作内容，为"产、学、研"提供了制度保证；三是建立合作站点，在面上建立组织制度机制的同时，还要非常注重建立"产、学、研"的实点，为"产、学、研"建立了其体依托，如社区体育健身指导项目网点、专业见习点、专业实习点、健身娱乐创业项目点、地方高校体育服务创新研究站点、毕业设计网点、毕业论文指导网点等，保障学生在合作站点真题真做，培养实践能力和创新精神。

二、国内体育专业"产、学、研"培养的模式分析

"产、学、研"培养研究生的模式多种多样，北京教育科学研究院的刘娟对国外"产、学、研"培养研究生的主要模式进行了研究，主要有 8 种模式，即以项目为依托联合培养研究生、联合设立人才培养和科学研究基地、建立经济实体培养研究生、引进企业人才兼任大学的研究生导师、校企联合开办专业培养研究生、创办大学科技园联合培养研究生、共建合作研究中心培养研究生、大学受企业委托定制培养研究生，其特点是：以立法形式确立"产、学、研"培养研究生的制度基础，多种形式对"产、学、研"培养研究生予以资金资助，以组织设立为"产、学、研"培养研究生提供机构保障。温静等人四分析了我国当前"产、学、研"培养研究生的五种主要模式：引进企业人才兼任研究生导师、联合设立人才培养和科学研究基地、以重大合作项

目为依托联合培养人才、接受企业委托定向培养研究生、依托学科性公司培养研究生。

（一）依托学科性公司培养研究生

学科性公司主要特征是：依托学校学科优势，以科技成果作价入股作为核心技术创建科技型企业。学科性公司运用现代企业制度，在市场经济环境下更有效地开展成果转化和高新技术产业化，并推动学校学科建设的发展。学科性公司的股份由学校的技术成果无形资产和少量科研课题结余经费加社会资本组合而成。这种模式在调动科技人员积极性、激活学校资源、实现资源优化配置、促进成果转化和高新技术产业化、推动学科发展等方面均起到积极的作用。

（二）接受企业委托定向培养研究生

委托培养包括国家计划外培养，主要是指研究生培养经费和工资或助学金由委托单位提供，录取研究生工作由委托单位、高教研究培养机构和个人三方签订合同，研究生毕业后回委托单位工作，包括工程硕士和其他定向委托培养研究生等。这些学生除了在高校接受系统的理论教育以外，还直接将来自企业最新的课题带入学校，在高校导师的指导下开展科研工作，其培养质量能够得到有效保证。

（三）引进企业人才兼任研究生导师

长期以来，我国企业界活跃着一大批著名专家、研究人员和高级管理人员，他们不仅具有扎实的理论基础和丰富的实践经验，而且大都十分关心教育工作，愿意为高校人才培养作出贡献，高校聘请他们来学校担任兼职研究生导师。既能加强高校和企业界的联系，也能够极大开阔学生视野。他们把各行业研究的前沿问题、影响行业发展的关键技术难题以及国民经济发展迫切需求的科研项目直接带进学校，使研究生能近距离地接触技术前沿，参与到国家重大科研项目和企业自主创新工程之中，极大地拓宽了学生的眼界。

（四）联合设立人才培养和科学研究基地

一是共建企业博士后工作站，不仅自身提升了科研创新能力，也为企业解决了大量关键技术问题。二是设立研究生联合培养基地。"基地"以高校名义招收研究生，课程设置和学位授予在高校进行，而学位论文可由企业导师指导并在"基地"完成。高校在企业等单位的高级研究人员和技术人员中遴选企业导师，企业导师享受高校导师同等学术待遇。三是企业和高校设立联合实验室和研发中心，研究生在导师带领下，在联合实验室承担来自企业的科研攻关任务，既增强了对企业的了解，又提升了自身创新能力。四是共建工程研究中心。

（五）以重大合作项目为依托联合培养人才

这是"产、学、研"培养研究生的重要途径之一。但过去高校和企业的合作大多以"点对点"的方式进行，合作项目较小，难以发挥群体优势和产生重大成果，对提高研究生培养质量的影响十分有限。当前，要注重将高校学科集群和企业产业集群对接。通过这种对接，将能有效承担企业的重大科技攻关项目，或者联合申请国家重大科研任务，并以此作为相关学科研究生培养的平台和载体，努力让学生参与对产业核心竞争力具有牵"牛鼻子"的科技创新，增强社会责任感和历史使命感。

三、"产、学、研"培养的类型分析

（一）根据联合方式划分的培养类型

1. 创办大学科技园

是指以具有较强科研实力的大学为依托，将大学的综合智力资源优势与其他社会优势资源相结合，为高等学校科技成果转化、高新技术企业孵化、创新创业人才培养、产学研结合提供支撑的平台和服务的机构。将市场机制引入到研究生的创业平台中，在财政、税收、专利申请和使用方面给予配套的对口服务，把科技园和具备合作条件的高精尖企业作为研究生教育与产学研合作的基地，注重与地方政府、企业、社会机构的合作，极大寻求并拓宽了研究生创业的机会，加快项目成果的孵化，减少并规范技术转化的环节。我国现在已有很多大学科技园，已在社会发挥了重要的作用。

2. 共建合作研究中心

研究中心是以大学和企业为主体，政府给予技术和指导创办的产学研合作教育模式。中心一般建立在企业，也有的建在学校，企业是资金主要支持者，学校主要提供科研项目和成果。双方派出科研人员组成研究队伍，政府给予政策和资金的支持，研究中心的选题主要围绕着企业发展的目标，不仅具有十分明显的先进性，而且要结合企业的实际，应具有工业化前景，为企业直接提供技术服务和技术贮备。

3. 建立经济实体培养研究生

建立经济实体也是产学研合作教育的一个重要途径。此类经济实体具有独立法人。大学的任务主要是提供技术,企业的主要任务是生产和经营。可由双方派出代表成立董事会管理业务,双方共担风险,共享收益,这是最紧密的"产、学、研"形式。这种形式在调动科技人员的积极性、实现资源优化配置、促进成果转化、推动学科发展等方面均起到了积极作用。通过校企合作,为大学培养了大批高水平的研究生,为企业培养了高级技术人才。广大研究生通过在学科性公司中参与科研任务得到了成长。研究生通过从事科技开发及实习实验任务,有效提高了自身创新能力和水平。

4. 受企业委托定制培养研究生

委托培养包括国家计划外培养,主要是指研究生培养经费和工资或助学金由委托单位提供,录取研究生工作由委托单位、高教研究培养机构和个人三方签订合同,研究生毕业后回委托单位工作,包括工程硕士和其他定向委托培养研究生等。这些学生除了在高校接受系统的理论教育以外,还直接将来自企业最新的课题带入学校,在高校导师的指导下开展科研工作,其培养质量能够得到有效保证。

5. 学校学生到企事业单位实习

学生到企业实习也是较为常见的"产、学、研"培养研究生的形式之一,一般为学生在学校完成理论课程学习以后,到企业进行生产实践。企业可以与学校签订合同,每年接受学生到企业实习,也可以临时找到相关企业进行实习。

6. 以项目为依托联合培养研究生

以项目为依托联合培养研究生,主要是学校与企业通过科研项目联合在一起,让研究生参与到项目中来进行联合培养的一种形式。这是"产、学、研"培养研究生的重要途径之一。这种模式可以充分利用各方的优势,实现优势互补。从合作的推动方来看,联合培养的项目来源主要有以下四种:第一种是由政府或中介机构牵引;第二种是企业主动联系。企业为了提高自身的创新能力从而提高竞争力,选择与企业自身产业集群相关的高校的优势专业进行合作,共同进行新产品的研发或科研项目的研究,在这个过程中提高研究生的实践能力;第三种是高校主动联系。这种方式目前在我国高校属于比较常见的模式。校方以法人身份主动联系,或者通过导师个人关系联系企业进行项目研究,依此作为相关学科研究生培养的平台和载体;第四种是企业与大学共同提出研究课题和项目,由企业负责研究资金,双方提供研究人员共同成立科研攻关小组,研究出科研成果直接由企业进行工业化生产和经营。

7. 引进企业人才兼任研究生导师

我国企业界有一大批著名专家、研究人员和高级管理人员,他们具有扎实的理论基础和丰富的实践经验，是非常丰富的资源。高校应该发挥这支队伍的作用，聘请他们来学校担任兼职研究生导师，这样不仅能够有效弥补自身师资的不足，而且能够加强高校和企业界的联系，也能够极大开阔学生视野。引进企业人才兼任研究生导师，增强了研究生培养的师资力量。通过开展跨学科、跨单位团队式合作培养研究生，鼓励跨学科、跨单位研究生培养资源的共享，可以扩展研究生的学术视野，增强研究生的科研创新能力。

8.联合设立人才培养和科学研究基地

联合设立人才培养和科学研究基地是企业与学校分别投入一定比例的资金、人力或设备共同建立联合研发机构。学校对基地研究生实行双导师制，发挥校企双方导师在理论研究、生产实践方面的优势，对研究生进行全面指导。学校聘请企业理论水平较高、实践经验丰富的人员担任企业导师，有些学校还颁发企业导师聘书。学校导师与企业导师密切合作，企业导师主要负责研究生的实践环节，学校导师负责理论的指导。

（二）根据合作过程划分的培养类型

1.阶段性合作型

高校和企业在培养研究生方面的合作，主要体现在研究生培养的毕业课题设计研究和实习阶段。同样以上海理工大学机械工程学院为例，在与上海科鑫电液控制设备有限公司合作联合培养研究生时，公司主要为学校研究生实习、参与研究开发提供机会，并派相应的技术人员提供指导。

2.全过程合作型

学校授予企业专家博士、硕士研究生导师证书，企业导师进入导师序列和招生简章，研究生的平时教学、毕业设计等整个培养过程，由高校和企事业单位共同参与。

（三）根据参与主体数量划分的培养类型

1.两主体合作型

两主体合作型主要是有两个主体相互参与"产、学、研"培养。主要有学校与企业、学校与研究所、研究所与企业合作等形式。我们主要探讨的是学校与企业之间的合作，在政府不参与的情况下，学校与企业进行一对一的合作，如上海交通大学与宝钢集团的联合培养，采用学校层面与企业集团的合作，这种合作在科研资源调动方面具有明显优势。目前，这一类型又派生出许多新的形式，如一所学校与一个企业合作、一所学校与多个企业合作、多所学校与一个企业合作等。

2. 三主体合作型

三主体合作型是有三个主体参与产学研合作，可以是政府、学校、企业与研究所的任意三方进行的合作。这种方式也较为普遍，主要是在政府的主导下，学校与企业进行产学研合作的情况较为多见。

3. 多主体合作型

多主体合作主要是政府、企业、学校、科研机构四方合作类型。

（四）根据联合培养主导方划分的培养类型

1. 学校主导型

学校主导型即高校及科研院所以自身的人才、技术优势，结合社会资源优势开办经济实体、创办高科技产业。这种类型主要是大学通过自己创办科技产业或建立实践基地，促进科技成果转化为现实生产力，实现产学研结合，其目的是达到教学出人才、科研上水平、产业出效率，是一种需要强大的科研技术和人才支持的合作类型。

2. 企业主导型

企业主导型即企业为提升自己的市场竞争力，满足市场需求，以委托高校或研究机构开发或共同开发等形式，寻求大学和科研机构的技术支持、技术服务、技术咨询、技术开发，就新产品、改进工艺等方面提高企业的效益和技术储备。企业同时作为科学技术的创造者和科学技术转化为生产力的创新者，企业既是研究的主体又是生产的主体。

3. 政府主导型

政府主导型是指政府组织的一种旨在解决科技和经济发展中重大问题的大规模联合行动。政府主导型的特征：由政府搭台，财政出资引资，经多渠道筹集资金，以设立开发基金的方式对"产、学、研"体进行投资，提供初始经费。例如广东省与教育部、科技部专门联合成立省部产学研办公室，专门负责产学研工作，设置了产学研重大项目、产学研引导项目、招标项目、企业科技特派员制度等一系列能推动广东当地经济发展的专项行动。

4. 联合共建型

这种类型是高校利用自身的科研和人才优势与企业合作，通过共建研发中心、实验室等多种载体，双方共同派遣科技人员、教师和学生共同开展有关科研项目。这种举措一方面提升了企业的自主创新能力，另一方面为学校保持学科优势提供了重要的支撑。这种类型是高校和企业以联合培养面向生产和技术开发的应用型高素质人才、提高学生的实践能力和创新能力为主要任务而进行的合作，包括定向招生、联合培养、产学联合办学、校企共建产学研基地、聘请校外导师等多种形式。

（五）根据合作网络结构形式划分的培养类型

1.点对点型

所谓点对点型，是指企业与大学或研究机构之间进行的一对一合作创新，即企业界中某一特定企业与学术界中某一特定学校或研究机构建立的合作创新关系。点对点型合作者少，合作关系简单，合作沟通较为便利，合作目标也较为明确。不过，受限于参与者的专业能力和资金实力，点对点型不但难以支撑涉及多个技术领域的科技攻关，而且也较难实现产业共性技术的关键性突破。

2.点对链型

所谓点对链型，包括一个企业与若干个学术机构或一个学术机构与若干个处于同一产业链或供应链上的企业进行的合作创新。在一个企业与若干个大学或研究机构进行的合作创新中，这个企业往往经济实力较强，既是合作的需求方，又是合作的资助者，而大学和研究机构则根据企业技术要求，分别完成相应技术环节的研究任务。在一个大学或科研机构与若干个企业进行的合作创新中，这个大学或研究机构往往研发实力雄厚，既是技术提供者，又是技术集成者，而多个企业则在特定行业或供应链上相互协作，力图实现技术成果的市场化和产业化。

3.网络型

所谓网络型是指某个行业内或供应链上的多个企业、高校、科研机构共同参与的合作创新。合作网络中的每个成员通过交流、学习和合作，互通有无，并从合作网络中分享收益，将技术能力提升到仅靠单个成员努力难以达到的水平。一般来说，在网络型下产学研合作规模较大，实力较强，既可以在产业领域内打造完整的产业技术创新链，也可以进行跨领域、跨行业的集成创新。但是，网络模式涉及成员较多，企业、高校、科研机构是不同性质的互补组织，而企业成员之间又存在竞争关系，因此，组织结构和合作关系都很复杂，可谓是管理难度最大、管控成本最高的产学研合作模式。而且，网络型的发展往往需要牵头单位的组织、管理和协调。一般来说，牵头单位既需要有相当的实力和影响力，还需要有一定的管控水平和服务意识。

（六）根据联合动力划分的培养类型

联合的动力是指"产、学、研"培养系统内各主体参与合作需求和动机。"产、学、研"培养研究生的动力，既有来自政府的外力推动，也有来自合作主体之间的自愿合作，同时还有政府牵线、合作主体自愿相结合的形式。

1. 政府推动型

"产、学、研"的动力来自政府的推动，政府通过法律、财政政策、税收政策等方式支持"产、学、研"培养，而产学研合作主体是出于利益获得的驱动或政府压力参与合作，高校、企业、科研机构等主体进入基地进行合作的形式。

2. 自愿结合型

联合的动力来自合作主体的内驱力，合作是出于内在需求而自愿结合，如企业对高新技术的需求、高校培养研究生的需求及科研机构科技成果转化的需求等。

3. 政府推动和自愿结合型

"产、学、研"培养的形成通常是内外力综合作用的结果，内部动力是基础，外部动力是条件。一种情况是主体有合作愿望，由政府推动才有了合作的可能；一种是主体有合作愿望，但合作成本太高，由政府支持而形成合作；一种是主体间有合作的基础，在政府的推动和支持下，合作水平得到质的提高。

第三节 推进体育专业"产、学、研"的策略研究

一、政策建议

（一）灵活的人才交流政策

"产、学、研"研究生培养基地都采用双导师制，因此，鼓励"产、学、研"研究生培养体制实施灵活的人才交流政策，打破理论与实践之间的鸿沟。学校导师可以到企业挂职，拓展思路、及时发现实际生产难题；企业技术人员可以到学校任教，把更多的实践经验带到高校，不仅改善了在校学生纯理论的学习方式，同时也提高了自身的理论素养，有利于更好地指导实践。为此，我们应创造一个释放人才能量，促进人才辈出的环境，建立开放、流动、竞争的用人机制，允许并鼓励高校的科研人员以各种形式向企业流动。尤其重要的是要制定配套的科技成果转化奖励性政策，调整高校教师的考核标准，加大科技成果转化的权重，将科研人员的成果转化和个人的经济利益直接挂钩，重奖在科技成果转化方面贡献突出人员，实行科技入股，知识入股，以充分调动和保护科技人员转化成果的积极性。鼓励学校科研、教学人员向企业流动。高校应建立科研、教学人员重返学校竞争上岗的管理制度。高校允许高校教师和科研人员经过学校批准，暂时离岗参与学校控参股企业的技术

和管理工作，特别是高新技术企业的孵化工作，这些教师和科研人员在暂时离岗期间，保留事业编制和原有教学、科研职务，以后可允许回学校竞争上岗。

（二）建立健全政策法规体系

"产、学、研"培养研究生既是一项艰巨复杂的系统工程，又是一个不断推进的历史过程，涉及面广，持续时间长，需要解决的问题多，因而需要集中各方力量和智慧，同时广泛汇集民意，制定科学的总体战略规划，使之与国家经济和社会发展规划相衔接，与全面建设小康社会的要求相适应，分阶段、有重点、按步骤地予以实施。科技部副部长李学勇曾经针对"产、学、研"合作问题，指出要进一步加强调查研究、完善政策、营造环境、着力解决政策不配套，"产、学、研"组织形式松散，行为短期化，缺乏满足产业技术创新的持续性，缺乏创新成果产业化的保障机制等有关问题，结合《国家中长期科学和技术发展规划纲要（2006—2020 年）》配套政策实施细则的制定，进一步完善有利于"产、学、研"结合的政策环境。目前的"产、学、研"培养，学校与企业还处在单打独斗的状态，缺乏有效的组织和政策引导。"产、学、研"合作各主体之间的职责、权利、义务界定还不是很清楚，导致"产、学、研"培养的持续性、稳定性和有效性不高。

为此，应积极加强与"产、学、研"合作相关的科技规划、科研机构、科技人才、投入、条件平台、知识产权等方面的法律法规和政策的系列化和配套化建设。在我国尚未制定相关法律法规的情况下，可以根据修订后的《科技进步法》《实施《国家中长期科学和技术发展规划纲要（2006—2020 年）》的若干配套政策》及其地方法规和实施细则，通过专家咨询、相关利益主体听证、公众参与、政府决策等政策法规决策机制，制定《促进"产、学、研"联合培养条例》，确立"产、学、研"培养在国家创新体系中的法律地位，明确"产、学、研"培养的指导思想、原则、目标、主要任务、组织领导机制、保障措施等；明确"产、学、研"合作各方的权利义务，规范和调控"产、学、研"合作组织内部的活动以及合作中出现的各种利益冲突和纠纷，保护"产、学、研"合作各方的合法权益，包括知识产权归属与保护、利益分配办法等；采取财政、税收、政府采购、金融和服务等多种措施促进"产、学、研"合作，制定配套财政投入及其使用与监督规则，以及各类管理与绩效评估措施；通过制定税收减免政策，鼓励企业、公司捐赠或社会捐助，促进"产、学、研"经费来源的多元化。

（三）加强"产、学、研"培养的舆论宣传

观念决定行动。要站在服务社会主义现代化全局的高度，建设国家创新体系的高度，进一步深刻认识"产、学、研"培养研究生对经济社会发展和高等教育自身发展的促进作用。"产、学、研"培养研究生，首先要打破封闭办学和包办式的培养观念，树立开放办学和多主体合作培养的理念，把"走出去"与"引进来"相结合，充分利用社会资源和力量来提高研究生的培养质量。社会资源和力量的调动需要加强"产、学、研"的宣传和教育工作，通过舆论报道、榜样示范、典型案例和组织参观等方式，让社会各界尤其是企事业单位充分认识"产、学、研"培养的意义和作用。加强宣传引导，首先要增强全社会对"产、学、研"结合重要性和必要性的认识，特别是要让企业充分认识到，在知识经济时代，企业的生存、发展和壮大，不能再依靠粗放式开发和利用自然资源，依靠廉价劳动力，依靠资金投入和政府政策支持，而是要转变到依靠科技创新，依靠创新人才上来；要让学校认识到，加强"产、学、研"培养研究生是推进经济社会和高等教育以及学校自身发展的重要战略举措。只有参与"产、学、研"培养研究生的各方统一思想认识，发挥各自优势，形成合力，"产、学、研"培养研究生才能实现新发展。

（四）建立"产、学、研"培养研究生的激励政策

现阶段参与"产、学、研"合作的主体中，企（事）业单位的积极性和主动性还不是很高，政府应加强宏观调控，采取财政、税收、政府采购、金融和服务等多种措施促进"产、学、研"合作，例如，设立省、市、政府奖励基金，对取得较大社会经济效益的"产、学、研"合作项目和有重大贡献的人员予以奖励；积极争取银行、财政、金融部门参与和支持"产、学、研"合作，保证"产、学、研"急用资金的及时到位；设立风险基金或专项贷款，并尽可能给予贴息优惠，对那些高附加值、市场前景好、有潜在的经济效益的合作项目给予投资；对于参与"产、学、研"研究生培养基地建设的企业，给予减税的优惠政策，以调动企业参与"产、学、研"研究生培养的积极性；结合我国最新出台的相关政策法规，如《国务院关于同意支持中关村科技园区建设国家自主创新示范区的批复》和《"科技北京"行动计划（2009—2012年）促进自主创新行动》等，使参与到"产、学、研"研究生培养基地建设的企业享受到相关优惠政策。

二、管理体制建设

（一）建立多元化的资金筹措渠道

在调查过程中发现，很多受访的师生都反映了项目资金不足的问题。第一期的基地建设，主要是靠政府投入，各当地市教委为此付出了极大的努力。

但是，"产、学、研"培养研究生的持续发展不能光靠政府投入支撑。根据发达国家的经验，政府作为项目的推动者，应该随着项目的逐渐成熟、完善而慢慢退出，由涉及"产、学、研"培养的机构自主发展。因此，多元化的资金筹措渠道应是今后建设的重点。首先，政府不仅可以通过财政资助项目实施，还可以积极引导民间资本、社会捐赠等资助形式加入项目的建设，比如，建立基金会以奖学金的方式资助联合培养学生出国。其次，各高校目前将"985""211"资金项目配套用于支持"产、学、研"培养研究生的做法也值得肯定。高校作为联合培养的主体，在留有余力的前提下为基地建设的发展作出应有的贡献，值得鼓励且应成为必要。最后，"产、学、研"培养研究生积极鼓励企业资金的参与，引进企业资金进入联合培养项目中，既可以缓解联合培养基地建设的资金压力，也为企业人才质量的提升提供了更多选择。

（二）强化知识产权管理，积极实施专利战略

从发达国家和地区经济发展的轨迹来看，工业经济发展模式一般是沿着资源拉动、投资拉动、创新拉动和知识拉动的阶段演变。随着我国经济向资源节约、重化工型的快速转型，积极加强知识产权保护和法制建设，制定实施知识产权发展与保护战略和策略正当其时。在"产、学、研"合作中，知识产权体系能否对"产、学、研"合作中技术创新进行有效保护，主要看其能否有效激励创新主体、能否强化创新环节的系统整合并实现最优效益、能否整体上提升创新水平。从总体上看，我们不仅要提高保护知识产权的意识，更重要的是要提高知识产权的创造、保护和运用能力。为促进"产、学、研"合作创新，知识产权保护的政策措施应该包括：实施技术创新专利战略，加强知识产权制度的政策配套和环境建设，加强专利技术的政府管理，从而强化知识产权激励机制和政策对"产、学、研"合作的推动和牵引作用。同时，"学研"机构和企业应增强自我法律保护意识，在权益保护方面，"学研"机构相对处于较低的位置。在现实经济活动中，企业方反映对方不履约的情况较少，而"学研"机构反映对方不履约的情况则较多；另一方面，对纠纷结果的满意度，企业高于"学研"机构，表明科技成果转化中存在不公平待遇。因此，在通过政策法规维护市场秩序使真正的贡献者获得合法权益的同时，"学研"机构需要对自身权益加强保护。

做好知识产权保护工作具体应做到以下几点：①在高校中建立和完善知识产权管理体系；将知识产权作为评估教师、研究人员工作成果和业绩的指标；将知识产权作为审批和再审批研究课题经费时的重要参考依据；②要积极推进知识产权战略研究，建立运用知识产权制度促进科技创新的利益机制，

正确选择科技创新的重点和目标，进一步强化国家科技计划项目承担单位保护和管理自主知识产权的责任感；③发挥知识产权在科技管理中的导向作用，建立并强化科技评价体系中的知识产权比重。国家科技计划项目立项都要进行国内外知识产权状况分析，并应以发明专利作为立项目标和验收指标；④在科技计划项目管理经费中设立专利补助专项经费，加大对申请国内外发明专利的支持力度；⑤要适应与重视国际科技合作与交流中的知识产权保护和管理问题，切实保护中外各方的知识产权利益，并积极配合国家知识产权局，对重大科技计划项目中的创造发明申请加快专利审批速度，促进其尽快形成市场竞争力。

（三）大力推进"产、学、研"合作，带动"产、学、研"培养

现阶段参与我国"产、学、研"研究生培养基地建设的主要力量是在政府牵头下的企（事）业单位和高校，而作为合作主体之一的科研院所往往被忽视，下一步"产、学、研"合作应充分发挥科研院所的力量，政府要加强宏观调控，在"产、学、研"合作方面给予科研院所更多的合作机会。目前高新技术产业内的"产、学、研"合作，参与合作的高技术企业自身的技术能力相对较强，而科研院所自身的科研能力也很强，并有稳定成熟的实验室及相关人才，进行"产、学、研"合作的基础比较好，因此，与科研院所的合作将是深层次的、紧密型的合作，如联合开发、共建研究开发机构等。这些项目的合作，一旦合作成功，容易产生跨越性的技术效果，直接进入国内或国际技术前沿，经济、社会效益将会更加明显，并且这类项目最能发挥"产、学、研"各方的互补性优势。政府可以在信息技术、新材料、生物制药等高新技术领域加大资金投入和政策优惠及其他方式的支持力度，大力推进"产、学、研"合作，带动"产、学、研"培养，提升"产、学、研"的高度。

（四）积极发展科技中介机构，建设科技服务支撑体系

科技中介服务体系由技术市场、科技评估、技术经纪、技术监理、贷款担保等机构组成，衔接"产、学、研"合作的各个环节。中介服务体系是"产、学、研"合作创新过程中不可缺少的支撑条件，我们应当学习和借鉴国外的有益经验，创造性地发展和推动各种中介服务，并不断提高服务质量，完善和提高中介服务机构的功能。不仅应有咨询服务功能，同时，中介机构还应具有担保功能并能及时回收对科技研究的投入所消耗的成本，监督转让双方履行转让协议或合同，特别是监督技术转让方对技术接受方所提供的技术服务能否切实执行，一旦出现违约现象和争议，中介机构即能进行调解。政府应通过示范，采取相关的措施促进产、学、研各方对中介机构的了解和

需求，促使中介机构为"产、学、研"合作创新提供更优质的服务。从总体上说，我国科技中介服务机构的发展还处在起步阶段，难以满足不断增长的社会需求，也是国家创新体系中亟待加强的环节。所以要把发展科技中介服务机构作为服务经济建设和社会发展的重要途径，充分利用公共间接支持手段支持产业 R&D 和高技术产业发展，要按照"组织网络化、功能社会化、服务产业化"的原则，加强科技中介服务组织建设，充分发挥和完善技术服务、技术评估、技术经纪及信息咨询等方面职能，有效地促进"产、学、研"合作；要充分发挥信息网络优势，构建面向全社会的"产、学、研"信息网，及时做好"学研"机构与企业之间的信息沟通、项目中介、咨询服务等工作；要充分发挥科技中介机构在先进适用技术成果推广应用中的作用，重点扶持一批专业化服务水平高、组织协调能力强的骨干科技中介机构；要加强各行业协会的功能建设，进一步发挥行业协会掌握企业情况、行业动态、技术发展方向等方面的优势，由行业协会牵头组织专家开展咨询服务活动，逐步形成政府指导下的行业自律性管理新体制；要积极推进科技中介服务机构的法律法规和政策环境建设。

（五）加强与企事业单位的交流与合作，建立长期的战略合作伙伴关系

"产、学、研"培养研究生基地建设中合作双方的交流不畅通，交流合作仅限于与"产、学、研"培养研究生基地的项目，十分有限。但合作双方都期待能够建立长期的合作伙伴关系，本研究建议可以从以下几个途径来加强合作交流，改善沟通不畅，例如：建立合作研究中心、博士后工作站等，也可以通过委托培养等形式来达成一种持续稳定的合作伙伴关系，有利于推进"产、学、研"培养研究生的长效机制；再如建立合作主体间的联席会制度，促进主体间的沟通与联系。

三、保障制度建设

（一）与国家技术创新和人才政策相对接

建设创新型国家需要创新型人才，而大批创新型人才的培养依赖合格的高等教育。高校是培养和造就高素质、创新型人才的基地和摇篮，而"产、学、研"培养则是造就同时具备较强的文化理论素养与实践能力水平的创新型人才的最好途径。国家近期颁布了一系列的政策法规来鼓励创新型人才的培养，例如《国家中长期教育改革和发展规划纲要》《国家中长期人才发展规

划纲要》《首都中长期人才发展规划纲》和中关村国家自主创新示范区的相关政策，其中都明确提出"产、学、研"合作，下一步的工作就是要把这些政策具体落实到"产、学、研"培养研究生培养政策中来，进一步推动我国创新型人才的培养和创新型国家的建设进程。

目前我国负责制定科技政策的部门是科技部、教育部和发展改革委员会，政策实施关联到信息产业部、国家市场监督管理总局等同级部门，这些部门之间由于体制原因，沟通不够，难以保证现有科技和创新政策的匹配；由于缺乏开放性，没有能够实现与产业界的实质沟通，科技和创新政策与产业需求脱节现象较多。因此，进行国家科技、教育、产业政策的整合与匹配是当务之急。国家创新政策的制定要同时针对科技、教育和企业三大领域，促进不同组织间的合作。这需要对国家科技部和教育部的相关部门和机构进行整合，成立国家科学教育专门研究机构，由国家科技部领导和管理，教育部主要参与，专门研究、探讨我国科学教育的总体问题，评估科学教育的效果，以及加强科学教育的政策和战略的实施。

（二）建立针对"产、学、研"培养的考评体系

虽然"产、学、研"合作在我国已经有一定的发展历史，但是"产、学、研"研究生培养还属于起步阶段，各方面发展都不是很成熟，且全国各地在具体实施上都因实际情况而做了相应的调整，因此，如何考核"产、学、研"培养研究生的成果以及评价"产、学、研"研究生培养基地建设情况就显得至关重要。而针对"产、学、研"研究生培养基地成果的考核上，应以年度考核为主要形式，以研究生培养数量、论文发表、专利与发明数量以及科研项目完成情况为主要考核标准来进行操作。

（三）建立面向"产、学、研"培养的研究生课程体系

问卷中反映出的研究生面向联合培养中的问题，主要原因在于目前的研究生课程体系还是以理论学习和理论研究为主，面向实践应用的知识传授和能力培养严重不足。因此，要建立面向"产、学、研"培养研究生的课程体系，提升研究生面向实践学习和研究的能力。"产、学、研"培养研究生的课程体系改革，要加强高校与企事业单位的合作，根据合作的企事业单位的需求，开发出一套体现学科前沿性、实践性的"产、学、研"培养研究生课程体系，不断提高研究生解决实际技术问题的能力。基于"产、学、研"对学生实践能力的重视及需要，实践环节必须纳入研究生培养全过程。建议在所有教学环节中突出实践能力的培养，实践教学可以占总学时的 40% 以上，增强学生动手能力的培养；为突出选修课在个性发展中的作用，选修课占总学

时的 20% 以上，加大对学生课程选设的自主权，以此调动学生学习的积极性和主动性。面向"产、学、研"培养的研究生课程体系应由四大模块构成：①公共基础教育模块：由政治思想德育课程、自然科学与人文社科类课程、公共外语课程、计算机基础课程、体育课程等构成。②专业知识教育模块：由各专业的专业基础理论课程、专业特色课程、专业前沿学科课程构成。③实践能力培养模块：由实验课、课程设计、专业实践实习、毕业实习、毕业设计（论文）等教学环节构成。④全面素质培养模块：由学科交叉课、参与科研项目、职业生涯规划、职业资格证书、参加社会实践、参加学术讲座、参加竞赛类项目等构成，鼓励和引导学生在校期间积极参加科研项目和社会实践活动，并将这些活动的成绩纳入毕业考核范畴，延伸素质教育。

（四）建立健全一套面向"产、学、研"培养的管理体制与机制

"产、学、研"研究生培养基地的建设工作涉及科技、经济、社会诸多方面。在加快建设创新型国家的新形势下，推进"产、学、研"合作一定要实现各部门的协同，形成合力；在政策制定、资源配置、管理体制、人才培养等方面都需要加强各部门的密切合作，创新资源配置方式，通过深化改革，促进"产、学、研"的有机结合。整个"产、学、研"合作过程涉及多部门和多方面科技资源的配置问题。目前，各级各地政府的"产、学、研"合作领导小组的协调与管理能力较弱，难以有效协调"产、学、研"合作过程中涉及的诸多部门，导致在科技资源配置上，一方面存在低水平重复投入和浪费现象，另一方面又存在投入空缺。为此，建议由科教领导小组牵头，成立"产、学、研"合作协调委员会，指导和协调"产、学、研"合作工作，同时加强"产、学、研"合作协调与管理办公室的职权，由该办公室统筹规划"产、学、研"合作中科技资源的配置与管理，综合协调"产、学、研"合作过程中涉及的相关部门，负责具体落实"产、学、研"合作中的科技人才、科技经费投入、科技条件平台等要素，以及科技、教育和经济等有关的法律、法规、政策等方面的综合协调。

第三章 体育教学模式及方法

第一节 体育教学模式

20 世纪 70 年代末和 80 年代初，我国的体育教学改革全面展开，这个改革是以体育教学思想转变为先导，以体育教学手段与方法的更新为基础的，但是，经过一段时间后，人们发现这种改革的形态在某种程度上却导致了理论与实践研究之间的脱节现象。因此，自 80 年代后期开始，人们在寻求体育课堂教学优化、提升体育教学效率与提高体育教学质量的过程中，出现了与教学思想和教学方法相联系的体育教学过程结构的研究，发现对体育教学模式的研究可以更好地把握教与学的关系，促进体育教学优化，从而开始关注体育教学模式的研究。

20 世纪 90 年代，进行体育研究的学者们明确地采用了"教学模式"的概念，并试图把这种研究初步推向深入。在众多体育科研工作者的努力下，体育相关人士业已认识到体育教学模式是体育教学理论，体育教学观念通向体育教学实践的中介和桥梁。

近年来，随着体育教学的深入改革，有关体育教学模式的理论与实践研究非常活跃，并呈现了多元化的体育教学模式。国内研究者分别基于不同的研究视角对体育教学模式进行了界定，但至今没有形成共识。虽然每个学者都可以发表自己的见解，但是有关体育教学模式概念规范化与统一化始终还是个比较大的问题，需要学校体育理论界对体育教学模式有一个明确的概念。目前，体育教学模式概念研究有三种基本取向：体育教学结构模式观、体育教学程序模式观与体育教学方法模式观。体育教学模式概念研究因研究视角各异而呈现出多样性的体育教学模式内涵界定，这一方面有利于体育教学模式研究的开放性，促成体育教学模式研究的细化；另一方面又失去了体育教学模式研究的统一性，造成体育教学模式理论研究的混乱性与体育教学实践中教学模式选择与应用的非灵活性。基于克服这种不足的需要，有必要对体育教学模式概念的统一性作深入的研究，以减少指导理论上的偏差。

体育教学模式的研究领域颇多，目前对体育教学模式的比较、分类、归纳、综合等研究还存在分歧，使许多体育教师特别是基层体育教师面对多元化的体育教学模式，反而无所适从。例如：体育教学模式如何分类与选用？体育教学模式如何命名与创新？体育教学模式与单元教学、体育课是何关系？各种体育教学模式概念、理论基础、结构、操作程序、使用范围、适用条件、教学评价方式是什么？如此等等，在下面的内容中会有具体的讨论。

一、对教学模式与体育教学模式的思考

美国教育家乔依斯和韦尔首次提出教学模式的定义：教学模式是构成课程和课业、选择教材、提示教师活动的一种范型或计划。我国《教育大辞典》中写道："教学模式是反映特定教学理论逻辑轮廓的、为保持某种教学任务的相对稳定而具体的教学活动结构。"由此可见，教学模式是指在一定理论体系指导下，以完成特定的教学任务为目的的一种教学设计或教学方法的组合。一般而言，教学模式具备完整性、针对性、可操作性、标准性和反馈性的特点。

不同的教学目标产生不同的教学模式，某一模式是为某一目标服务的。评价某一模式的长处，一般以最后是否达到教学目标为依据。对于不同的教学理论，不同的教学目标，就应选择不同的教学模式。日本的广冈亮藏先生认为，一种教学模式仅仅是对特定的教学条件（包括教学目标、教材、学习者发展水平等）来说才是有效的。他指出，没有万能的教学模式。

教学模式依据不同教学理论一般分为三类：①依据儿童的认识发展规律，可以将教学模式分为：发现式教学模式、掌握学习教学模式、探究训练教学模式等；②依据社会学的人际交往理论，以发展学生社会适应性为目的，可以将教学模式分为：小组研究教学模式、合作教学模式、社会调查教学模式；③依据心理学的人格发展理论，以发展学生个性、情感、技能为目的，可以将教学模式分为：暗示教学模式、程序教学模式等。

体育教学模式是在体育基础理论指导下，完成基本体育教学目标的一种教学模型或特定的教学策略组合。它体现在一个教学单元、一节体育课或课中的一个部分。我们认为，体育教学是建立在"双轨制平台"之上，即发展学生的健康体能和掌握运动技术之上的独特的教学过程。学生体质发展，掌握体育文化必须是建立在"双轨制平台"之上，否则不能称之为体育教学，也无从增强学生的体质。"双轨制平台"的基本理论主要是人体发展的适应性规律和运动技能形成规律。

体育教学模式源于体育教学的基本理论与实践，一般教学模式源于一般

教学理论与实践。由于一般教学的理论也是指导体育教学的基本理论，因此体育教学模式的指导理论应被包含于一般教学理论之中。

但是，由于体育教学有其特定的教学目标，体育教学具有一定的生理负荷，学习体育的技能等，室外教学组织的复杂性、生生互动频繁性等特点，因此，体育教学必然有其特殊的、基本的教学模式，即发展体能的教学模式和学习技能的教学模式。体育教学的模式都应该在体育教学的基本教学模式上演化出来，而且必须在这个基础上演化出来。同时与现代教学模式进行有机的"叠加"，从而形成"高级"的体育教学模式。

实际上，依托一个基本理论或一个成熟的教学模式发展出来的教学模式一般称为某一个教学模式的"变式"。"变式"的意思是所依托的基本理论相同，是在原有模式的基础上略加变动或微调而形成的"新"的教学模式。实际上，我们的体育教师所讲的体育教学模式多为"变式"形态的教学模式。当然，"变式"形态的教学模式也是一种发展、一种进步。

二、体育教学模式论

（一）关于体育教学模式的定义的讨论

本研究曾在本系列研究的先行研究中对体育教学模式作过如下定义："体育教学模式是体现某种教学思想的教学程序，它包括相对稳定的教学过程结构和相应的教学方法体系，主要体现在教学单元和教学课的设计和实施上。"这一定义的特征有如下几点：①内涵定义在"教学过程结构和相应的教学方法体系"，这其中既体现时间概念和有内在联系的"过程结构"，又加上了与之相辅的"教学方法体系"。成为"空间结构十方式类型"的框架，以体现一般性和特殊性相结合的特点，它较之"教学程序""课堂结构"的内涵更加全面完整，较之"教学活动型""教学范型"也更加清晰、明确和具体，具有教学模式概念的全面性和确定性。②上述定义还力图明确教学思想与教学模式的关系，把教学模式与教学思想作为"体现"和"被体现"的关系来处理，这比"指导"和"被指导"的提法更加客观，更有余地。这可促进各种教学模式和各种教学思想的结合，也容易摆脱"一种指导思想有一种模式"的简单对应关系，有利于纠正消除把教学思想等同于教学模式的模糊认识。③定义对模式的空间和工作内容范围进行了界定，即"主要体现在教学单元和教学课的设计和实施中"。这是在以前教学模式和体育教学模式研究中尚未明确的（由于这方面规定的含糊不清，就出现了在理论上将课程模式、教学过程模式、教学方法类型、课的类型都称为教学模式的混乱，使上述实验研究中的研究对象飘游在单元、课,甚至学期、学年计划和大纲等相当宽泛的范围中),这种界定既符合当前体育教学以一个教学内容实体(单项)为教学基本单位的实际情况,又不割裂整体与各有机部分(课时的教学过程)之间的联系,它的优点是使研究的对象更加具体。

(二)关于体育教学模式本质及构造的讨论

如上所述,教学模式的内涵是"教学的程序",它又分为过程结构和相应的教法体系两个核心部分,这是由过程结构的"骨骼"和教学方法体系的"肌肉组织",共同组成的教学程序"躯干"。这是具有直观性的教学模式。但这个躯干并不是没有特点,它的特点首先来自它的自然结构,即"结构孕育了功能",其次来自影响这一结构并反映其中的教学指导思想,这时它已是兼有理论性和直观性的教学模式。教学模式的"躯干"既然具有特性就必定有独特的功能,当然也有它的最佳适用范围,包括运用的内容(相对应的教材)、对象(相对应的学生特点如年龄、运动能力、体育基础、性别等)、效果(相对应教学作用),再加上相适应的教学条件(如教师水平、设施条件水平等),这时的教学模式就有了操作性,同时各方面因素的规定更加强了稳定性,当然整体优化也就成为可能了。

至此,才是一个完整的体育教学模式,这也是从本质和构造的角度对前述的 3 个实验研究的局限性原因的分析。

(三)关于建立体育教学模式的依据的讨论

我们曾提出了"我们应该用(依据)什么来建立模式"的问题,这是在实验研究中困扰了研究者的问题,有的以某种教学思想来作为依据,有的以某种教学方法作为依据,还有的干脆以某种名称说法作为依据,于是出现名称多样、分类混乱、模式无限的误区。那么到底应该以什么来建立模式呢?我们可以从比较成熟的教学模式的建立中获得启示。

体育教学模式应该以什么来设计呢?本文认为同理也应该以我们在体育教学过程中必须遵循的各种规律性来设计,而在体育教学过程中除了有同其他教学相一致的认识规律外,还有其独特的技能规律、运动负荷规律、情感体验规律、人际交往规律等。

综上所述和分析,我们再对体育教学模式研究的视角进行一下探讨。本研究认为体育教学模式研究有以下几个方面:①建立依据,包括对教学指导思想和对教学规律(原理)的认识两个部分。②建立稳定性,要使一个教学过程真正成为模式,必须使之有可模仿性和稳定性,而稳定性来自对"过程结构"的确定,就是对一些过程因素(环节)的确定,如发现教学模式中的

"问题提出"这样关键的环节，快乐教学模式中的"初级水平的体验"环节等。③建立操作性，这主要指要有过程结构相应的教法体系，如展示、确定问题的方法，让学生初步体验运动乐趣的场景布置和随后引导纵深发展的方法等。④建立特性，要根据一定的指导思想确定某一教学模式的主要功能和次要功能，突出其特性不要追求"万能模式"。⑤明确适应范围，每一模式都有其特定的功能和特性。所以它有最佳适应范围，包括对象、教材、条件等，只有明确这一点才能使教学模式更有针对性。⑥明确对效果的评价，特定的教学模式应该达到特定的教学效果，否则就失去了其教学模式的必要性。应该在建立模式的同时，明确对这一模式效果评价的指标。

三、体育教学模式的分类与选用策略研究

体育教学模式呈现多样化的特点是体育教学的指导思想、体育教学目的或目标的侧重点不同、教学条件不同而造成的。但从总体而言，体育教学模式是个整体，无论体育教学模式产生了多大变化，都应从各个角度、各个方位实现各自的功能后，为整体教学总目标服务。这个目标就是通过体育教学活动达到在学生身体健康、心理健康基础上，实现体育学科教学特点，为终身体育培育必须具备的运动技能。因而我们进行分类时，既要照顾各体育教学模式的目标，又要兼顾体育教学的总体目标。

另一方面，由于体育教学模式的提法较多而且有一部分没有明确具体的操作程序，因此我们在进行分类的时候，略去了一些不成熟的体育教学模式，重点对较成熟的体育教学模式进行分类。

体育教学模式选用策略如下。

1. 根据不同教材的教学思想来选用不同的体育模式

体育教学思想是制订体育教学模式的灵魂，不同的体育教学思想赋予了具体教学模式生命力，使教学模式有了明确的方向盘，并时刻把握正确航线，最终去完成它预期的使命。为了达成某种特定的教学思想，我们需要精选教材内容，但由于教学思想的多元化，教学内容的选用也体现了多样性、复杂性的特点。

2. 根据单元教学不同阶段来选用不同的教学模式

在精细教学类内容中，大纲规定了各个项目的学时，以确保各个运动项目单元教学任务的完成，并使学生能熟练掌握几项运动技能。因而"大单元教学"是一个非常重要的概念，它是指根据项目中的不同环节、重点主次安排不同的教学任务、教学步骤、教学方法，以确保各环节的衔接，并顺利完成完整动作的教学。由于在单元教学中，存在着掌握技能的不同阶段，因而

在教学的不同课次、不同阶段应有主次之分。有了主次，我们在教学模式选择上就有了差别。

3. 根据不同的外部教学条件来选用不同的教学模式

体育教学的条件较为复杂，我们把它初步归类为两类：第一类指固定的一些硬件，如各地区、各学校的各种体育器材、设备场馆；第二类是指不固定的硬软件，如各地区、各学校的传统体育项目，现代教学手段与仪器（幻灯、模型、录像、多媒体、课件等）。优选的方法是指各硬件的不同组合形式，即针对具体的教学目标、教学内容，传统项目，合理地选择多种体育场地器材并对场地进行合理的布置，运用多种教学辅助手段如挂图、教具幻灯、模型、多媒体课件等来实现不同的教学目标。

4. 根据教学对象基础条件来选用不同的教学模式

教师是教学活动的主导，学生是教学活动的主体，主导与主体因素构成了体育教学活动的主要素，它是教学活动要素中最重要的成分，因而在选用教学模式时，也要考虑到师生的具体情况、具体特点。

四、体育教学模式的结构、类型及应用条件

体育教学模式结构中的第一层次是教学指导思想，包括理论依据、功能目标和应用范围。第二层次是教学程序，一种教学模式要让人参照和模仿，除了要说明操作目标和条件之外，更重要的是要明确操作程序。第三层次是教学方法体系和教学过程结构。教学模式不同于教学方法，因为它是从更高的理论层次对教学现象进行抽象概括。一种教学模式往往是多种教学方法的综合运用和体现。教学模式中的教学过程结构主要是描述教学规律的不同形式，是教学过程各要素的组合。第四层次是实现教学目标的条件。包括教学设施器材，对教师的要求和对学生的要求等。

上述四个层次是构成体育教学模式的主要变量，体育教学模式体现了教学过程主要变量以及这些变量之间的规律性联系。在构建体育教学模式的时候，要从某种科学的教育理论假设出发经过逻辑演绎，推演出一种体育教学模式，然后用严密的教学实验证实其科学性和优效性。同时，各种个别的教学经验经过高度概括、系统整理也可以形成教学模式，并进一步升华到教育理论。从某种意义上说教学模式即是某种教学理论在特定条件下的一种表现形式，也是某种教学经验的升华。正是教学模式的这一特性使它能较好地充当理论与实际经验之间联系的中介和桥梁，产生优效性的效果。

为了便于体育教学实际的应用，我们有必要对体育教学模式进行分类。在对体育教学模式分类时最重要的是要明确分类的依据是什么。目前分类的

依据有两种：一种是"功能分类"，即从教学的目标、任务、条件和作用等外部因素去寻找分类的依据；另一种是"结构分类"，即从教学程序、组织形式以及它所遵循的基本指导思想等内部因素寻找分类的依据。由于教学模式研究是产生于实现教育目标的需要，因此，本文在对体育教学模式进行分类时，主要以体育课程标准的目标、任务和条件作为分类的标准。以往传统的体育教学目标可分为传授体育知识技能和发展身体两个方面，在构建体育教学模式时大多围绕这两个方面展开。近些年随着学校体育教学改革的深入，终身体育和素质教育的实施，培养学生主动进行体育活动的态度、兴趣，养成良好的体育运动习惯已成为人们研究的重要内容，学校体育教学目标呈现多元化的趋势。因此，体育教学模式的研究和构建，也根据学校体育教学目标的需要，从传授体育知识技能、发展能力、提高身心素质和培养体育运动的态度、兴趣，发展情感三种类型展开。以传授体育知识、技术、技能为目标的体育教学模式主要包括：系统学习教学模式、程序学习教学模式、掌握学习教学模式；以提高能力、发展身心素质为目标的教学模式主要包括：发现学习教学模式、问题解决学习教学模式、目标学习教学模式；以培养学生体育态度、兴趣发展情感为目标的教学模式主要包括：自主学习教学模式、小群体学习教学模式。

体育教学模式的应用条件应从以下几个方面把握：第一，是体育教学模式的选择要与教学目标相一致。由于体育教学活动受教学目标的制约，不同的教学目标要求采取与之相适应的教学模式。第二，体育教学模式的运用要适应学生发展水平和个性特征。例如：问题解决学习教学模式需要学生具有较强的钻研能力和独立学习能力，所以小学低年级学生难以运用。第三，体育教学模式的运用应考虑教学环境和教学条件。例如：掌握学习教学模式适用于人数较少的班级，时间可以伸缩，教师要掌握一套评价技术的材料。第四，体育教学模式的综合运用。体育教学目标的多元性和教学过程的动态性，决定了在教学过程中以某种教学模式为主多种模式的综合运用。

五、对十种体育教学模式的分析

技能掌握式体育教学模式含义和其教学指导思想：也经常被称为"传统的体育教学模式"。因为这种模式受到苏联教育思想的影响，比较注重系统的运动技能传授，因此也可以说是一种以系统教学的理论为基础，主张遵循运动技能掌握的规律性来安排教学过程的教学思想和教学模式。教学过程的结构特征：教学的单元设计是以某一项运动技术教学为主线，以一定难度的到达标准来判断单元规模的，多采用中大型单元，单元内的排列主要以技术的难易度为顺序。教学课的设计以技能的学习和练习为主线，注重练习的次数和必要的运动量安排，主张精讲多练，注重对技能掌握效果的评价。

乐趣体育教学模式含义和其教学指导思想：也经常被称为"快乐体育的教学模式"，是近年在国内外的"快乐体育"思想下形成的教学模式。其教学思想是主张让学生在掌握运动技能和进行身体锻炼的同时，体验到运动的各种乐趣，并通过对运动乐趣的体验逐步形成学生终身参加体育实践的志向和习惯。该教学模式主要是遵循运动情感变化规律来设计单元和教学课的。教学过程结构特征：其教学过程的共同特点是具有一个或几个体验运动乐趣的环节，有时这些环节互相连接、层层递进，使学生能体验到运动、学习、挑战、交流和创造的多种乐趣。这类教学模式多采用游戏法、挑战性练习法、集体性比赛法、小群体学习法等教学方法。

小群体学习式的体育教学模式含义和其教学指导思想：有时也被称为"小集团教学模式"等，基本思想是试图通过体育教学中的集体因素和学生间交流的社会性作用，通过学生的互帮互学来提高学生的学习主动性，提高学习的质量，并达到对学生社会性培养的作用。教学过程结构特征：小群体教学模式虽也形式多样，但一般在单元的开始都有一个分组和形成集体的过程。在单元的前半，一般是以教师指导性较强的小组学习为主，在单元的后半，一般则以学生主体性较强的小组学习形式为主，此时教师主要起指导和参谋的作用。

身体锻炼式体育教学模式含义和其教学指导思想：也经常被称为"课课练教学模式"是 20 世纪 80 年代初盛行起来的教学模式，是在重视通过体育教学进行身体锻炼，谋求学生的体质增强的教学思想指导下的教学模式，强调按人体活动和机能变化规律来考虑教学过程。教学过程结构特征：教学的单元设计也是以某一项运动技能学习为主线，与前述的第一种模式相似，然后根据所教运动技术的特点组织相应的一套身体素质练习作为锻炼身体的内容。

情景和模仿式体育教学模式含义和其教学指导思想：也经常被称为"情景教学模式""形象教学模式"等等，是一种适应小学低、中年级学生，利用小学低中年级学生热衷模仿、想象力丰富、形象思维占主导的年龄特点，进行生动活泼和富有教育意义的教学模式，主要遵循幼儿认知和情感变化的规律来考虑教学过程。教学过程结构特征：教学的内容多是一组身体练习，小单元较多，在课的教学过程中一般有一个"情景设定"，或由一个情景来贯穿整个单元和课的教学过程。

发现式体育教学模式含义和其教学指导思想：也被称为"问题解决式教学模式"或"创造式教学模式"等，是主张通过体育教学，使学生既懂又会，并使学生通过学习运动的原理，掌握灵活的运动学习方法，提高体育教学"智育"因素。这种理性的为终身体育服务的教学模式，主要遵循在体育教学中学生认知的规律来考虑教学过程。教学过程结构特征：课的教学过程一般有问题提出、验证学习、集体讨论、归纳问题、得出结论等几个学习阶段，运动的学习和练习则紧密地穿插其中，多采用提问、设疑、讨论等教学方法。

主动性体育教学模式含义和其教学指导思想：这是一个概念比较宽泛，类型多样的一类教学模式，"主动性教学""自主式教学""自练式教学""学导式教学"等大概都属于这类教学模式。这类教学模式主张尊重学生的自主性和自发性，强调给学生以自主学习的空间和机会，培养学生的学习积极性和主动精神。教学过程结构特征：都有一个可以让学生发挥主动性的教学环节。

成功体育教学模式含义和其教学指导思想：也经常被称为"成功体育教学模式"，是近年来在国内"成功体育"教学思想指导下开始逐步形成的教学模式。主张让每个学生都能体验运动学习乐趣，积累小的成功为体验大的成功，以形成学生从事体育运动的志向和学习自信心的教学模式。教学过程结构特征：其教学过程结构的特征是在单元的前期和后期都有一个经过改造过的练习方法或比赛方法。这些方法多采用"让位""相对评价"等手段将练习和比赛变成一个使技能好坏的同学都能参加和享受成功乐趣的活动。

选择制式体育教学模式含义和其教学指导思想：主张通过让学生对学习内容、学习进度、学习参考材料、学习伙伴、学习难度等因素进行一定程度的自选自定，调动学生的学习积极性和主动性，在一定程度上满足学生在运动学习中的不同需求，并在自主性、自立性较强的学习过程中形成学生的学习能力的教学模式。教学过程结构特征：其教学过程结构会根据可选内容的不同有一定的差异，在单元的规模上也会有较大的变化，这种教学模式适应有一定学习基础的高年级学生。

领会教学式的体育教学模式含义和其教学指导思想：是由英国学者嘉宾等在 20 世纪 80 年代提出的一种改造球类教学的教学过程结构，是试图通过从整体开始学习的新教程，改变以往只追求技能，甚至是枝节的技能，而忽视了学生对整个运动项目的认知和对运动特点的把握的缺陷，以提高球类教学质量的教学模式。教学过程结构特征：其教学过程结构的特征主要体现在单元的教学上，表现在从过去的"由局部和分解开始学习到整体学习"变为"由整体学习到局部学习再到整体学习"。

六、体育教学模式群结构研究

教学模式可以依据教学目标，教材和学习者发展水平（三个变量）组合成"各种各样的教学模式"。换句话讲，教学模式的依据可以是多个，一个相对独立"变量"可与多个模式相关。在体育教学领域，我们以往更多的是以教学规律为依据来建立体育教学的模式。因为教学的规律直接关系到教学模式的策略和教学"运行"的过程，使教学模式具有易操作性。

但是，由于我们当前讨论的是体育教学模式群的构建问题，而不是一个具体的教学模式的问题，因此，我们首先选择体育教学目标作为构建体育教学模式群的依据。这是因为，我国学校体育经过几十年的发展，教学目标的研究已经有比较清晰的观点（尽管有不同意见）。其次，我们在实现教学目标的同时，必然也遵循了教学的规律。

对体育教学模式群的讨论必须以教育理论为依据。如前所述，依据广冈亮藏先生的理论，教学目标可以作为建立体育教学模式群结构的依据，同时可以看出，教学模式有高级与低级之分。突出主体性学习（目标）的模式可以认为是高级的教学模式；以接受性学习（目标）为主的学习模式，可以认为是低级的模式。由于体育教学与一般教学有鲜明的差异，体育教学模式还应有其基本的教学模式。

从不同的体育教学目标出发可以分出若干教学模式。一般而言，属于人的情感体验，深层次（整体与创造性把握）认知体验的模式是比较高级的模式。通过一般模仿吸收信息的模式是比较低级的模式。体现体育教学特点的教学模式是最基本的教学模式。我们还可以看到，左边的教学模式是右边教学模式的"基础"，右边教学模式是左边教学模式的"扬弃"和"递进"，即具有目标的复合性。在遵循教学规律方面，支配最左边教学模式的规律也应该是支配右边体育教学模式的规律，但是，规律从显性转为了隐性。值得强调的是，虽然各种体育教学模式不在一个层面上，但是，它们没有"好坏"之分，仅是目标的不同和功能上的差异。

通过分析我们还可以看出，当前体育教学模式的发展，特别是一些新的体育教学模式的出现，都是在对一般教学模式的"借鉴"中，在体育教学实践中发展起来的。例如，快乐体育源于愉快教育等等。可见，教学模式是一个发展的概念，它是在不断追求新思想、新方法中发展起来的。体育教学模式也有它一定的变式。例如，快乐体育教学模式的变式包括情境体育教学模式和成功体育教学模式。

七、体育教学模式研究具体化趋势反思

体育教学模式是沟通体育教学理论与教学实践的中介与桥梁，这种角色决定了体育教学模式研究的重要性。毛振明先生在《体育教学科学化探索》

一书中，提出了研究教学模式的六个方面，即建立依据、建立稳定性、建立操作性、建立特性、明确适应范围、明确效果的评价。从毛振明先生的论述中可以明显看出毛先生的体育教学模式研究有向具体教学实践靠拢的倾向。笔者对体育教学模式研究具体化这一发展趋势持有不同观点，愿意在此进行商榷。

1. 模式的特征决定了它的研究不可能过分向实践靠拢

体育教学模式作为"体育教学"与"模式"的综合概念，它首先具有"模式"的特征，同时这种模式又体现出体育教学的特点。根据以上对模式特征的讨论可以确认：体育教学模式不等于具体的体育教学，而是对具体体育教学的概括化、抽象化和简约化的描述。毛振明先生提出模式既要有"式"又要有"模"，其实质就是把"模式"理解为静态的具体的"模型"，在强调体育教学模式可操作性的过程中混淆了它与具体教学实践的区别。在体育教学模式与体育教学实践之间存在着一个"度"的问题，这个"度"规定了模式不是具体的教学实践。这个"度"的存在，决定了教学模式的研究不可能过分具体化，否则教学模式研究就变成了具体教学实践的研究。

2. 规定体育教学模式的适用范围既无可能也没必要

毛振明先生认为："由于某一模式都有特定的功能和特性，所以它定有最佳适用范围，如适应什么学生水平（对象）、什么教材（内容）、什么条件等，只有明确这一点才能使教学模式更有针对性、更有生命力。"诚然，任何教学模式都有它的最佳适用范围，但教学模式与学生水平、教材内容、教学条件的适用关系并非一一对应，甚至可以说两者之间根本没有直接的联系。教学模式与学生水平、教材内容、教学条件之间存在着一个中介者，即教师。教师根据学生水平、教材内容、教学条件选择了一种教学模式或教学模式组合，他们之间的联系才建立了起来。脱离具体的教学过程来谈论体育教学模式的适用范围，在哲学思维上属于形而上学的静止观。体育教学模式的适用范围是处于不断变化之中的，在一个教学模式中规定它的适用范围是不可能的。

另外对体育教学模式的适用范围进行规定也是不必要的。体育教学模式的结构一般是由四部分构成，即教学指导思想、教学程序、教学方法体系和教学过程结构、实现教学目标的条件。通过对这四层结构的简明扼要的解释，反映出其所蕴含的教学理论或教学思想的基本特征。体育教学模式结构中无论是否规定其适用范围，体育教师都能根据经验加以填补。如情景教学模式，虽然没有注明适用范围，但教师可以根据自己的教学经验，判定适合小学生。同样，则可以判定发现教学模式适合初中以上学生。

3. 教学模式的可操作性不同于具体教法体系的完整性

毛振明先生认为要建立体育教学模式的可操作性，"这主要是确定与教学过程结构相对应的具体教法体系"，使教师"都能通过对这些教学方法的使用来完成这一教学过程，而并非还要自己去寻找方法"。这里毛振明先生扩大了体育教学模式的内涵，模糊了体育教学模式与体育教学方法的界限，把体育教学模式中的操作要求和基本程序等同于体育教学方法。

体育教学模式中的操作要求和基本程序与体育教学方法在本质上是有区别的。体育教学模式的操作要求和基本程序多以精练的语言、象征性的符号来概括和表述，它不是个别的、零散的、适应面极其有限的经验系统和具体方法，而是远远高于经验层次之物。它远远地超越了"术"或"技巧"的层次。而体育教学方法则隶属于体育教学实践领域。体育教学模式的操作要求和基本程序相对于教学实践这种差距，虽然表面上降低了体育教学模式的所谓"可操作性"和"可模仿性"，其实质是降低了机械模仿，即"原型"的模仿。因此不能因为体育教学模式与体育教学实践的这种差距而说它无章可循，没有可操作性。体育教学模式的简约性，不仅没有降低它的可操作性，反而为体育教师教学设计艺术的创造性发挥提供了空间。格式塔心理学认为，人面对有缺陷或空白的格式塔刺激物，就会在不知不觉中情不自禁地产生一种急于要改变它们，并使之成为完善结构的倾向，从而引起一种进取、追求的内驱力，并积极主动地去填补和完善。教师在教学设计中，有模式而不为模式所限，遵循模式而不为模式所拘，模仿中有创造，运用中有发展。如果教学模式过于具体、面面俱到，则形成照抄照搬、机械套用，不能发挥教师的主动性和创造性，形成千课一面、千人一面，教学就会变得僵化和呆板。

八、体育教学模式研究的现状与未来发展

从各年份体育教学模式研究论文分布情况可以看出，此研究可以分为三个阶段：第一阶段，体育教学模式的研究在 1997 年以前很少，这说明我们在过去主要沿袭了苏联模式，体育教学改革比较少；第二阶段，在 1998 年以后，这方面的研究逐渐增加；第三个阶段（2000—至今，由于 2003 年有些论文还未上网，故无法统计），关于体育教学模式的研究增加更为迅速，这说明 21 世纪以来体育教学改革的力度正在加大，体育教学模式的研究自然也迅速得到加强。

从体育教学模式研究内容的选题看理论研究的比例太多，从事教学实验研究的人数太少，我们在具体探讨体育进行模式内容时还发现理论研究的水平不高。大多的理论研究皆停留在对新体育教学模式的意义与作用的阐述上，

深入研究的论文不多，且重复性研究较多。

从体育类核心期刊中，我们来看看体育教学模式论文的发表情况，体育教学模式理论研究的比例太多，从事教学实验研究的人数太少，且理论研究的水平不高，大多的理论研究皆停留在对新体育教学模式的意义与作用的阐述上，深入研究的论文不多，且重复性研究较多。因此加强中小学体育教学模式的理论与实验研究将成为今后的一个重点与热点。

目前体育教学模式研究尚存在着一些不足：体育教学模式的概念不规范，体育教学模式的种类与命名不够科学，体育教学模式实践研究太少，各种体育教学模式的适用条件不明确等。体育教学模式研究体现了一些未来发展趋势：①体育教学模式的理论研究将进一步得到深化，体育教学模式的概念研究规范化，体育教学模式的种类研究规格化及其他理论研究的深入化。②体育教学模式的理论研究与实验研究的结合研究将会得到重视与加强。③体现学生主体性方面的体育教学模式研究将会引起关注，重视开发学生的认知能力方面的体育教学模式研究，重视学生情感投入方面的体育教学模式研究，重视培养学生体育能力方面的体育教学模式研究。④注重体育教学模式的评价研究。⑤重视体育教学模式的优化与选用策略的深化研究。

九、体育教学模式的走向

自 20 世纪 80 年代以来，我国体育工作者在改革开放、学习外国先进经验的大背景下，开始了包括体育教学模式的探索。在近几十年的探索中取得了一些阶段性的成果，形成了一些操作性较强、有一定特色且比较成熟的体育教学模式，大大丰富了体育教学的理论与实践内涵，促进了体育教学方法、组织形式、教学评价等方面的改革，对全面提高体育教学的质量起到了非常重要作用。但是，时至今日体育教学模式的理论和实践研究中还存在着一些问题，概括起来主要表现在：

一是理论指导不清，或理论基础似是而非。任何体育教学模式都是在某一教学理论的指导下提出来的，体现了一定的价值取向。理论可以是某一具体流派的理论，也可以是某种教育、教学思想。无论是从某种教学原理演绎出的体育教学模式，还是从实际的体育教学经验中提炼出的体育教学模式，都必定有一个鲜明的理论指导贯穿于其中，决定着体育教学模式的走向和其他构成要素，否则必然会使体育教学模式陷入理论上自相矛盾，实践上缺乏操作性的泥潭。

二是迄今所提出的体育教学模式虽多种多样，但真正意义上的体育教学模式或者说成熟的体育教学模式却不多见，在体育教学模式的分类上，缺乏依据，分类交叉、混乱。

三是体育教学模式的功能单一，比较注重体育教学模式对某一具体目标特别是传授知识、技能以及发展体能的作用，而忽视体育教学模式在发展学生的学习能力以及培养学生态度、情感、人格等非智力因素中所能发挥的作用。

四是缺乏对各种体育教学模式相应实现条件及相应的评价方法和标准的研究。

在新课程改革的背景下，体育教学模式的研究再次引起人们的重视。总体上，未来体育教学模式的研究有以下几个发展走向值得我们关注：

第一，以新课标提出的新理念指导体育教学模式的改革。新课程所提出的"健康第一"和"以人为本"的理念为体育教学模式的改革指明了方向，未来体育教学模式的构建也应该以学生的发展为中心，始终把学生的健康成长放在首要位置。

第二，在新课程目标体系的引导下，体育教学模式的目标将向综合性的方向发展。过去体育教学模式所提出的目标，一般较为单一，如促进学生技术技能的掌握，或发展学生的体能，或培养学生对体育的兴趣等单一目标的体育教学模式，其对学生发展的作用也是单一的。要想发挥体育教学模式的综合效应，首先在目标上要具有综合性的特征，以便使学生能在身体健康、心理健康、社会适应能力、运动技能以及学习能力等方面都得到全面发展。

第三，基于我国的国情和学校体育的具体实际，未来中小学体育教学模式的研究重点，将集中在小单元与课时内的模式结构上，而像国外大单元结构的体育教学模式，其研究则有可能主要体现高中和大学的体育教学情景。

第四，体育教学模式的研究，还要体现多种因素影响下的多样性与多变性，即应该考虑如何在不同学校条件、不同的教学时数、不同教材内容、不同教学对象以及不同班级规模等具体体育教学的情景下，采用不同的体育教学模式，提高可选择性和可操作性。

第五，重视国内外一般教学模式的研究成果在体育教学实践中的运用。当前，在一般教学论领域，国内外对教学模式的研究取得了丰硕的成果，如何充分地利用这些成果为体育教学服务将成为体育教学模式研究的一个新热点，他山之石，可以攻玉。

最后，体育教学模式的研究，将更加重视实证研究，注重提高体育教学模式的应用性和可评价性。体育教学模式的本质是提高教学质量，其来源于体育教学实践，也应该服务于体育教学实践。不太重视实证和应用研究一直是我们在体育教学模式研究中存在的主要问题之一，应该进一步加强。

十、要正确"认识和运用体育教学模式"

在我国学校体育界，许多研究者根据自己的认识，借助某种建模理论，提出了或移植了许许多多的体育教学模式。一时间各种各样的体育教学模式五彩缤纷，弄得基层中小学体育老师眼花缭乱，真有点无所适从之感。例如，有的人借助教学思想建模理论，提出了"终身体育教学模式""快乐体育教学模式""成功体育教学模式"等；有的人借助教学目标建模理论，提出了"体质教学模式""体育健身教学模式""运动技术教学模式"等；有的人借助教学方法建模理论，提出了"启发式体育教学模式""问题式体育教学模式""发现式体育教学模式"等；有的人借助教学形式建模理论，提出了"小群体体育教学模式""分层递进体育教学模式""合作式体育教学模式"等；还有人借助教学过程建模理论，提出了"新四段式体育教学模式"等。此外，还有什么"主体性体育教学模式""个性化体育教学模式""选择式体育教学模式""自主学习体育教学模式""导学式体育教学模式""情境式体育教学模式""处方式体育教学模式""看、听、想、练、议体育教学模式"等等。

在这里之所以要不厌其烦地列举如此之多的"体育教学模式"，是想说明两点：一是，如果这些模式基本上都能成立的话，那么，体育教学模式就具有多层次性和复合性；二是，有些模式只是说法不同而已，有些模式恐怕还说不上是模式，或是尚未定型。为此，作为体育教师在学习和运用他人的体育教学模式研究成果时，应当注意如下几点：

第一，要对模式作出正确的分析判断。对他人研究提出的体育教学模式，一是，要分析其建模是以什么教学理论为基础的，这种教学理论的先进性如何，是否与现代教育思想和素质教育相一致；二是，要分析其模式是建立在什么层次上的，是建立在教学思想层次上，还是建立在教学目标层次上，或是建立在教学方法层次上；三是，要分析其模式的基本框架是否清晰，是否具有可操作性；四是，要分析其模式的实用价值、应用范围与应用条件；五是，对该模式是否值得自己学习和借鉴作出抉择。

第二，要对学习模式的内容进行选择和综合。由于已有的体育教学模式所处的层次不同，在实现体育教学目标上，其功能也不同，适用的对象和所需的条件也不尽相同，因而，都存在一定的局限性。一般都不将他人研究的某种体育教学模式原封不动地完全照搬套用，而是根据自己的需要和判断，从若干个教学模式中，选择其各自的精华，并加以综合，作为自己学习和借鉴的素材。

第三，要对模式进行再创造。有了可供自己学习和借鉴的体育教学模式综合素材后，仍不能直接应用于自己的教学，还需要结合自己的认识和经验，当地体育教学改革的要求，教师本人的教学特点，教学对象的年龄特征、班级人数与体育水平以及学校的体育教学条件，对素材进行加工改造，创造出符合本校与本人实际的不同于他人的体育教学模式。并在体育教学实践中加以灵活运用，不断修改，逐步完善，做到学习模式、研究模式、创新模式。第四，要防止学习和运用模式中的片面性。学习和借鉴科学的、比较成熟的体育教学模式，无疑有助于改进教学，提高教学质量。这对于中青年体育教师特别是对于青年体育教师来说是具有重要意义的。然而，任何一种体育教学模式，都有其局限性，我们不能过分夸大教学模式的作用和价值，强行推广某种体育教学模式。这一点对于教研部门与体育教研员来说，尤其要注意，对别人的研究成果是这样，对自己的研究成果也应该是这样。学习和运用体育教学模式，一是，必须从实际出发；二是，要有利于推动体育教学改革，而不是压制或扼杀体育教学改革；三是，必须讲求实际教学效果，不搞形式主义。

第二节　体育教学方法

　　教学总是通过一定的方法进行的，故在体育教学领域，关于体育教学方法的研讨经久不衰，且关注的狂热在 21 世纪初达到最顶点。2001 年，我国启动了第八次基础教育课程改革，并在教学方法方面提出了明确要求，如"改变课程实施过于强调接受学习、死记硬背、机械训练的现状，倡导学生主动参与、乐于探究、勤于动手"。要求"教师在教学过程中应与学生积极互动、共同发展，要处理好传授知识与培养能力的关系，注重培养学生的独立性和自主性，引导学生质疑、调查、探究，在实践中学习，促进学生在教师指导下主动地、富有个性地学习"。与之相应，体育教学领域也作出了积极回应，一时间对讲授法、练习法的讨伐之声不绝于耳，对合作学习、探究学习、自主学习的提倡之声层层高涨，以至于我们还没有弄明白体育课程教学的个性特点，还没有来得及搞清楚什么是合作学习、什么是探究学习、什么是自主学习，人们似乎就已经陷入了对新方法追求的盲目狂热和狂喜之中。盲目追求一段时间后突然发现，原来新方法不是什么教材都适用，更不是任何学科都适用，此时我们才猛然警醒，任何改革都不能摒弃传统，任何方法都要讲究辩证。于是，我们又重新回到原点，思考："传统体育教学方法和现代体育教学方法的关系是什么？""教法、教学法、教学方法的关系是什么？""什么是学法？""如何对体育学法进行分类？""体育学法的结构是什么？""如何正确理解合作学习、探究学习和自主学习？""学习方式和学习方法的关系如何？""体育教学方法应用中有哪些困惑？""如何处理表扬和批评的关系？"如此等等。归根结底，我们究竟应该如何正确看待和运用各种体育教学方法。

一、从三维观建立体育学法的分类体系

（一）从宏观层对体育学法的分类

1. 依据体育学习效果

先行研究显示，人们在对体育学法评价时，主要采用诸如科学与不科学、效率高与低等方法。人们研究体育学法的目的，主要在于总结好的学法及其学习规律，指导改进不合理的、低效的学法，目标是向着科学、有效等方向发展。因此，对体育学法的分类，若从学法可能产生的结果来看，我们首先可以将学法分为高效学法和低效学法。

2. 依据体育教材类型

本文按照毛振明教授《体育教学论》中的 4 类教材的划分形式，即依据"精学类、简学类、介绍类、锻炼类"对体育学法进行分类。我们可以将体育学法划分为精学类教材的学法、简学类教材的学法、介绍类教材的学法和锻炼类教材的学法。

3. 依据体育教学内容

按照精学、简学、介绍、锻炼 4 类教材划分以后，每一类教材中又包括有诸多的运动项目，尤其精学类和简学类教材中的运动项目，一般都是由基本知识、技术、战术与竞赛规则等几部分组成。因此，从体育教学内容这一视角对体育学法进行划分，可以将不同运动项目的学法划分为基础知识学法、基本技术学法、战术学法和竞赛规则学法等。

4. 依据技能难易程度

运动技能有难易程度之分。董文梅博士曾将完整技能和分立技能按照"会能度"划分为"会与不会有明显区别（会能度 0.2—0.49）、中间型（会能度 0.5—0.79）和会与不会无明显区别（会能度 0.8—1.0）三种类型的运动技能"。基于此，我们也可以将体育学法按照运动技能的难易程度，从宏观上划分为会与不会有明显区别运动技能的学法、会与不会无明显区别运动技能的学法和中间型运动技能的学法。

5. 依据项目技术构成

从运动项目的技术构成分析，可以将其划分为单个技术（包括连贯组合

技术）的项目、不连贯组合技术的项目和连贯成套技术的项目。由此当我们依据运动项目的技术构成对体育学法进行划分时，可以大致将体育学法划分为单个技术的学法、不连贯组合技术的学法和连贯成套技术的学法。

6. 依据技能形成过程

运动技能的形成具有一定规律，其整个技能形成过程，根据体育课堂教学的特点，本研究尝试性地将运动技能划分为认知、联结、前自动化和自动化 4 个连续的阶段。因此，笔者粗略地按照体育教学中运动技能的形成过程，将体育学法大致划分为认知阶段的学法、联结阶段的学法、前自动化阶段的学法和自动化阶段的学法。

7. 依据体育学习方式

对体育学法类别的划分，若从学习环节来看，学习既包括学的过程也包括习（即练）的过程，因此，我们可以依据不同的学习方式对体育学法进行综合分类，即划分为以学为主的学法和以练为主的学法。

（二）从中观层对体育学法的分类

进入中观层后，学生的体育学法都将表现在相对具体的学习环节上。本文根据体育学科的特点，并结合专家访谈和问卷调查，已经初步将体育教学中的体育学习确定为听讲、观察、模仿、练习、提问、讨论、展示等 7 个主要环节。基于此，可以将中观层的学法划分为听讲法、观察法、模仿法、练习法、提问法、讨论法、展示法等 7 大主要类别。这一层面的学法具有一定的可操作性，但还隐含难以观察到的部分，即在体育教学场景中，当教师在做示范时，不同的学生可能观察的方略各不相同……由此，我们要进一步揭示体育学法的本质，还需要将中观层的学法进一步细化，从微观层面认识学生的学习方略。

（三）从微观层对体育学法的分类

微观层我们又可以以将其称为"方略层"。从微观层来看，根据学生的学习经验、学习习惯、学习兴趣等可能会采取不同的学习方略。但这些不同类型的学习方略，仅仅是不同的方略名称，实际的方略即该方略是如何操作或表达的，还需要对其进一步描述。

二、关于学习方式与学习方法关系

（一）学习方式与学习方法的含义

学习方式是"个体在学习活动中表现出的稳定的行为方式和特征"，是个体在达成学习目标过程中相对稳定的认知、态度和行为的取向。学习方式是一个介于课程系统和学习方法之间的概念。

学习方法是学生在学习过程中选择使用的一系列具体手段（程序、途径、门路、工具等），是一种从学生和学习角度出发对"教学方法"做出的分离。尽管目前对体育教学方法的分类林林总总，莫衷一是，但如果教师从学生学习行为的角度出发，从体育教学方法中抽取以学生参与为主的那些手段或途径作为学习方法，按学习内容和目的的不同进行划分，可以列出如学习理论知识时的阅读、听讲、陈述、记忆、背诵、讨论、发言，学习动作技能时的观察模仿、重复练习、诱导练习、分解练习、完整练习、帮助保护、纠正错误、创编展示，锻炼发展身体时的持续练习、循环练习、间歇练习、游戏比赛等多种方法。

（二）学习方式与学习方法关系辨析

从一般汉语词典的解释来看，方式是指"说话做事所采取的方法及形式"，而方法则是"关于解决问题的门路、程序等"。在《辞源》中，方法一词有"量度方形之法"和"方术、法术"的意思，这在一定程度上表明了"方法"一词具有的具体性和操作性特点。而方式的"式"有格式、样式、规格的意思，可以延伸组成如形式、范式、格式、模式、样式等词语，"式"要比"法"更为抽象，更具有范型和规格的意义。一般来讲，方式更多表示行为的取向，即应该"做什么"和照什么样式做，而方法则更多表示行为的技巧，是应该"怎样做"的具体招数。

在英语中，方式一般用 pattern 或 fashion 表示，含有形式、样式的意思。学习方式又可译为 learning style，意为学习的类型或风格。方法多用 method 一词表示，学习方法可译为 learning method，而 method 一词亦可专指教学法。这些区别与汉语中两个词的差异性是基本一致的。

从以下几点认识学习方式和学习方法的关系。

（1）把学习方式与学习方法的含义简略地表达为：学习方式是取向，是范型，而学习方法是手段，是招数。"取向、范型"与"手段、招数"清楚地表明了二者的关系，即学习方式决定和表明了学习者所选择的方向与范式，而学习方法则是沿着这一方向前进或按照这一范式实施的路径与手段。因此，学习方式应是高于学习方法层面的上位概念，学习方式影响、制约并指导学生如何选择和运用具体的学习方法。

（2）做一个形象的比喻，学习方式犹如宏观战略，而学习方法好比具体战法。战略问题是一个决定主动进攻还是被动防御，打持久战还是速决战的问题，而战法问题则是一个正面进攻还是侧面迂回，是打埋伏还是搞强攻的问题。战略思想是相对稳定的，而战法运用则是相对灵活的。同样是探究式学习，在具体方法运用上则可能是多样的。如有的侧重于操作、实验、讨论，有的侧重于尝试、体验、归纳等，但无论何种方法，又都是围绕着"探究"这一稳定的核心意义而展开运行的。

（3）不同的学习方式有它自己惯常使用或较多使用的具体学习方法或形式。如从体育教学的角度看，接受式学习较多运用观看、听讲、识记、分解练习等；而探究式学习较多使用情景体验、实验操作、完整练习、小组讨论等；独立学习较多运用个体练习的形式，而合作学习总是运用小组练习的形式等。有些方法与形式甚至在某种学习方式中是不可或缺的，如情境创设在探究学习中，小组形式在合作学习中就都是必不可少的。因此，学习方式在一定程度上制约着各种具体学习方法、形式的选择、取舍与运用。

（4）不同的学习方式又可能会用到同样的学习方法，但这些方法在不同的学习方式中的地位和意义是不同的，在运用上也会随着学习方式的取向不同而发生变化。如无论在接受式还是探究式的学习中，学生可能都离不开"听讲"和"练习"这些具体方法并根据听讲内容来从事各种练习活动，但由于学习的取向不同，学生在不同的学习方式中听什么、何时听、怎样听，练什么、何时练、怎样练等将发生相应变化，这些变化将进一步影响学生在学习中的动机、兴趣、注意、思维等心理活动的倾向性，从而导致学习活动对促进学生发展的意义发生相应变化。

三、教法、教学法和教学方法的逻辑关系释义

（一）"教"与"教学""法"与"方法"释义

教育学原理告诉我们："教"是教师向学生传授知识的过程，是教师指导学生学习的过程。而"教学"是通过教师有目的、有步骤地"教"与"导"，经过学生的"学"与"习"，从而掌握知识，发展智能，形成良好的思想品德……在教学过程中，如果教师有方有法，对学生的主观能动性善于引导，使其与教师的主导作用同步发展，两种力量就会相互助长，起到教学相长的作用。因此，"教"与"教学"虽有所包含但又不能视为同一。而"法"与"方法"也不能视为等同，"法"有方法、标准、道理之含义，而"方法"是关于解决思想、说话、行动等问题的门路、程序等。在"教学有法但无定法，贵在得法"中，"法"带有方法的含义。而教学法中的"法"不但含有方法的含义，更重要的是包含有教学的原理。因此，"教"与"教学""法"与"方

法"存在着必然的联系，也有着本质的区别……

（二）"教法""教学法"与"教学方法"的逻辑关系

1. "教法""学法"与"教学法"的逻辑关系

"教法"是针对学法而言，它包括教导原理和教导方法。如果对它的理解仅限定在"教的方法"上，是不全面的，因为构成教法的三个因素——教导原理、传授和指导缺一不可。因此，教法从广义上说应该是包含教理、传授和指导的全过程；从狭义上说就是针对教材的传授和对学生的指导方法。

"学法"包括学习原理和学习方法。认知心理学家加涅和安德森等人，对人类学习活动在内部形成的心理表征和外部的反映行为研究表明，学习原理包括语义知识获得的原理、技能习得的原理和策略形成的原理。学习的内容主要包括三个方面：一是由事物的属性与联系所反映的经验，即知识——形成学识；二是符合一定法则的行动方式，即技能——形成才能；三是调节社会行为的人生哲理，即为人处世准则形成品德。

"教学法"是研究教学一般规律的科学，是教学论、教育心理学、教育管理学等相互交叉、相互渗透的有关教学方法的一门应用学科。它从方法论的角度揭示教学方法的普遍规律。而体育教学法是以体育教学全过程为研究范围，其中心问题是通过本学科的教学活动，使学生更好地掌握学科知识。

从"理"的角度来看，既有教理的研究也有学理的研究；从方法的角度来看，既有教和导的方法也有学和习的方法。因此，教学法总的来说是"教法"和"学法"的概括与总结。

2. "教学原理""教学方法"与"教学法"的逻辑关系

"教学原理"，包括语义知识传授的原理、智力技能传导的原理和学习策略实施的原理。

"教学方法"可以概括为：为达到教学目的、完成教学内容，运用一系列教学手段组织的由一整套方式组成的师生相互作用的活动。

"教学方法"是教学法的下位概念，探讨的是如何教和如何学的问题。

综上所述，"教理"和"学理"共同构成教学原理，"教学方法"是教学活动中教师的教导和学生学习的具体体现。"教学法"将是二者的辩证统一。

3. "教学法"各要素之间的逻辑关系

从"教"与"学"的视角来看，首先将教学法划分为教法与学法，又由于教法包括教理和教导方法，学法包含学理和学习方法，因此，教学法的构成要素和层次包括两级六要素。一级要素包括教法和学法，而与之相对应的二级要素包括教理、教导方法、学理和学习方法。

从"理"与"法"视角来看，首先将教学法划分为教学原理和教学方法，又由于教学原理包含教理和学理，而教学方法包括教导方法和学习方法，因此，教学法的构成要素和层次也包括两级六要素。一级要素包括教学原理和教学方法，二级要素包括教理、学理、教导方法和学习方法。

（三）体育教材教法的本质

教材教法是指对教材中所包含的知识体系的传授方法。也就是用什么方法将教学内容有效地传授给学生，是针对教材而言的。体育教材教法可以定位为体育教师在教学活动中采取一定的具体措施，运用有效的教学手段，按照一定的教学规律，向学生传授教材中所规定的知识技能和指导学生学习的方法（过程）。在这个全过程中包括三个重要的要素即"教材""传授"和"指导"。如果从学习论这个角度来看，与体育教材教法相对应的还应有一个"体育教材学法"的概念。

四、"传统体育教学方法"与"现代体育教学方法"的关系

（一）何谓"现代体育教学方法"和"传统体育教学方法"

"传统体育教学方法"是以"学会"和"锻炼"为主要目标的，即以帮助学生高效地掌握运动技能和科学地锻炼身体为主要目标的。其主要功能是强化动作记忆、增加运动负荷、保证运动安全、排除不必要干扰、适应班级教学条件等。常用的方法主要有分解教学法、重复练习法、讲解示范法、保护与帮助法、循环练习法等。而"现代体育教学方法"是以"学懂"和"学乐"为主要目标的，即以帮助学生更好地进行集体性思考和提高教学的探究性与创造性，更好地发扬教学民主为主要目标的。其主要功能是强化探究意识、增进学生相互交流、促进学生的理解、利用各种教育因素、适应学生的个性化学习等。常用的方法有自主学习法、合作学习法、探究学习、发现学习法、小群体学习法等。

（二）什么是基本的体育教学方法

体育教学的主要目标应该是，通过运动技能的学习和掌握，使学生的身体得到锻炼和学会锻炼身体。据此，传授运动技能应是体育教学的主要内容，是体育教育和教学的主要载体，体育教学的主要目标与效益，都应体现在运动技能的掌握上。因此，基本的体育教学方法，应该是运动技能的教学方法，或者说就是那些"传统体育教学方法"。

"传统体育教学方法"的不足，主要是在注重其主要目标与功能时，忽

视了一些其他也应该注意的东西，于是就出现了"只会不懂"或"只练不乐"的缺陷。如让学生在掌握运动技能的同时也明白其中的原理，体验其中的乐趣，就不会出现上述问题。

但是，"传统体育教学方法"能够帮助学生更好地掌握运动技能的功能和价值并没有变。因此，决不能用"现代体育教学方法"来取代"传统体育教学方法"，而只能是对传统体育教学方法的"补充"……

当前的问题是：一些新的体育教学方法"独往独来"，完全抛弃了传统的体育教学方法。一说"探究学习"就只"探究"不学习（运动技能）了，一说"游戏法"就光玩不练了，一说"运动参与"就光追求快乐而不要磨炼意志了，一说"发现法"就只让学生自己去"发现"而不需要教师"传授"了。如果长此下去，体育课将不成为体育课，新的体育教学方法也将成为无源之水、无本之木了。

因此，我们要正确地理解"现代体育教学方法"与"传统体育教学方法"之间的关系。摆正主次，改变"非此即彼"的片面认识。

（三）应该怎样对待"现代体育教学方法"

1. 要明确目的

现代教学方法一般是以"发扬教学民主，着重培养学生的能力、陶冶学生的情感和促进学生人际交往和社会性提高"为主要目的的。新的体育教学方法，主要是针对"单纯以运动技术传授为主体的教学方法"的补充和修正。因此，只有理性地去分析为什么要改，应该改什么，我们才可能知道今天应该怎样去选用体育教学方法。

2. 要明确教学对象

我们所说的体育教学方法是一个大概念，是面对所有学生来说的。在具体运用某一个教学方法时，却是一个具体的概念，是面对具体学生的。因此我们在评价和运用某一个教学方法之前，必须考虑它以哪个年级的学生为教学对象。因为同一教法面对不同的学生时，就会有不同的评价，用错了对象，好的教法也会变成不好……

3. 要明确所适用的教材

对不同体育教材的教学，有其相适应的，甚至是相对应的教学方法，并不是什么方法都可以运用的。例如，"探究性教学法"和"发现式教学法"就比较适用于有一定深度、原理性比较强的教材，而不适用于那些浅显的介绍性和锻炼性教材；"领会教学法"和"完整教学法"主要适用于某些球类教材。如果我们在运用教学方法时不充分考虑教材的特性，那就难以收到好的教学效果。

4.要明确运用时的限制

任何教学方法的运用都不是毫无限制的，再好的教学方法也不能滥用。例如，游戏教学法在活跃教学气氛、激发学生的学习兴趣、帮助学生体验教材的乐趣等方面有其特殊的作用，是体育教师常用的教学方法。但是，就是这个好方法如果使用无度，整堂课都做游戏，效果也不见得就好，甚至可能会使体育课变得主次颠倒、喧宾夺主和幼稚化。

五、体育教学方法的概念和层次

（一）对体育教学方法概念的讨论

至今，教育和体育学者们对教学方法和体育教学方法有着许多各不相同的定义。

彭永渭认为，教学方法是教师和学生为完成教学任务、实现教学目的所采用的工作方法或手段。

王道俊认为，教学方法是为完成教学任务而采用的办法，它包括教师教的方法和学生学的方法，是教师引导学生掌握知识技能、获得身心发展而共同活动的方法。

李秉德认为，教学方法是在教学过程中，教师和学生为实现教学目的、完成教学任务而采取的教与学相互作用的活动方式的总称。

关更霞认为，教学方法是教师为完成教学任务、实现教学目标在教学过程中所采取的一系列方法措施。

樊林虎认为，体育教学方法是指在体育教学过程中教师指导学生为达到一定的教学目标所进行的一系列活动方式、途径和手段的总和。

张学忠认为，体育教学方法是指在体育教学过程中，在一定的教学原则指导下，师生相互作用的，共同为实现体育教学目标，合理组合和运用场地、器材、手段的活动方式。它既包括了师生在教学活动过程中内隐的思想、心理活动，又包括了器材的运用或演示和身体活动方式等。

（二）教学方法与教学行为的区别

1.体育教学方法与教学行为之间的关系

既然是体育教学方法，那么就是说它不是一般的教学行为，就应与教学法有所区别。如果没有区别就意味着所有的教学行为都是教学方法，那么也就没有研究教学方法的必要了。而我们现在的体育教学方法似乎是和教学行为没有区别的。

教学行为只是教师在教学中的行动特征，而教学方法则是教师运用的某种教学技术，如"讲解"是某个教学中教师的行动特征，而"讲解法"则是教师们所采用的技术。

教学行为与教学法之间的区别和联系有以下几点：

①教学方法除了运用不当的情况外一般来说都应是合理的、科学的，都是教师所掌握的教学技术；而教学行为有的是合理的，有的是不合理的，有的还是错误的。

②教学法是教师群体归纳和总结出来的有规律可循的教学技法，而教学行为则是教师个体偶然和随意的行为。

③教学方法由有目的、有意识的教学行为组成，所有教学方法都由教学行为组成，但不是所有的教学行为都是教学方法。

2.体育教学方法与教学行为区别不清的原因分析

体育教学行为与体育教学方法相混淆的原因可能来自体育教学方法中的"技术含量较低"。如"吃饭"和"做饭""买书"和"写书""住房子"和"盖房子"，前者的"技术含量"都不高，因此更像"行为"，而后者的"技术含量"很高，因此更像"技术"。而"技术含量"不高的吃饭、买书、住房子虽然也有技术成分，但说到"吃饭的方法""买书的方法""住房子的方法"时也就很容易和这些行为本身相混淆了。

体育教学方法与体育教学行为的根本区别是：教学方法是"不学不会的技术"，而教学行为是"不学也会的行动"。换句话说，只有那些"不学不会的技术"才是我们要研究、要总结的教学方法，而那些"不学也会的教学行为"根本不是我们研究的对象，也不需要进行研究，当然也不需要进行传授。

（三）体育教学方法的层次

1."教学方略"的层次

这是教学方法的"上位"层次，也可称教学方式或教学模式（教学方式的说法更强调与其他教学法的区别，而教学模式则更强调它已是一种成熟的教学法）。教学方略主要体现在对单元和课的设计上。如发现式教学法就是一种广义的教学方法，但它是由许多我们过去所说的中层次的教学方法组合起来的，如其中的提问法、组织讨论法、总结归纳法等多种教学手法，其中也包括模型演示、实地测量等多种教学手段。

2."教学方法"的层次

这是教学方法的"中位"层次，也可称教学技术，它基本等同于我们传统定义上的教学方法⋯如提问法，就是为了实现某个教学方式而采用的具体的教法，是运用提问和解答的方法来实现一个教学方式，这个层次的教学方法主要体现在课中的某一个教学步骤上。

3."教学手段"的层次

这是教学方法的"下位"的层次，也称为教学工具，是传统定义上教学方法的组成部分，它是教师运用一种主要的手段进行教学的行为方式。如提问教法中的挂图使用（或称挂图法），就是主要运用挂图的工具来实现某个教学方法的完成的手法。这种教学主要体现在课中的某一个教学步骤中更为具体的教学环节（场景）上。

六、运动技能初步形成阶段运动指导的方法考察

很显然，这种将身体练习作为"自变量"，将运动技能的形成的效果作为"因变量"来把握二者之间的对应关系，构成了运动指导时选择身体练习的方法论特征。但是，当教师仅仅以特定身体练习方式与特定运动技能之间这种因果关系来选择身体练习时，会发现曾经获得良好效果的身体练习组合，在有些时候未必能够获得预期效果。

由此引发的思考是：为什么按照"特定的身体练习（组合）＝特定运动技能的形成"的方法论有时不能达到预期的效果？在对不同学生进行运动指导时，为什么其中某些学生按照身体练习 A 的效果比较好，而某些学生按照身体练习 B 或 C 才能够获得预期效果？换句话说，我们应该按照怎样的方法论把握身体练习与运动技能形成之间的关系呢？以上为本研究的问题意识。

研究目的：从"为什么相同的身体练习会产生不同的效果"以及"能够获得预期指导效果应该怎样选择身体练习"这一现场遭遇的具体问题出发，围绕"选择身体练习的内在根据是什么"这一中心展开考察，从而在操作层面为如何在运动指导时选择适宜的身体练习提供方法论支撑。

研究方法：从身体练习的过程是新的身体知得以发生和形成的认知过程这一立场出发，以身体练习的有效性取决于它们与学生所欠缺的身体知之间是否具有对应关系为中心观点，对目标技能的选择依据以及身体练习的构成要素及选择依据进行考察。

（一）若干概念之间关系的简要说明

1.运动技能与身体知的关系

运动技能的现实化表现为身体的某种运动状态，它是经由运动学习而获得的一种合乎法则的动作方式，在通常的情况下用"不会"或"会"这样的

语词来对某人掌握运动技能的状况进行判断。但是，当我们将"学习"作为获得"知"的基本途径或方式时，围绕运动技能的获得所进行的运动学习，也就应该作为由"不知（不会）"到"知（会）"的认知过程予以把握。既然运动技能这种"知"是通过身体表现的，因此本文中将这种"知"称为"身体知"。

2. 身体练习与运动技能的关系

从发生学的角度说，无论是运动技能的始创者还是那些没有接受专门指导条件下而掌握了运动技能的那些人，身体练习对于运动技能的形成是不可缺少的基本要素，是运动技能得以形成的充分必要条件。

那么，身体练习对于运动技能的形成为什么具有这种手段性作用呢？

首先，身体练习是直接经验（动词）的具体表现方式。如果说直接经验的基本特征就是身体的操作性或亲身经历性，那么，个体以运动状态呈现的身体练习显然符合这一基本特征。

其次，身体练习是身体知的载体。从运动指导的现场可以注意到，为了使学习者形成新的运动技能，指导者要采用这样或那样的身体练习，比如在对初学者进行网球或前滚翻的运动指导时，采用无球状态下的挥拍或让学生进行滚动等练习方式。

（二）身体练习选择的方法论

1. 身体练习的构成要素

我们在现场观察运动指导时会注意到，教师所实施的身体练习都是由以下三个要素所构成，即：①具体的身体动作；②具体的运动条件；③对关注点的提示。换句话说，作为实现目标技能的过渡性身体练习就是这三个要素的综合表现，而身体练习的有效性也就是由这三个要素搭配的合理性所决定。

要素 A：身体动作

从三个要素的关系来说，身体动作的选择处于首位这一点是毋庸置疑的。所谓身体动作是指身体姿势或身体的运动状态，比如是后蹬跑还是小步跑，在抛掷实心球时采用两腿前后站立还是分腿站立的姿势等等，这些就属于身体动作。

要素 B：运动条件

所谓运动条件是指进行身体练习时所依存的空间条件。我们知道，任何身体运动都不能脱离一定运动条件而存在，而不同的运动条件则对学习者如何操作和控制身体产生着直接的影响作用。比如是在平面完成前滚翻还是在斜面完成前滚翻，是用跨栏架还是用呈三角支撑状态的小垫子进行跨栏以及教师对学习者的托举等等，都属于运动条件。

要素 C：对关注点的提示

如果说前两个要素属于客观的范畴，是可被观察到的存在，那么关注点则属于学习者主观意识的范畴。它表现为通过教师的话语提示，使学习者在操作身体时有选择地对用力时机、方向或部位等某一方面予以重点关注。比如进行抛掷实心球练习时，是提示学生注意腰腹肌的用力还是提示注意手腕的鞭打用力…属于对用力部位的关注，而在学习双杠屈伸上时，对下肢往哪个方向"伸"或在什么时机"伸"的提示，同样属于关注点的范畴。

2.确定目标技能的依据

所谓目标技能，即对学生所形成怎样运动技能的预期。比如为了形成网球的"击球"这一运动技能，指导者往往在开始阶段让初学者用球拍进行颠球或拍球等各种熟悉球性和球拍的练习。虽然"颠球""拍球"同样属于运动技能的范畴，但它们在此时仅仅是过渡性的身体练习，而"击球"才是预期的运动技能，即目标技能。

目标技能之所以在方法论中具有重要位置，是因为身体练习通常都发生在教师对目标技能确定之后，即这些身体练习都是围绕预先确定的目标技能而展开，或者说目标技能的先期选择决定着随后对身体练习的选择。那么应该如何选择目标技能呢？

目标技能在客观上所具有的难度或复杂程度固然是选择目标技能时不能忽视的因素，但是更重要的则是对学习者主体状态——即已经具有的知识的把握。这也就是某些学生之所以能够比较快的掌握目标技能，而某些学生却无法在相同时间内掌握该运动技能的一个基本原因。因此，考虑到体育课程中面对的是几十个学生，这就需要教师在确定目标技能时，必须考虑到这些学生以往经验的不同，不能使目标技能超出他们的各自的最近发展区。

在选择目标技能时还需要注意的是，任何运动技能都建立在一定的生物学基础上，即以一定的身体素质为前提，这就要求教师所选择的目标技能不能超越学生当下的身体条件。

（三）以上讨论的简要归纳

通过以上讨论，我们从方法论的角度对如何选择身体练习归纳如下：

（1）选择学习的起点和终点（即目标技能）的基本原则是从学生的"已知"和"已有"（即学生的生物学条件）开始，如果所选择的学习起点不在已知区域，或所选择的目标技能超越了学生的最近发展区，任何运动指导都不可能成功。

（2）教师在对目标技能所需的身体知进行解析的基础上，要以目标技能所需的身体知为参照，对学生已经形成的身体知和所欠缺的身体知予以确认。既然身体练习的基本作用在于填补目标技能所欠缺的身体知，因此，所选择的身体练习应该位于学生已经获得的身体知与所欠缺的身体知之间，使其成为由已知走向未知的桥梁。

（3）考虑到不同学生在身体条件及身体知方面的差异性，在对学生进行运动指导时所选择的目标技能未必一定要相同，或者采取名称相同而难度不同的方式。比如根据不同学生的具体情况，给出不同的动作规格要求或给出不同的运动条件，从而使身体练习能够与不同学生各自的情况形成适宜的对应关系。

（4）为了纠正或避免学生出现错误，教师要通过仔细地观察，在寻求导致错误动作出现原因的基础上，对症下药地对身体练习各个要素（即身体动作、运动条件和关注点）进行调整。

七、转变体育学习方式，促进体育学法研究

（一）学法 = 个人的学习方略

学法是"学生个人的学习方略"，其含义是：①它是个学习的策略，是个认知的策略，比方法要宏观一些；②它是个人性的东西，个体差异性很强。

比如，教师在讲解时，学生并不都是以同样的形式在听讲。有的学生是只听不想（头脑中的反应为"是、是、是"），有的学生是边听边想（头脑中的反应为"对、原来如此"），有的学生是善于正着听正着想（头脑中的反应为"是、对、就是这样的"），有的学生是善于反着听反着想（头脑中的反应为"是这样吗，不对吧"），有的学生是擅长归纳着听归纳着想（头脑中的反应为"所讲的三个特性都是这种事物的基本属性"），有的学生是擅长演绎着听演绎着想（头脑中的反应为"这个特性在那个项目中也是一样的"）。

（二）体育学习方法的基本特征分析

根据"学法是学生个人的学习方略"这一认识，体育学法应有以下几个基本特征：①学法是因人而异的。既然学法是每个人头脑中的学习方略，因此它是因人而异、各不相同的⋯ ②学法是比较隐性的。学法是隐藏在头脑中的策略，这种策略有些通过学习行为有所体现，可以判断；但有些则难以判断，如观察、思考等就很难看出来。③学法是很多样的。由于学法具有个体差异性，因此具有多样性，也是比较难归纳的。④学法与个人的性格和经验

特点有密切的关系。

（三）学生在运动技能掌握过程中的学法内容与分析

1.学生在运动技能掌握过程中的体育学法

学生在体育学习开始前就有着自己的学习方略，他们都是：根据自己的体育学习经验在判断着未来体育的困难（运动技术难不难？是否可以掌握），判断着自己对眼前学习的兴趣（"我喜欢"或"我讨厌"），并进行着自我的激励（"积极地学习与锻炼、好好表现表现自己"或"躲避和将自己隐藏起来而混过去"或"躲避不必要尴尬和痛苦而顺利完成体育课的要求"等）。

2."通过观察感知动作表象，为学习建立形象概念的基础"阶段的主要学习方略

（1）伴随教师讲解的学生听讲的方法（听讲方略）

教师在讲解的时候，学生听讲的方法是不一样的，大致可以分成"跟随听讲型""重点听讲型""趣味听讲型""疑问听讲型"几个类型。

（2）伴随教师示范的学生观察的方法（观察方略）

教师在进行示范的时候，学生的观察也是不一样的，根据经验，大致可以分成"顺序观察型""重点观察型""趣味观察型"三个类型。

3."粗略地掌握动作，同时发展相应的身体素质"阶段的主要学习方略

这个阶段的学法主要为伴随教师指导的学生练习的方法（技能掌握的方略），教师进行运动技术动作的指导时，每个学生进行练习的方略也是不一样的，根据经验，大致可以分成"兴奋练习型""努力练习型""捷径练习型"三个类型。

4."精细地学习细致的动作，不断提高动作质量"阶段的主要学习方略

这个阶段的学法主要为伴随小组讨论的学生集体参与的方法（参与方略），教师在组织学生进行全班或小组的集体讨论时，学生的参与方法也是不一样的，根据经验，大致可以分成"热情参与型""稳重参与型""冷性参与型"三个类型。

5."形成动作的自动化，在灵活运用的过程中形成技能风格以及向其他技能学习迁移"阶段的主要学习方略

（1）伴随技术展示和学习体会发表的课题学生进行表达的方法（表达方略）

学生在"形成动作的自动化，在灵活运用的过程中形成技能风格"的教学阶段中，主要的学习方略体现在伴随技术创新和表达学习体会的方法，即"创新和表达的方略"方面和伴随他人评价的学生自我评价的方法"进行和接受评价的方略"两个方面。

学生的"创新和表达的方略"大致可以分成"勇敢创新和表达型""理性创新和表达型""消极创新和表达型"三个类型。

（2）伴随他人评价的学生自我评价的方法（学习方略）

学生伴随他人评价的学生自我评价的方法也是不一样的，根据经验，大致可以分成"虚心听从型""冷静接受型""辩解反思型"三个类型。

（3）伴随探究课题的学生进行思考的方法（思考方略）

此时，学生伴随探究课题的学生进行思考的方法（思考方略）也是不一样的，根据经验，大致可以分成"大胆思考型""冷静思考型""跟随思考型"三个类型。

第四章 体育教学实践

第一节 体育教学与实践

21世纪高校体育教育面临着新的机遇和挑战，社会体育创新型人才需求量更高要求更多，社会的无形压力致使学校体育教学改革迫在眉睫，转变传统教学观念，更新现代教学理念，提高大学生的创新能力，体现"健康第一"的教育思想和终身体育思想的建立，是目前体育教学的基本目标。从目前高校体育教学的现状看，高校体育教学的传统教学模式还大量存在实体教学中，如何转变这种现状是目前体育系统教育教学改革的关键。

不少研究学者对教学改革出谋划策提出：以素质教育为核心，提高大学生的创造能力，培养学生运用知识创造知识的能力；改变课程的单一设置，丰富教学内容，及时引入科学发展的最新知识；改革教学手段和教学方法，注重学生主观能动性的培养，提高教学的科学性有效性，运动多种教学方法巧妙的启迪诱导学生的学习活动，调动学生的创造思维；完善教学评价体系或建立高校教育管理体制和运行机制等等，教育的最根本任务是面向未来，给社会输送人才，为社会的现代化服务，体育于是整个教育的重要组成部分，是为教育的总体目标而服务，因此体育教育关系着整个教育系统的兴衰成败。

一、体育教育改革的创新

体育教育改革要求学校改变教育观念，注重学生创造思维的培养。创造思维的培养主要体现在体育教学的内容、方法、手段与教学过程中对学生思维、意识和能力的开发。体育教育要求改变传统灌输式教育思想，教会学生掌握知识，获取知识，启发学生探索问题，独立思考技术知识的心用与开发，在教学方法上要求教师开展各种形式的教学活动，导向性教学、实践观摩性教学、技术技能交流等，让学生成为课堂的主体。

学生对知识的掌握需要教师的传授，对知识的运用与创新需要教师启发式的疏导与提示，如：健美操教学中，"V"字步、恰恰步，这些基本步法的技术要点需要教师的讲解与示范，对于动作运用与创新，老师可以启发学生如何让"V"字步、恰恰步合二为一转变成另一种基本步法展现出来，教师还可以引导学生如何创新健美操基本步法的展现，由此启发，在掌握知识的同时思想意识开始创新，学生的思维空间得到提升。

高校体育教育的改革有利于创新型人才创造性思维的培养，拓展学生的知识库源。传统体育教学内容主要以体操、田径、球类等基础性项目为主，强调技术技能的普及，有助于学生体育文化素养和运动技能及技术的掌握，但随着社会对体育人才全面发展的需求，高校体育教育改革在内容上必须呈现多元化。

教学内容的多元化主要体现在课程设置、教材和器材的购置、教学方法和于段、实践教学和教学评价等方面的多样化。不少高校在体育教学改革上将社会体育、民族体育、社会体育学、体育市场营销、民族特色体育等纳入高校体育教学，让学生具备体育文化的创新创造能力和社会体育适应能力。

（一）学生在高校体育知识掌握

改传统体育教学初、高中、大学技术技能的重复学习，从体育理论知识点的扩展学习，再到技术技能多样化的学习，除让学生具备最基本的体育锻炼的能力之外，也应适应现代社会体育人才多方位的需求。

在过去，传统体育教学思想束缚学生体育知识的视野，只是简单重复体育技术技能的掌握，对学生的创新创造能力方面培养欠缺，没有丰富的知识底蕴，学校体育不适应社会的发展。高校体育教育改革心该看到多元化教学内容带给学生体育学习的社会价值，不断优化教改内容拓展学生体育的知识库源。

在体育教学过程中，体育教学不仅足传授体育的基本知识、技能和方法，培养学生终身体育锻炼思想，还有一个重要目的就是促进学生身心健康发展，培养学生的团结协作等道德品质，个性品质在生物学、生理学上的要求足强健的体质、敏捷的速度和灵敏的反应、强大的抗挫折耐力和承受力等，是后天习惯的培养，它包括积极向上和消极两方面个性品质。

丰富的体育知识的学习与锻炼，可以磨炼学生的意志力，增强学生的心理承受能力，培养学生优良个性品质的形成，体育教育的改革对于大学生高尚情感的形成也有积极的促进作用。各种多样的教学形式的改革，是提高学生体育知识学习和参与体育锻炼的关键，例如，设计体育竞赛课堂，教师制定竞赛内容、方法和目标，组织学生分组参与竞赛，在这个课堂竞赛过程中，不仅能锻炼学生的身体素质，提升意志力，又能培养学生之间团结协作，互助友爱的品质，以及为达到共同目标的高尚情感的形成，体育教育从内容、手段、评价等各方面进行创新改革，有利于完整个性品质和高尚情感的形成。

（二）体育教学教师授课模式的创新

教育过程是教师言传身教的施教过程，创新人才的培养需要教师对学生创新意识、创新思维、创新能力与创新人格全方位的启发与培养，这不是一个老师所能造就的，他需要知识体系方方面面的引导与创造。教学团队作为一种全新的教学组织形式，将各专业具有不同背景的教师有机地联系起来，有利于多元化创新思维的教学研究。因此学校应该打造一批具备体育创新人才培养的教学师资团队，从学生的文化意识创新，实践操作创新，思想觉悟创新，社会洞察能力的创新能力方面，培养社会需求的体育创新人才，目前，各高校都在创建高学历和学术性教学团队，在人才引进方面注重学术和学历能力，缺乏教育创新专业性训练人才，这影响着高校体育创新教育能力的提升。因此，学校在人才引进和教育培养中，要紧紧围绕以打造创意型教师教学团队建设为中心，注重高学历、高学术，以及教学实践创新人才的合理搭配，明确体育教育的人才培养目标，选拔和培养创新师资团队领带人，培养团队成员创意教学能力的反思和互助创新意识。注重体育课程体系的开发，构建开放创新的课程体系。

近年来，国家进行学校教育的改革创新，高校高等教育在课程结构、教学内容及教学方法上而都有了不少的变化和改进，但对于创新人才的培养机制上而存在教学内容的除旧、教学方法单调、课程结构传统等一系列问题。

课程的各种构成要素决定学生收获怎样的知识结构，因此培养创新性体育人才，必须在课程的结构方面，以培养社会需求的创新型人才进行科学化处理，开发课程结构的优化创新，设置多样化教学内容，采用现代教育技术相结合的教学方法等。

给学生传授什么样的知识和研究成果，直接关系人才的培养方向，要培养体育创新人才，加强学生的实践参与创新能力的提升很重要，学校应设置开放创新的课程体系，联系政府或企班业单位，搭建学生社会实践的锻炼平台，培养社会需求的体育创新人才，改变传统教学的课堂形式，推进探索研究性教学方式。

在国家人力发展学校体育教育改革的措施下，传统的教学模式引起各教育研究专家的批判。这种只注重教师讲授，不注重调动学生学习的积极性、主动性；只注重传授书本知识，不注重学生探索书本外知识的培养；考核标准没有从学生思维的差异性和多样性考察，制定统一和标准化的评价等一系列不合理教学形式，严重影响学生知识的更好掌握和创造思维的开发，改革传统的教学方式，探索新的能启发学生创造思维的教学方式足目前体育创新教育改革的根本保证。

（三）如何改革教学方式

教学方式的改革，主要可以从以下几个方面体现：

第一，调动学生学习的积极性、主动性，激发学生的求知欲，让学生形成自觉思考学习知识的意识；第二，教师不仅需要传授知识，还应培养学生探索知识与创新知识的能力；第三，注重学生全面发展的同时，培养学生鲜明的个性特点，让人的主观能动得到充分发挥。

探索性教育方式能激发学生独立思考和创新思维能力的体现，在现代高校教改措施中心大力推行。加强体育知识的文化交流，营造创新型校园文化活动文化交流有利于促进文化发展，提升知识的文化内涵，因此，高校教育心注重体育相关文化交流活动的开展。

二、新体育观念的人文基础教育融于体育教学

（一）校园文化促进人才培养

校园是一个浓缩的小社会，校园文化是这小社会中精神和物质文化的体现，它是落实素质教育和增强创新实践能力的重要渠道，体育创新人才的培养需要借助这小社会做载体，实现知识的扩充与创新思维的开拓，这种群体文化的交流与学习是人学生的第二课堂，它是各学科之间文化观念、创新思维、行为特征和方式的交流桥梁，例如：文娱、体育绘画、英语等各社团的文化交流。

学校、政府或是其他机构在校园里进行的活动展演与交流，如：歌手大赛、健身大赛、学科知识的展示赛、各类晚会、知识抢答赛等，这些校园文化伴随学生的学习和生活，刘学生隐性知识的学习与掌握具有很大的作用。文化的创新来自掌握丰富的知识库源和具备对文化开拓创新的思维意识，高校心该看到校园文化活动的价值所在，营造丰富多样的校园文化活动，促进创新人才的培养。

（二）体育教育与素质教育息息相关

素质教育是当代教育的主旋律，体育教育在当代高校教育中占据着重要的位置，高校的体育教学是素质教育实施的一个重要途径，人才的全面发展

与体育教育的质量好坏息息相关，因此，提高高校体育教学质量，增强学生素质，是当代高校体育教学的重要内容。

高校体育教学，是学生接受体育教育的最后一个时期，是形成优秀身体意识的关键时期。因此，作为体育教师，一定要综合运用学生的心理素质和身体素质的关系，提高学生的体育素质。

1. 激发学生兴趣是体育教学的关键

在当代高校的体育教学中，激发学生兴趣是提高体育教学质量的关键所在，加强学生对体育课的正确认识，增强学生的积极性，是提高体育教学质量的有效途径。学生缺乏对体育课的兴趣现阶段，我国体育教学所面临的主要问题就是简单的组织教学方法，使得学生对体育课失去了兴趣。我国很多高校的教学设备陈旧，教学方法和内容单一，体育课也只能是简单的跳远，铅球，篮球等等传统的体育项目，无法激起学生对体育课的兴趣。

另外，高校的体育教学不同于中学，更应该注重的是心理素质的形成，当学习不能成为兴趣的时候，就失去了这门学科的意义。落后的体育设备无法满足学生需要，高校学生处于青春期，对任何事情都追求新意，并且紧跟时代潮流，尤其是女学生比较在意一些美体塑形等运动，但是当代高校的体育教学仍然保持着传统的活动，陈旧的设备不能满足学生对体育课的要求，在无形中就压抑了学生对体育课的兴趣和欲望，减少了学生对体育课的热情，导致高校的体育教学久久不能达到满意的效果。

2. 僵硬的师生关系会导致学生失去上体育课的兴趣

师生关系僵硬体育课本是教师与学生共同活动的一门课程，但是很多从事体育教学的教师，不能够与学生形成和谐的师生关系，行为举止欠妥，仍然处用教师的姿态要求学生，不能与学生共同运动，久而久之使得体育课发展成与传统课堂没有区别的生硬的一门课程，使得学生对体育课失去兴趣，也使得高校体育教学不能形成和谐的师生关系，导致高校体育教学得不到良好发展。

3. 建立对体育课的兴趣爱好

很多高校对体育课的重视程度不够，几乎没有真正认清体育课对学生的发展有着重要的提高学生对体育课的认识，端正其学习态度为了提高体育课教学质量，教师首先应让学生在思想上转变对体育课重要性的认识，同时教师着眼于体育教学的生动性，让学生产生兴趣。在体育课教学之前要了解学生的爱好，根据学生的兴趣爱好选择一些项目，因材施教，让学生在自己喜欢的运动中发挥特长。

如体育教师的教学呆板无趣或放任自流则一定为学生所不屑，只有在正确教育的同时，把课上得生动活泼，活而不乱，做到寓教于乐，方为提高体育课教学质量的有效方法，培养学生对体育的兴趣爱好，养成体育锻炼的习惯培养学生对体育的兴趣，爱好，养成体育锻炼的习惯是体育教学成果的一个重要标志，忽视培养学生对从事体育活动的兴趣，爱好和养成锻炼的习惯就不可能奠定学生终身体育的基础。

体育的兴趣，爱好和习惯，在体育活动实践中有其不同的意义，兴趣是一种心理倾向，爱好是一种行为的积极表现，而习惯则成为生活中的"自然"行为，在体育教学过程中，一般是在提高人们对体育活动意义认识的基础上促进他们对此发生兴趣、爱好，以致形成了经常从事体育锻炼的习惯，成为生活的一个不可缺少的重要组成部分。

4. 培养学生良好的意志品质

在体育课教学中，对怕遭受挫折，缺乏勇气，不肯吃苦和意志品质较差的学生，教师要加强教育，建立起自信心，多采用一些培养意志品质的练习，多利用正面典型例子，多鼓励，多表扬，让其体验成功的喜悦，不要以惩罚为法宝强制性地对学生进行意志品质的培养。在体育教学中应协调好师生关系。师生关系和谐，对体育教学有积极的意义，对体育教学的顺利进行和体育教学质量的提高将产生直接的影响。

教师应善于调控学生的情绪变化，使他们保持愉快，积极上进的心境，这对师生之间的感情交流有着重要的意义，一个有良好情绪的人容易让人接近，也有利于倾心交谈，教师只有多接触学生，多了解学生，多关心学生，以情感人，倾注"母亲"般的爱去关怀他们，真诚相待，学生才会理解教师，信赖教师。教师只有关心和爱护学生，师生之间才能够建立起信任，师生之间才会有共同的语言，才能在一种感情融洽，团结友爱的气氛中一起学习。

5. 体育课组织形式多样化

传统的体育课教学组织形式通常有两种，一种是以自然班组为单位，进行集体指导和训练；另一种是在性别分组的前提下按自然小组开展训练，可以说这两种形式都片面强调从教学内容和要求，活动形式显得单调、机械、重复，甚至带有强制性，从而忽视了同一组学生在体能及体育爱好上的差异，把其局限在"永久式"的小组活动中。

这样必然出现有些学生"吃不饱"，另一些学生又"吃不了"的现象。随着教学改革的深入，各校应根据场地的实际情况，根据学生的体质和教材的不同，按照新的分组形式进行教学，在教学过程中实施灵活的组合，比如友伴分组，能力分组，兴趣分组，性格分组，体质分组，目标分组等。

加强教学内容的改革，突出学生的主体地位体育课程教学内容的改革是当前高校体育教育改革的突破口。高校在修订体育课程教学内容时，要以强身育人为目标，以学生对体育锻炼的需要而编制，要力求贴近学生未来的职业生活，以适应社会发展的需要。要突出个性化的培养，力争减少整齐划一的活动，从健身、娱乐、康体、休闲等角度综合选择和运用教学内容。首先要更新调整竞技运动项目的课程内容。逐渐改革纯竞技式的、成人化的运动项目的教学，以提高学生的体育能力，使其终身受益。增加综合性或针对性、趣味性的运动处方课程内容，以提高课程教学的实用性。其次要增加实用的健身体育，民族传统体育，现代生活体育，娱乐休闲体育和乡土体育课程内容，以提高学生的锻炼的积极性和主动性。

（三）更新和充实体育理论课程

要更新和充实体育理论课程的内容，如体育社会人文学、运动人体科学以及体育养身保健等体育文化和体育素质方面的知识内容，以提高学生的体育文化素养。因此，高校的体育教学要转变理念，把握与时俱进的思想，把更新体育观念的人文基础教育融于体育教学之中，把以运动素质和运动技术能力为主的思想观念，向健康素质为主转移，坚持"以人为本，健康第一"的教学原则。

随着知识经济的迅猛发展，新的体育教学模式正在迈进学校校园，高校体育只有充分发挥自己在生存教育、生活教育、道德教育、个性教育等方面的功能，才能够跟上素质教育发展的步伐。教师只有抓住学生的特点，用现代教学方法、手段和思路进行体育教学，才能适应当前教育发展的需要，让高校体育教学在推进素质教育中发挥更大的作用。

三、培养大学生的创新能力

创新是一个民族进步的灵魂，是一个国家兴旺发达的不竭动力。一个拥有创新能力和大量高素质人力资源的国家，将具备发展知识经济的巨大潜力；一个缺少雄厚科学储备和创新能力的国家将失去知识经济带来的机遇。培养大学生创新能力就显得十分必要和紧迫。

大学生创新能力的培养，不论对国家、民族，还是对大学生自身的发展都具有极其重要的意义。因此，培养适应新时期要求的、具有创新能力的大学生显得尤为重要。21世纪是一个创新的世纪，未来社会迫切需要的是具有创新能力的人才。大学生作为高等教育的主体，作为社会向前发展的源动力，必须与知识经济时代发展要求相适应，具有较强的创新能力。创新能力是指个人提出新理论、新概念或发明新技术、新产品的能力。

（一）培养大学生创新能力的有效载体

经济时代和信息时代的到来，不仅对大学生的创新能力提出了严峻的挑战，也孕育着大学生创新能力培养的珍贵契机。创新能力是创造性人才的核心。根据培养创新型人才对高等教育提出的要求，在现代教育观念的指导下，必须以学生为本，以全面革新人才培养模式为宗旨，积极探寻培养大学生创新能力的有效载体和对策。

1. 培养大学生创新能力是缓解不断扩大的社会就业压力的需要

近年来，大学毕业生就业难成为人们关注的焦点。曾经被誉为天之骄子的大学生不得不和民工成为社会的弱势群体。教育部学生司司长林蕙青早在2004年就指出，虽然毕业生数量增幅较大，但社会整体就业岗位没有明显大增加的趋势。在毕业生数量年年大幅度增长的同时，离校毕业生待业的现象开始出现，数量逐年上升。

面对日趋严峻的就业形势，在大学生中开展创新、创业教育，树立大学生正确的职业理想和择业观念，开发创造性思维，提高综合素质和创业能力，对于大学生参与社会竞争，具有很强的现实意义。高校毕业生大多在 20—25 岁之间，这个年龄的人具有强烈的求知欲和好奇心，他们要求独立地、有主见地处理自己的事情，依赖父母的心理逐渐消失，社会责任感和道德感明显增强，同时又处在人生的重大转折和突变时期，有很大的可塑性，是开发潜力、发展创造力的最佳时期。

2. 培养大学生创新能力是适应社会主义市场经济发展的需要

随着市场经济的发展，城乡产业结构将依据市场的不断变化进行相应调整，从而带来劳动力的转移和职业岗位的转换，而且还应该具备新技术、新工艺的实施以及新产品的开发和创造能力，也就是要求未来的劳动者不仅要具备从业能力，还必须具备创新能力。因此，不断加强大学生创新能力的培养正是适应了社会主义市场经济对人才培养方面的诸多要求，同时也能促进高等教育自身的改革与发展。

大学生创新应该是国家创新体系重要的组成部分，高校应抓住发展机遇，确立现代的办学理念和办学特色，积极探索适合未来社会发展需求的人才培养模式，培养更多的具有创新能力的高素质人才，为社会发展服务。

3. 培养大学生创新能力是推动创新型国家建设的需要

21 世纪的竞争是经济和综合国力的竞争，实际是科技和教育的竞争，归根到底是高素质人才的竞争。高校是人才培养的摇篮，培养和造就基础宽厚、富有创新精神、能够应付未来社会中国大学生就业发展和挑战的人才，是各类高校在教育创新中担负的首要任务。大力培养大学生创新能力是建立高校创新体系的关键性环节和基础性内容，能有效地支持和推动国家创新体系的建立，对建设创新型国家也会起到积极的作用。

21世纪，人类迎来了一个崭新的时代，这就是以知识创新，高新技术产业化为根本特征的知识经济时代。在新的形势下加强大学生创新精神和创业能力的培养是高校人才培养的战略性问题，关系到高等教育培养的人才是否具有创新能力、是否适应经济社会发展、是否能够承担起振兴民族大业的重要课题。在这一时代中，知识、信息将取代劳动力成为经济发展的主要战略资源，但无论是知识、信息的生产、传播和应用，还是知识的创新和发展，都有赖于高素质的人才。

当前"创新"已经成为国际性的共识，而教育创新则是国际社会以及各个国家所关注的对象，判断教育是否成功的一个重要标准就是能否培养出创新人才。创新能力的培养，需要教育的创新。

随着社会的发展，高校体育教育也应顺应时代的发展不断地更新观念，力争为社会发展培育出高水平高素质的创新型人才。与之相适应，培养体育创新型人才，体育教学改革势在必行。大学校园是一个全新的开放式的空间，是对大学生价值观、人生观以及世界观的教育的最佳场所。

（二）体育创新型人才的培育

1.发展学生的创新能力

以前传统的教学，注重的是老师的个人讲解与示范，而忽略了学生学习创造的自觉性。当前各大高校的体育教师普遍受到传统教学模式的禁锢，以教师个人表演为主的教学无法满足学生，使得学生丧失了独立创造独立思考的机会，严重阻碍了学生创新能力的进一步发展。在体育教学中，教师既要给学生广阔的自由创新空间，又要使学生们明白体育创新是没有极限的，让学生感觉到自己本身的潜能的无限，这样就保证了学生创新的灵感和自信。

通过体育教学使学生明白体育终身锻炼的意义，明白体育锻炼的保健性、活动内容的娱乐性、活动时间的业余性、锻炼广泛性等特点，既可以调节学生的情绪，丰富学生的业余生活，对学生的作风、品质、意志、思想锻炼也有很大益处。随着日益繁荣的科学技术以及运动技术的不断发展，学生们对本身能力的大小也有了新认识。因此在体育教学中必须使学生树立创新意识，只有树立了创新的意识，更好的发展创新能力，才有可能实现自身的目标。

2.培养学生学习意识，发展学生的创新思维

体育的创新思维指的是通过人的思维活动来认识体育活动中相关事物的本质，且在利用想象创造的基础上，进一步提供具有社会价值的独特而新颖

的体育创新思维的心理活动。创新思维的实质就是求变、求异、求新，要想培育学生的体育创新思维就要先培育学生独立的人格，激励学生对体育的好奇心。

在体育教学中要营造学生热烈讨论、自由发表独创见解的课堂气氛，努力建立平等、良好的师生关系，以利于学生创新思维的进一步发展。在体育教学中，体育老师必须要把学生当作体育活动的主人，是教学的主体，引导学生通过小组合作学习、主动探索学习等相关学习方式掌握体育，理解体育。要从传统的"传道、授业、解惑"向创造合适的学习环境转变，让学生成为体育教学活动真正的主体。体育老师只是体育教学活动中的合作伙伴和顾问，学生和教师在教学中彼此交流情感、思想，彼此分享见解、知识，并依据学生的经验和学习活动的进程及时地调整课程计划，创新教学内容。

3. 培养学生的个人潜能，发展学生创新人格

一个人创新能力的提高，需要接受培训，以培育和创新相关的个性。教师只有激励的激发学生的内在动力和兴趣，才能充分地调动学生的创新思维，也就能进一步的激发学生的潜能，进而发展学生的创新人格。在体育教学中体育老师必须要注重激发学生个人潜能，努力提高学生教学效果。

当然学生身体素质都不一样，共性与个性的差别很大，教师首先要突出学生个性的发展。教学中要利用层次教学法，探索出适应学生个性发展的教学方法。体育教师还要善于鼓励和引导学生互相帮助，互相尊重，在教学中树立友爱、团结的学习风气，使学生体会到集体的温暖，感受到同伴的友情和关爱，以培养学生们健康的创新的独立人格。

总之，体育创新型人才的培养是一个尤为复杂的系统工程，各大高校必须进行整体改革，适时的更新观念，以适应时代和社会对创新型人才的需要，顺应时代的潮流，以此赢得更广阔的发展空间。

大学生作为社会上一支重要力量，在将来的社会建设中将会发挥越来越大的作用，而如何培养大学生的创新能力便成为一个亟待解决的问题。创新是一个民族进步的灵魂，是一个国家兴旺发达的不竭动力，建设创新型国家，重要的是提高社会成员的创新能力和素质，只有这样，创新才能永葆活力！

（三）"知识经济"与创新

知识经济现已成为世界经济发展的主流，知识经济的本质在于创造和传播知识并将其转化为技术，使知识成为生产力的核心要素。"知识经济"中的知识，指的是有关创新知识，而这类知识的获得离不开具有创新精神和创新能力的创新型人才。

知识经济的成败与教育的成败紧密相关，而教育的成功之一是培养出具有创新意识、创新精神和创新能力的创新型人才。因此，实施创新性教育，在体育教育专业领域培养出一大批具有创新能力的创新性人才，符合知识经济时代发展的背景。

体育教育专业学生，作为未来国家体育教育的主力军，理应大力发扬创新精神，提升创新能力；将培养创新能力融入体育教育专业学生教育的整个学习生涯过程中，在一定程度上，大大地帮助了学生自身不断地完善发展，同时也是体育教育专业学生适应知识经济时代发展的必然趋势。

培养高校体育教育专业学生创新能力的体系与当今中小学体育教学工作严重脱节。培养高校体育教育专业学生的目标发生了变化，由之前的培养高级体育专门人才现今成功转化为适应社会多样化需求的通用型人才。如果谈到有关培养高校体育教育专业学生的创新能力这个话题，一定会涉及高校专业体育课程体系和中小学基础教育体育课程改革。

我国培养的具有创新能力的体育教育专业学生，是中小学体育与健康课程基础教育课程改革的实践者，他们是组织者和实施者，最终会有力推动课程改革的发展。

目前存在的问题是，我国基础教育体育与健康课程改革实施进行得火热，而高校培养出来的体育教师却由于人才培养体系的原因以及步入岗位后体育教师继续教育的原因，明显地与基础教育课程改革颁布的《体育与健康课程新标准》所提出的教师表现与要求脱节，这就需要不断反思关于培养体育教育专业学生创新能力的教育体系，从而找出漏洞，以便更好地培养具有创新能力的体育教育专业学生。

四、高校体育教育存在的问题

当前高校体育教育方面存在的问题，集中体现在以下几个方面：

1. 体育教育理念的落后

体育教育由于受到传统的应试教育思想的影响发展缓慢，"育人"和"育体"相对分离。高等教育过于强调学生内在的发展，忽略了学生的个性化的发展，体育教学在促进学生外在能力个性化的发展以及学生综合素质的培养方面受到了严重阻碍。

目前各大高校的体育教师也受到传统教学思想的禁锢，这样体育教学很难发挥出其应有的作用。与此同时，高校的体育教育也没有把以人为本的理念发挥到位，体育教学仅仅局限于理论课读读念念、实践课学生自由活动，教师讲解带练的时间相对较少。这种体育教育理念落后的种种表现在一定程度上阻碍了学生参与体育的主动性和积极性。

2. 体育教学模式单一化

虽然经历了多年的教学改革发展，高校的体育教育已经有了很大的发展和进步，但是以应试教育为核心的传统教育模式依然没有得到根本的改观。在体育教学中教师注重理论知识的讲解，忽略了对学生体育兴趣的培养和引导。当前的依然是以教师个人唱独角戏为主，教学的方法以及模式没有改变，没有得到创新，千篇一律。

相关的体育运动项目也是机械化的操作，没有新意，教师对于传统的教学模式依赖程度较大，而对以多媒体、为网络主现代化的教学技能尚不能熟练掌握，更别说去教育学生，这种死板、单一的体育教学模式难以满足新时代、新时期大学生对体育的需求，进而使学生逐渐丧失了对体育的兴趣。

3. 体育师资力量薄弱

当前各大高校的逐年扩招使得学校本身的师生比例严重失调，固于编制的原因教师队伍数量很难大幅增长。此外，高校的体育教师以及教练知识老化，年龄结构不合理，训练、教学质量偏低，也不能适应当前新形势的发展。体育教师的区域配置也不均衡，师资比例的严重失衡，一定程度上造成教师投入教学研究的精力和时间过少，如此一来体育教师的个人素质难以得到很大的提高。

当前高校中能文能武的体育教师略显匮乏，一些老师比较擅长于理论知识的传授，另外一些老师则比较擅长于技术示范教学，高校能够参与学校科研创新教学的教师较少。教师个人素质的严重失调，在一定程度上严重阻碍着各大高校体育教育的可持续发展

4. 学生实践能力欠缺

学生的实践能力是评价学生创新学习能力最客观、最直接的指标，同时也是我们体育教育创新型人才培育的重要目标。而学生的实践能力大多来源于实习与见习。但遗憾的是，与一些发达国家相比，国休育教育本科专业学生实习见习的时间还有很大差距。

英国体育专业学生实习见习时间占总学时的 25—40%，日本这一数字则为 18.5%，新加坡为 39.2%，而我国体育专业本科学生实习见习时间则仅为学时总数的 8.44%。我国体育教育实习期较短、安排时间过于偏后（大四）。

我国的这种体育教育培养模式不利于学生知识的应用和强化。为适应社会对创新型人才的高要求，各大高校必须努力改进教育教学环境，培育学生的创新思维，培养学生的创新能力，营造良好的育人环境，促进学生良好的创造意识的发展。

强调体育教育的主体性教育，尊重并承认学生在教育中的主体地位，这样把学生培育为能动、独立而富有社会性的创造型人才。要充分发挥学生在教育中的主体作用，大力开展素质教育，努力为学生的成长和发展服务。因此教育教学就必须理解、关心、信任和尊重每一个学生，尊重学生人格，竭力满足其个人需要，使学生作为教育活动的主人而非学习的奴隶，使其逐步地体会到学习的乐趣，促使每个学生充分、自由而全面的发展。

第二节 体育本质实践理论

体育的本质问题即体育是什么的问题，不同的研究视角会有不同的认识，如体育是（身体或体质）教育、体育是社会（文化）现象（或活动）、体育是（社会）实践、体育是身体（人体）活动等等。概观以往研究，存在两个问题：一是低位的立足点窄化了体育本质的定位；二是纵使高位立足，也对其中缘由梳理不清，使研究因缺乏充分的论据而立论不足。

实践的观点和思维方式是马克思主义哲学首要的基本观点和基本思维方式，是当代中国哲学研究对马克思主义哲学的实质的正确认识所取得的成就之一，这就要求们站在哲学的高度审视体育的本质问题。它为我们认识体育本质另辟蹊径，并提升了认识高度。

体育具有实践活动的客观实在性体育作为人类创造性的物质实践活动，既不同于动物本能活动，也有别于人的主观意识活动，具有直观现实性的特点。体育的客观实在性具有以下两层含义：

一、体育的特殊物质运动形式表现体育实践活动的客观实在性

体育首先是一种生命运动，以生命运动为基础，而生命运动是物质运动的高级形式。然而，体育不仅表现为生命的物质运动，而且是对一般生命物质运动的超越，是对于维持人体相对静态的正常生命运动和人们日常生活、生产、劳动等一般性水平较低的生命运动的超越。

在生命物质运动范围内，体育将运动发挥到极致，以外显的大肌肉群运动方式表现出来的、通过身体运动能够留下深刻运动体验的特殊物质运动形式，是对物质运动的动态层次最高诠释，这是从体育作为一种特殊的物质运动形式的角度对体育客观实在性的理解。

此外，体育还将自然界的各种运动形式集于一身：体育中的运动学、动力学、转动力学等是机械运动在体育运动中的体现，因为力学是研究物体机械运动规律的科学。体育中的脑电、心电、视网膜电的传导，声音刺激鼓膜

及耳蜗的振动与传播，以及体内生物磁与地磁的能量交换等是物理运动在体育中的体现；体育中的糖和脂肪以及氨基酸的分解代谢、各种供能代谢、肌肉收缩与松弛的分子机理等是化学运动在体育中的体现。

又因体育是人体运动，而人体归属于生物体，所以，诸如蛋白质、核酸等生命物质的协同统一是生物运动在体育中的体现。另外，体育与社会运动联系的紧密性决定了它的社会历史性。这是从体育与其他物质运动的关系上对体育客观实在性的理解。由此可见，体育同其他实践活动一样，具有直接现实性，是感性的具体活动。这种活动是物质的一种特殊运动形式，它同其他自然物质运动过程一样，是一种具有客观实在性的活动。

二、体育实践活动的主体、客体和中介系统的客观性

（一）体育实践的客观性

体育实践的客观性不仅表现为实践的主体、客体及其中介系统是一种物质存在和物质运动过程，而且还表现为体育实践活动所依据的规律性内容。体育的主体和客体具有一致性，这一主、客体的承担者是运动者，后者是体育实践活动的人，按照一般的唯物主义观点，物质是一切变化的主体。人的肉体组织就是人活动的物质主体，这是具有生命力、自然力的能动的物质主体。而人的肉体组织所具有的生命力、自然力，就是人的物质实践力量的自然天赋基础。

恩格斯告诉们："生命是蛋白体的存在方式，这种存在方式本质上就在于蛋白体的化学组成部分的不断自更新。"而现代生物学进一步揭示出：所谓蛋白体实际上是包括蛋白质和核酸两大类生命分子所组成的物质体系，它是生命运动的物质承担者。

这样，就从生命起源上论证了体育实践活动的主、客体的物质基础，这是从体育实践活动的承担者的物质起点的角度来理解体育实践的客观性。体育实践活动的共时性与历时性运动是以体育的物质中介系统为核心运转的，后者主要指支撑体育实践活动的、相关的外界物质运动条件和手段，如实施体育活动的体育自然环境和体育物质环境等，其亦均以物质性为特征。

把握了体育的主客体和中介系统所构架的物质性基础，是对体育实践活动的基础把握。体育实践活动所依据的规律性内容的客观性。人作为对象性的、感性的存在物，是一个受动的存在物。所谓受动性，即合规律性。体育作为一种属人的实践活动，必然受制于体育实践活动本身内在的规律。相对于人的活动来看，对象本身就是一种外在或自在，它表现为自然的自在和社

会的自在。从体育的两重性来看，体育实践活动受动于自然规律和社会规律。

自然规律是"对象性世界"所有的，就体育的特殊性而言，一方面，从广义的自然现象出发，体育实践活动必受动于一般自然物质运动规律，这是由它的高级运动形式所决定的。因此，诸如生物运动、化学运动、物理运动，及力学运动等规律在体育运动中都有体现体育实践活动自然规律的。

另一方面还表现在特殊的"客体"人体上，对人体的改造是建立在对人体的生理、心理发展规律的基础之上的，任何无视客体对象性规律的实践活动，都是盲目的、缺乏针对性的鲁莽行为。体育实践活动若想取得成功，一切工作的起点必视"客体"活动规律而定。毕竟，对那些较低级的自然物质运动规律的遵循也是建立在对生命物质运动自然规律的基础之上的。

体育实践活动过程的特殊性凸显体育自然规律的特殊性，前者必受制于后者。物质生活的生产方式对体育的发展变化起着决定作用，并由此制约着人类社会各历史时期体育的内容、性质、特征及对体育的需求。

原始社会生产力水平低下，以狩猎和采集为主的生活方式使体育与日常劳动生活融为一体，是为"潜体育"；奴隶社会金属工具的使用，促使生产方式改变，对体育的需要从单纯谋生的手段扩展到更广泛的需要，如：军事的、教育的、娱乐的、审美的等等，体育得以从生产劳动中分离出来；封建社会历经粗耕农业、畜牧业和精耕农业的发展，全身性的体力劳动方式与游牧生活制约着体育的发展，很难脱离其生产方式的局限；直到资本主义社会，大工业化的生产方式"生产"出对体育的需求，促使体育得以快速发展。

体育发展的历史就是社会发展的历史，是受动于社会发展的规律的，有其客观必然性。客观性是规律的最基本的性质，体育受制于自然规律和社会规律的特性有力地证明了体育实践活动的客观性。

体育作为一种改造人类自身的实践活动有其特殊性身体"运动"的特殊性。任何一种实践活动包括日常生活的一举一动都是身体活动的表现，都要借助于身体的活动来完成。我们所说的身体活动通常是指人体外在的运动，是肢体活动的总称。比较而言，身体运动因强调了"运动"的元素而使其具有如下特征：肢体活动幅度大；需要有大肌肉群参与；能量消耗多；具有非劳动性质。

对照下来，体育是符合上述所有条目的，而在人类改造自身的实践活动中，这种突出身体运动特色的实践活动是寥寥无几的，这就使得体育实践活动因其"运动"的色彩。而在改造人类自身活动的实践中显得非常"另类"，相比之下，其他大部分实践活动都属于比较"温和"的身体活动而非"激烈"的身体运动，身体运动使得体育实践在改造人类自身实践活动的范围内与一般身体活动实践得以划界。

（二）身体运动目的的特殊性

然而，就身体运动的特征而言，我们还是能够直觉地找到一些符合这些特征的实践活动，如：舞蹈、杂技等，它们均属于艺术活动的范畴，这也就是说，除体育实践活动外，艺术实践活动也有身体运动的特征（体力劳动因具有生产实践的性质已被排除在改造人类自身的实践活动之外）。

那么，怎样区分这最后细微的、重要的差别以致从容地确立体育的本质呢？从艺术与体育来讲，两者融合的趋势在时代的发展中越来越明显，基本上是"你中有""中有你"的态势，然而，不管两者如何交错、渗透，体育仍然是体育，艺术是艺术，两者之间存在一种永不可能完全重叠的东西，东西就是它们各自的"本质属性"，它是该事物所具有的必不可少的特征，是"某类对象的有决定意义的特有属性"。

体育与艺术虽然均以身体运动为特征，在外在表现形式上有着极大的相似性，但只要从它们身体运动的目的上即可将两者区分开来。体育是以提升身体健康水平为目标，在体育实践中，以人的身体为核心，是"为"的境界，所创造的价值与意义均在身内，直指身体，身体是目的，也是手段。有手段与目的同一性的特点；而艺术则以抒发情感为靶心，在艺术实践中，以角色为核心，是"无"的虚拟世界，要求演员"忘"地投入艺术创作。其中，身体只是以抒情达意为目的的手段，价值指向精神世界。

这就从身体运动目的的特殊性上将体育实践与相近的实践活动进一步区分开。根据以上对体育实践活动的论证，们从实践的角度为体育下一个定义，因为概念是本质的反映，也就为我们理解"体育是什么"奠定了认识的基础。根据逻辑学上"被定义项＝种差＋邻近的属"的原则，我们认为，体育是"以提升人的物质属性意义上的身体健康水平为主旨的改造人类自身的实践活动"。

其中，"改造人类自身的实践活动"是体育的"属"，即体育所属的临近的类别，反映出体育概念的外延。"以提升人的物质属性意义上的身体健康水平为主旨"是体育的"种差"，是不同于同类事物的本质属性，反映出体育概念的内涵，是体育的种概念在"改造人类自身的实践活动"这一邻近的属概念下面同其他并列的种概念之间的本质差别。

对这一体育概念，可以从以下三个层次上来解读：

1.体育是一种实践活动

因为实践是"属人"的，这就从根本上与动物的运动区别开来，并具有与一般生产实践活动的特点，即客观实在性、自觉能动性和社会历史性；

2.体育是一种改造人类自身的实践活动

改造人类自身的实践活动很多，如：人口生产、救死扶伤、科学研究、教学活动、艺术活动等等，体育具有与这些活动相同的特点，那就是改造人类自身，这一生活实践的形式从实践的对象、目的、过程和结果等方面区别于一般生产实践；

3.体育是以提升人的物质属性

意义上的身体健康水平为主旨的改造人类自身的实践活动。身体运动使得体育实践在改造人类自身实践活动的范围内与一般身体活动实践得以划界，而身体运动的目的性又成为体育实践与艺术实践的分水岭，这就从体育的源头找到体育最基本、最直接的东西——体育的本质。

总之，基于实践的观点和实践的思维方式，们从实践的角度审视体育本质，就保证了研究体育本质的基础性和科学性。不仅如此，还从不同层次论证了体育作为一种实践的特殊性，为我们更好地认识"体育是什么"提供了实践视野中的充分判据与思辩理路。

第三节　大学体育教学实践研究

近几年来，我国高校体育教学随着教育体制改革的逐步深化不断得到完善与发展，无论是从重视程度还是理论实践上都取得了明显的成效，对高校高素质人才的培养起到了积极推动作用。现阶段我国高校体育教学注重在工作上进行创新，逐步将终身体育的理念贯穿到理论教学中，并通过采用不同形式激发学生对体育的热爱与热情，使得高校体育教育出现生机与活力。但是目前我国高校体育教学仍然存有很多问题，需要及时解决。

比如教学形式不够灵活、内容不够丰富、方法相对死板单一，针对性不强，体育考评机制不够科学合理，缺乏正确的体育观念，未能根据学生生理与心理特征进行区别对待等一系列问题普遍存在。

一、大学体育教育的教学方式

大学体育教育是高等教育系统的重要组成部分，其目的是促进学生的身心健康，培养具有综合能力的复合型人才。目前很多大学体育的教学方式和手段，已经不能适应其大学体育教育的发展和创新需求。只有进行大学体育教育改革，改变传统的教学观念和教学手段，才能调动大学生学习体育的积极性，才能促进素质教育的开展。

在教学中信息反馈形式多种多样，教师根据多年的教学可以提出一个富有吸引力、具有奋斗目标，鼓励学生去追求、去完成，这个目标可以是建设性的及探索性的，也可以是创新性的。例如，教师要注重学生的能力培养，把教学中的准备部分让学生领做，写出准备部分的教案。通过学生领操返回信息的方法，加强学生自锻炼能力的培养，这样能给学生一个很大的自由度，学生可根据自己掌握的知识，生活积累、爱好程度、想象空间等畅所欲言，把自己内心的想法充分、全面的战线出来，通过回收信息可以发现许多新奇、有趣、可行的方案和想法，这样教师就能够掌握第一手材料，了解学生的内心感受及合理要求，从而更好地完成教学任务。

教师要想发挥每个学生的创新性，就不能不考虑发展他们的个性特长，宽容其育种不同的思想和言论，允许不成熟和失误，允许不同思路的做法，允许自由竞争，按照学生的性别、体质和技能进行分组教学。例如，在女生健美操教学中，如何安排见习生，即让她们达到锻炼身体的目的，又能有良好的心理健康意识。

二、体育实践课是贯穿体育教学的主体

一方面通过体育教学传授技术技能，达到熟练掌握运用的能力；另一方面，体育理论的补充是对实践起到引导作用，教师可充分利用雨、雪天在室内传授体育理论知识，使学生掌握各门课程的规则、裁判法及体育保健。通过理论的补充，使学生平时能自己承担小型比赛裁判，促使学生体育知识的积累和保健锻炼的重视程度，扩大学生信息储备量，从而使学生关心体育教学、关心健康。

通过体育教学实践发现，快乐教学可分为深、浅两个层次。把教材联系游戏化、情景化、直观化只是浅层次的。而只有引导学生独立思考，对学习锻炼本身真正的感兴趣，有所创新，既有纵的深入了解，又有横的知识积累，这样才能使学生走进高层次的学习乐趣当中，不断的知识积累中有所创新，这是一种自实现的过程，这是建设型快乐，会使一切享受型的快乐黯然失色。

体育教学中教和学是师生的双边活动，教学中不仅要有教师的教法，而且还应该引导学生去研究掌握学法，可以明确规定哪些是可以由学生自己作主的，教师不干涉，比如，健身操组合教完，学生必须达到熟练掌握，要将学法落到实处，教师要采取措施，提出要求。课后布置作业、课前检查，让学生以教师的角色检查学生。在日常的教学中可以将课时教案简要地讲给学生，这样就可以使体育课变为新颖的师生讨论本课的学习方法，并且可以处处体现学生自主作用的创新能力。

三、发展学生创新思维能力

教育家赞可夫指出：在各科教学中要始终注意发展学生的逻辑思维，培养学生的思维灵活性和创造性。《体育课程标准》把发展学生创新思维能力放在很重要的位置。心理学研究表明：如果抓住学生创新思维能力发展的阶段进行训练，将得到事半功倍的效果，也能够为学生的终身学习打下坚实的基础。

如何对学生进行有目的、有计划地长期培养与训练，使学生随着年龄的增长，创新思维能力得到充分发展。创新思维能力是提高社会实践能力的基础，是开发人的潜能的需要，也是提高学生创新意识和创新能力的根本保证。因此，不断增强学生的创新思维能力，对实现知识向能力的转变，能力向素质的转变，具有十分重要的意义。

培养学生的创造性思维能力首先是开发教师的创造力。俗话说得好"名师出高徒"，如果教师自身不具备创造力，那么学生的创造思维能力的培养就成了无源之水、无本之木。

作为体育教师，首先要更新观念，正确理解素质教育的内涵，充分树立以学生为主体的思想，紧紧围绕培养学生创新素质这一核心；其次，教师要不断总结、钻研，掌握现代各种教育教学方法，探索、创新适合学生的教学模式，以培养学生创新能力为出发点，改进评价内容和方法，以进一步激发学生学习的主动性，促进学生创造性思维能力的发展；再次，教师要结合时代、学生未来技能的实际需要，对教材、场地、器材科学合理地挖掘、分配和组合，以创造良好的课堂育人氛围；最后，广大体育教师需终身学习，不断充电，锐意改革，努力开发自身的创新思维，顺应新世纪学校体育发展的需要。

第四节 高校人文体育之实践

高校人文体育是以人为本、体现人文关怀、培养人文精神、完善人性人格的体育。它面向全体大学生，突出健身性、休闲娱乐性，尊重学生的价值取向，培养学生的体育能力，使学生掌握一些实用的、休闲的现代健身方法和理念；培养学生主体的创新精神，完善学生的人格，使学生的身心得到健康发展，能适应日益多样化、全球化的社会生活。

一、高校人文体育

高校人文体育的教育主体和对象是大学生。从教育主体和对象看，高校人文体育是大学生的体育，以大学生为本，以大学生为出发点和归宿，其目标、内容、形式、活动方式等都是为大学生"量身定做"的，适合并体现大学生的身心发展特点，并且通过大学生的主动参与来实践和体现。

高校人文体育是高校教育的公共的、基本的部分，也是校园文化的重要部分。高校人文体育和高校的德育、智育、美育等共同构成高校教育，并在其中居于基础地位，因为体乃心之基、人之本，育心育人都离不开育体。

校园文化是由包括高校人文体育设施、制度、精神在内的物质文化、制度文化和精神文化构成的，其中作为校园文化的重要部分的人文体育是校园文化之躯和践行之道，是实践校园文化的有效载体，能集中而鲜明地展现校园文化，体现其精神，能够和校园文化的其他方面形成有效互动，并通过这种互动而发展。高校人文体育内容广泛，有科学教育为依托高校人文体育，是"以人为中心，以人为目的的文化世界"中的一种复杂的文化现象，它是关于人的整体发展的应用科学，也是追求人的身心和谐发展的教育科学，更是具有极大社会影响和哲理性的人文社会科学，是一门融生理学、心理学、社会学和行为学为一体兼有自然、社会、人文等科学的综合性学科，并广泛渗透于自然、社会、人文各学科，从而能够和自然科学教育、社会科学教育、人文科学教育紧密地结合起来，并以它们为依托利用高校的各种特有资源开展教育活动。因此，它不仅是高校体育实践平台，也是高校人文教育、科学教育和社会教育相统一的有效平台。

人文体育的主渠道是体育教学和校园文化环境的熏陶，高校体育教学是高校人文体育教育实践的最基本、最直接的方式和途径。

体育教学结合具体教学内容，通过具体的活动方式，让学生在参与活动过程中得到体育理性的启迪，领悟体育规则的科学和严谨，获取人生体验和自感悟，从而使体育人文精神内化到自身素质中去；学生在此过程中，可以学中做、做中学，有效地获取体育人文知识，增强体育技能，提升创造素质。

校园文化环境也是高校人文体育有效实践的主要渠道和基本保障，具有熏陶、导向、激励凝聚等作用，直接或间接地影响学生人文素质的培养和提高。高校人文体育具有综合教育优势和功能，高校人文体育的广泛内容和强大的科学教育依托赋予了高校人文体育特有的综合教育优势和功能，使它不仅能育体，还能育心育人，能健体、健美、健心、健脑。换言之，它不仅能造就学生的身体基础，还能培养其主体意识、完善人格、发展能力，促进其社会化。

并且，这种教育优势和功能，对培养学生健全的人格、人品，认知能力、独立生存能力、协同合作精神和实践动手能力有较强的可操作性和迁移性。

比如，高校人文体育竞赛活动中的胜败直接关系着学校、团体、组织及个人的荣辱和威望。

这就要求参与的学生尽力挑战、创新、竞争，从而激发和培养不断挑战自我和人类极限的进取精神、创新意识、竞争意识，培养团队意识、协作精神和荣誉感，并使学生学会正确地面对成败。又如，在人文体育活动中，每个参与者都占有一定的位置、充任一定的角色，具备一定的职责，都要遵循一定的规则，都要和其他成员交往、合作、协调并关注团体的状况，从而"能认识和遵循体育活动的特定规则和原则，创造成绩受奖，违反规则受罚，这是对社会契约精神及其文明生活方式的了解和学习过程。

美国著名黑人田径运动员杰西欧文斯说过：在体育运动中人们学到的不仅仅是比赛，还有尊重他人、生活伦理、如何度过自己的一生以及如何对待自己的同类。因此，人文体育还能够培养学生的社会公德、促使学生形成并完善社会行为规范，培育公平公正意识和民主法治观念、加强社会责任感、增强自控制能力、提高社会活动能力和组织能力乃至艺术欣赏能力、培养人文关怀等。可见，高校人文体育是育人的真正沃土。

二、高校体育理念

高校人文体育理念是对高校体育终极目标和基本路径的设定，是高校体育的一种应然状态。更新高校体育理念，确立人文体育理念这是高校人文体育实践的首要条件。教育理念决定教育行为，有什么样的高校体育理念，就有什么样的高校体育行为。

我国高校传统体育理念是物本观的，片面地强调体育的生物功能和体育技能，忽视体育的社会人文价值。这种体育理念严重制约了体育全面育人功能的发挥，削弱以致消解了体育的社会人文价值，因此应予以更新，代之以人文体育理念。

高校体育应以促进学生的全面发展、塑造完整的人为旨归，以人为本、尊重学生的主体性，关注学生生命情感体验，体现体育对人的终极关怀，使体育成为学生关照人自身的一种方式，使学生学会运用体育合理地使用自己的身体并借以发展自己；高校体育是直面学生个体的人的身体、心智和精神发展的过程，应将体育运动与文化和教育融为一体，建立一种使人的身、心和精神方面的各种品质均衡地结合起来，并得到提高的生活方式，作为学生作为人的一种生活方式，应回归人的生活世界。

高校体育是融贯自然、社会、人文三大科学领域的一个中介和高校教育实践的基本平台。这种体育理念的核心和本质精神在于"健体塑心育人"，践行这种体育理念的高校体育不满足于对学生进行体育技术、技能、知识的传输和增强学生体质，更注重通过体育文化特质中蕴含的人文精神对学生进行"体、身、心、智、美"的完整塑造，既强健学生体魄，又肯定其作为人的价值，完善其心智、发展其个性、健全其人格。既坚持人文主义、恪守人本立场，又体现科学精神、注重社会价值，力求通过融合科学与人文造就身心和谐、体智平衡的有主体人格的人。

（一）"易、久、广"原则

合理安排教育内容，构建科学的课程体系，优化课程设置实践中的高校人文体育并不是空洞的理念，而是现实的教育活动，必须借助具体的教育内容来实现。高校教育是一种全面育人的教育，其教育内容首先要全面、完整，也就是要在人本原则指导下，将科学教育、社会教育和人文教育的相关内容纳入自身，将身体健康教育、心理健康教育、社会健康教育的相关内容融于一体。

教育内容的选择要以易（易于学习和开展）、久（有持久教育价值）、广（有广泛意义）为原则，适当减少过于细化和机械化的达标内容，具体安排要体现人本精神、要人性化，由易到难、由浅到深，区别"文化""知识""能力""技术"等不同意义上的体育内涵，试行体育文化——体育知识——体能训练——运动技术的四组合体系与系统，以大寓小，以点带面，使体格培育与人格教育能够统一起来。

这样的内容及其安排更有助于发展学生个性，培养体育能力，形成锻炼习惯，在不轻视体育生物功能的同时，重视体育对人的社会化作用和文化传递功能，能够突出健康目标，强调体育不仅是锻炼身体更重要的是让学生学会适应环境、学会生存，提高生活质量和生活品位，为终身体育打下良好基础。

与此相应，体育课程体系应涵盖人文体育学、体育文化学、体育哲学、体育美学、体育人类学、体育社会学、体育心理学、体育英语、体育欣赏等学科，体现科学、社会和人文教育的交融，课程体系的构建应坚持必修与选修相结合、课内与课外相结合、生理与心理相结合、理论与实践相结合、观赏参与相结合、健身性与文化性相结合、娱乐性与实效性相结合、科技性和接受性相结合、民族性与世界性相结合，要将显性课程和隐性课程有机地结合起来。

（二）个性化和多样化统一

课程设置应坚持易、久、广的原则，还应保证个性化和多样化相统一。

一方面要个性化地设置课程，即面向全体学生的不同需求，充分利用高校不断完善的体育设施，给学生创造开放的环境，尽可能让学生根据个人爱好、个人需要、专业特点等自主地选择感兴趣的体育项目进行学习，充分发挥学生学习的自主权和自觉性。

另一方面要多样化地设置课程，即遵循学生身心发展规律和体育课程自身的规律，根据学生的兴趣爱好和学校教育的总体要求，面向全体学生开设不同项目的初级班、提高班，减少必修课，增设选修课，使体育课程体系有一定的弹性和灵活性，以满足不同层次、不同水平、不同兴趣的学生的需要。

积极构建和运用人本观的人文体育教育教学方法在高校体育教育教学中，要落实人本教育教学理念，以教师为主导、学生为主体，教师对学生要引导而不是灌输，要充分尊重学生的主体性，从课程或项目的选择到具体展开，要给学生自主活动的空间，让学生主动参与。要落实人性化的教育教学理念，提倡师生之间、生生之间的多边互动，建立和谐的师生关系和教学关系，根据具体教育教学内容和学生的个性及体质特点，因材施教，分层递进，逐步深化。

具体说来，高校体育教学要以学生为切入点，以学生为主体组织教学过程，做到个别教学与集体教学兼顾，多种教学模式和方法的综合运用、相互配合，将娱乐体育、快乐体育、成功体育、休闲体育等结合起来。教育教学方法要统一又要灵活，要个性化也要有多样性。在整个教育教学活动中要尽可能合理安排不同性质的体育活动，注意竞技性和娱乐性、紧张性和放松活动的合理搭配，尽量运用不同的有趣的方式方法，如游戏、组织竞赛等，避免单一运动技术教学。

体育活动其实就是游戏，游戏在体育教学中，内容丰富、生动活泼、组织形式有趣，深受广大学生欢迎。它不仅可以调动学生的学习积极性，同时能有效地促进学生的身心健康，以及能结合课的主题使每一堂体育课、每一个学生在活泼愉快的气氛中掌握动作技术，锻炼身体，提高素质。此外，还要高度重视现代化教学媒体的研究开发和使用，要充分利用现代多媒体，把有声与无声、有像与无像、声像有机地结合在一起，使抽象的概念外化、物化，减轻学生认知上的难度以有效地激发学生的体育兴趣。

优化体育组织和运行机制，完善体育监控与评价高校人文体育也是一个系统，其教育内容由诸多学科教育构成，其教育主体除了直接的教师和学生，还包括学校各院系所（不只是体育系部）以及学生班级、社团等。这种教育也只有以一定的组织形式落实到实践中才能发挥育人作用，也就是说，它要通过各种形式的体育活动，激发全体学生的参与热情，使学生感受体育所带来的乐趣，欣赏体育运动中力与美的角逐、智慧的较量，体验体育过程中的成功与失败、团结与奋进，使体育成为学生的一种生活方式。

而系统的组织决定系统功能的发挥，良好的运行机制是人文体育卓有成效地开展的重要保证。因此，在体育实践中，不能单独由体育系部组织各种体育活动，而是要确立以体育系部为主导的，学校各院系所轮流承办的，各学生社团协办的，全体学生和教师广泛参与的各种体育活动的运行机制。

学校对各院系所和学生社团组织的各种体育活动，在场地和器材上应给予大力支持，加强管理和指导，对于以学校各院系所为单位参加的体育活动，要围绕活动的主题，建立从班级到年级再到院系所的选拔制度，以使全体学生都能参与到自己喜爱的体育活动中来，保证其体育主体地位。

第五节 体育专业教师的专业实践能力培养

学校体育教学的改革离不开体育创新，体育教师创新的思维与创新的能力的提高，是广泛深入的推进学校体育教学改革的根本。

一、体育教师创新能力

（一）观察能力

观察是获得感性材料、寻求创新方向、发现事物变化、抓住事物本质、捕捉实践机遇的重要途径。只有观察力强的人，才能独具慧眼，把握客观。要培养观察能力，首先要养成勤于观察的习惯，然后再逐步锻炼成善于观察的本领。训练观察能力时，要从多角度、多层面进行，既要看表面现象，又要了解内在实质；既要观察局部，又要观察全局；既要注意偶然事件，也要注意必然规律。

在全面观察的基础上，把所观察到的信息进行排列、组合、归类、分析，提出问题，发现规律。只有长期坚持锻炼，并不断总结经验，才能逐步做到目光敏锐，明察秋毫，获得知识信息的能力。学校体育事业的迅速发展，需要教师去获取和研究日益剧增的有关信息，以便更好地为教学、训练、科研和管理服务。

面对大量纷繁无序的信息，需要进行有针对性的搜集整理，加工选择，分类比较，分析研究，然后探索在学校体育实践中运用这些信息的条件和方法。获得学校体育有关信息的方法有阅读文献、调查访问、座谈讨论、参加学术报告等。然后把获得的资料进行分析、比较、整理、论证、推理，必要时辅以计算，最后得出有价值的建议和方案，应用于学校体育的改革实践与研究之中。信息是创新的源泉。只有掌握了大量有价值的信息，才能为创新提供必要的前提条件。

（二）创造性思维能力

它是构成创新能力的重要因素之一，是人类思维的最高形式，也是整个创造活动的核心。创造性思维能力是由想象力、多向思维能力、联想思维能力及灵感捕捉能力组成的。

1. 想象力

从学校体育已有的创新成果来看，许多新的发明创造源于体育教员丰富的想象力。在学校体育实践中，不断地提出问题是产生想象力的前提；广阔的联想是产生想象力的途径；渊博的知识是产生想象力的基础；丰富的实践经验是产生想象力的必备条件，创新发源于想象。

2. 多向思维能力

善于以多角度、多层面去思考问题。由于创造性思维需要产生不同寻常的思维结果，因此它要求人们从单向思维转向多向思维。对多向思维能力的培养，应注意对某一问题的思考要从全局出发，提出多种思路。当思维在某一处受阻时，应善于及时变换思维走向；当久思不得其解时，可引导注意力转向其他领域，从不同的途径去解决问题，寻找出各种具有独创的新设想。

3. 联想思维能力

善于从对一个事物的思维，联系到对另一个事物或另几个事物的思维。创造性思维的本质在发现看似没有联系的两个或几个事物之间的联系，因此，联想思维可为创造性思维起到积极的引导和铺垫作用。知识和经验与联想思维能力有着密切的关系，知识和经验越丰富，联想的广度与深度越大，也就越容易产生意想不到的创新结果。若联想能与边缘学科的知识有机结合，那将会产生更高价值的新思维。

（三）捕捉灵感的能力

灵感思维足指突如其来的对事物的本质或规律的顿悟与理解，以及使问题得到解决的瞬间思维形式。捕捉灵感的能力是指具有将瞬息即逝的灵感思维紧紧抓住，并及时加工成创新设想的才能。它是经过紧张、深入思考和探索之后产生的思维成果，具有突发性和瞬时性特征。灵感思维的出现，人们往往没有心理准备，很容易稍纵即逝。

所以要及时记录下灵感思维的内容，保持思维热度，并适时向纵深扩大思维成果。灵感的产生与艰苦积极的思维活动、丰富的知识经验及占有大量有价值的信息等因素有关。创新实践能力创新实践能力就是将有价值的设想、计划付诸实践，变为成果的能力。在学校体育创新活动中，创新实践能力主要包括预测能力、调查能力、实践能力。

1. 预测能力

预测能力就是根据客观事物的已知因素及其发展变化规律、凭借个人的学识与逻辑思维能力去推断未来的才能。在学校体育实践中，体育教师对新生事物要能预见其生命力和发展趋势，以便给予积极的支持和正确的引导；对于学校体育未来的发展需要和走向，应经常进行预测研究，以利于把握未来，驾驭学校体育的发展。

2. 调查能力

调查是通过直接或间接方式获取事实材料的基本方法，是创新能力组成的重要因素。体育调查的种类和方法很多，体育调查的对象十分复杂。体育教师能否迅速获得大量有用的真实可靠的调查材料，关键取决于他的调查能力。只有合理地确定调查样本的数量和结构，正确地选择调查的方法和手段，科学地设计调查的问卷或提纲，以及有效地实施调查与处理材料，才能获得真实可靠的材料。

3. 实践能力

当一个创新设计诞生后，必须通过科学的实验来加以检验、修正与完善。为此，体育教师必须具有一定的实验能力，懂得如何制定实验计划，如何选择实验对象与方法、如何控制实验过程，如何处理实验结果，否则实验就无法获得预期的结果。

二、体育创新能力培养

体育教师创新能力的培养和提高，不是一朝一夕的事，需要较长时间磨炼。首先是要提高认识，引起重视；其次是要努力学习，丰富知识；第三是要勤于思考，活跃思维；第四是要勇于实践，善于总结。

（一）加强政治学习，更新教育观念，树立高尚的师德风范

身为教师要不断了解和学习有关教育法律法规。从国运兴衰、民族振兴和实施科教兴国战略来认识素质教育的重要性和体育教师的价值。要树立面向全体学生、因材施教、知识面和技能发展相统一的教学观。体育教师要彻底改变体育是副科的传统观念，必须摆正自身位置；要树立培养学生终身进行体育锻炼的思想观念，可以说活到老，学到老。传道之人必须闻道在先，塑造他人灵魂的人首先自己要有高尚的品德。

实践证明，许多优秀教师能在工作中取得卓越成绩，是因为他们热爱教

育事业和有强烈的责任感。其次，要热爱学生。高尔基曾说过：天才是由于对事业的热爱感而发展起来的，天才其本质来说，只不过是对事业、对工作过程的热爱而已。

对体育教师来说，热下育事业必须表现在热爱学生上，爱之愈深，求之愈严，把热爱学生升华到像对待自己的孩子一样爱护和关心。体育教师要以身作则，以身立教，为人师表，身教重于言教，凡是要求学生做到的，自己应该首先做到。体育教师只有具备了这些新思想、新观念和良好的道德品质，才能有力地说服学生、感染学生。

（二）加强业务学习，配置合理的知识结构

体育教师必须认真学习当代先进的教育科学理论和教育艺术，研究学生的生理规律，研究学生练习过程中存在和可能存在的问题，想方设法改进练习方法、练习手段。在体育教学中，要根据实际情况，充分利用电视录像、电脑投影等现代化教学手段，调动学生的兴趣和积极性。要做到这些，体育教师必须具备一定合理的知识结构，要具有精深的专业知识。

教师是学生掌握知识技能的主要来源和渠道，一般来说，教师教什么学生就信什么。苏霍姆斯基认为：感到知识是一种使人变得崇高起来的力量，这是一种比任何东西都要强有力的激发求知兴趣的刺激物。这种刺激物就掌握在教师手中。因此，体育教师必须在专业上精益求精，用丰富的专业知识和精湛的专业技能去开启学生的心扉，激发学生学习的积极性。

（三）不断深入实践，积累经验，进一步提高综合能力。

由于所处地区不同，条件差异，在体育教学实践中面临的问题和挑战很多。在思想观念比较落后，体育器材短缺，体育场所不健全，体育不被重视的地区要育好人、教好书，必须要求体育教师要不断深入实践，勤于钻研，大胆创新，积累丰富的实践经验，多方位提高自己的综合能力。

三、体育教师应具备的能力

（一）教学能力

教学能力是教师应具备的最基本能力，教师教学的语言表达要生动、简练，富有感召力，要有统帅式的精神和气魄。在组织教学时，教学环节安排要科学严谨，练习密度、强度要恰当、合理，能驾驭整个课堂教学。对学生要放的开、收得拢，使教学井然有序；教学方法要灵活多样，多采用游戏式、启发式教学，培养学生对体育的兴趣。

教师要特别注意了解学生的个性特征，做到"因人，因事，因教材"，"育人，育德，育技能"，从思想上转变学生，变"要练"为"要练"，变"强制锻炼"为"自觉锻炼"。体育教师还要有处理突发事件的能力，处事不惊，稳中求妥。总之，体育教师的教学能力是决定体育课成败的最重要的条件，也是当代体育教师必须具备的素质。

（二）教育能力

现代教育要求教师既要有专业知识，又要有教育理论和教育能力。在体育教学中，体育教师不仅有对学生传授知识的能力，还要有教育学生的能力。比如在实践教学课中，利用每节课的队列队形练习，加强学生组织纪律观念，增强自控能力，达到思想教育之目的。

再如中长跑、推铅球等，对锻炼学生坚忍不拔、吃苦耐劳、自强不息的意志品质都很有帮助。体育教师在教学过程中，要善于观察学生、了解学生，善于引导学生练习，在潜移默化中逐步达到对学生思想教育的目的。

（三）组织和训练能力

这是体育教师搞好学生课外体育活动和组织体育队训练取得好成绩的前提条件。要使学生身体得到较好的锻炼，光靠每周的两节体育课远远不够。学生每天至少要有一个小时的活动时间，而且这种锻炼要坚持，不能间断，这就要求体育教师要组织好学生有目的地锻炼，将课内、课外活动融为一体。体育教师还要具备带好训练队的能力。这就要求体育教师首先要会选材，然后运用科学的训练方法和技巧，对学生进行合理训练。

（四）创新能力

体育教育是一种培养人的活动，具有自身特殊的规律，要求体育教师要不断探索，不断创新，从而摸索出自己独特的教学方法。体育教师应该在方向正确、实事求是、尊重规律的前提下，敢于打破常规，标新立异，充分发挥自己的创新能力。

体育不同于其它学科，体育教师应具备对技术动作的示范能力，也就是运用能力，包括体能和技能。一名好的体育教师应有一个健壮的身体，在力量、速度、柔韧、灵敏、协调等方面素质良好，具备各种活动和运动的能力。

但是在我们现实生活中，有相当一部分体育教师不注重锻炼，久而久之，动作不协调，已谈不上示范了。因此，体育教师要不断加强锻炼，增强体质，不断提高自身身体素质。作为一名体育教师要从更新教育观念、加强师德建设、掌握广博的知识、提高综合能力、增强体质等方面全面提高自身综合素质。

这既是社会发展的需求，也是当代素质教育对体育教育的基本要求。因此，体育教师只有具备了这些最基本的素质，才能对全民健身运动做出贡献，才能对学生进行指导、引导及答疑解惑，才能真正成为一名当代社会合格的体育教师。

四、教师创新能力与学生创造能力

理论界对于教师创新能力的认识和理解尚无完全统一的定论，如苏联教育家哈尔莫夫认为，创造型的教师是指关于设计学生最近怎么发展，今后的一段时间又该怎么发展的教师。日本学者波多野完冶说：创造型教师是不僵化的教师、心智灵活随机应变的教师，而且是不断渴求新知识、向往新事物的教师。

美国心理学家、创造教育专家史密斯认为：创造型教师是吸取教育科学提供的新知识，在课堂中积极运用并能发现新的实际方法的教师。史密斯的定义包括三层意思，一是吸取新知识；二是运用新知识；三是创造新方法。这些定义从不同的侧面勾画出创造型教师的形象和特征。应该说史密斯的定义涉及创造型教师的本质。

美国心理学家在研究中发现，教师在创造性动机测验中的成绩与学生的创造性写作能力之间存在一定的关系，这说明教师的创造性能力的高低对学生创造力的培养是至关重要的。国外有的学者试图从实践层次对教师创新能力进行阐述。其中美国教育家托兰斯认为，创造型教师在工作中必须遵循五个原则：1.尊重学生与众不同的疑问；2.尊重学生与众不同的观念；3.向学生证明他们的观念是有价值的；4.给学生以不计其数的学习机会；5.使评价与前因后果联系起来。

日本学者恩田彰则从创造型教师特征加以界定，如下：1.善于诱发学生的动机和及时给予评价；2.善于使学生自发地学习和发挥他们进行研究的主动性；3.善于组织激发学生求知欲的学习环境；4.善于提出适当的课题不使学生气馁；5.善于创造令人感到温暖的互相谅解和理解的气氛；6.善于尊重学生个人的独立性；7.善于引导学生独立思考，让学生自己去形成概念；8.善于创造性地组织小组学习；9.善于建立与各类专家协作的体制，借助社会力量发展学生的创造力。这些论述从教育教学的实际工作出发指出创造型教师的内涵。科学技术创新能力已成为国际经济竞争和综合国力提高的制高点，成为一个国家和民族兴衰的关键所在，同时也是高校立足于世界科技舞台的坚实基础。高校体育教师既面临难得的发展机遇，也面对着严峻的挑战。要担负起提高 21 世纪创新型有知识劳动者素质的时代重任，每一位高校体育教师首先要注意培养自身的创新意识和创新能力，优化自身的知识结构。

高校体育教师创新能力培养的基本途径：转变观念，树立"以人为本、健康第一"的教育思想；营造创新环境，培养教师的创新意识；以教材教法的创新研究推动教师创新能力的提高；提高教师科研素质，培养创造性思维和动手能力；创建良好校园体育文化，促进创新能力培养；加强培训工作，提高教师现代信息技术运用能力；强化激励机制，实施多维评价；激发教师的内在创新动力；建立学术梯队，发挥学术骨干的"传、帮、带"作用。

科研和创新是密切地结合在一起的，科研富有新异意味着创新。体育科研是高校体育教师从事教育教学工作中一项富有创造性的活动，是体育教师业务水平高低的重要体现。了解和掌握学科前沿的研究动态，学习最新体育理论，并通过撰写科研论文，把自己的实践经验升华为理论。科研水平是衡量体育教师理论水平、学术水平和业务能力的重要标志。

科学技术是第一生产力，良好的科研能力是现代高校体育教师顺利完成本职工作应具备的必要条件，通过从事科研工作，有利于更好地投身于体育教学改革，以科研带动教研，以教研促进教学，实现"科研—教研—教学"的良性循环，有效提高教学质量。体育科学研究促进着创新实践能力的发展。体育科学研究不仅能够增长学识、增强逻辑思维能力，而且对调查、实验、写作等能力的锻炼与提高都具有独特的功效。体育科学研究的过程实质就是对创新实践能力的培养过程。

意识是行动的先导，要想提高创新能力，必须先提高创新意识和创新思维。学校有关领导首先要高度重视并强化体育教师的创新意识；其次是高校体育教师之间要加强创新交流与合作，形成创新的内部环境。高校体育教师要认识创新思维的重要作用，努力掌握各种创新思维方法，才能在体育实践中去努力创新，才能获得创新成果。

校体育教师要努力改革传统的教学与训练方法等，积极引人或创造新的教学与训练方法等，努力促进学生的学习兴趣，激发学生的锻炼热情，发展学生的自主能力、创新能力等。体育教师既要及时学习国外先进的教学方法、训练方法等，又要结合实际，创新教学方法等。学校应从精神和物质等方面鼓励体育教师开拓进取，锐意创新，为体育教师教学、训练和科研创新实践提供各种条件和机会，尽力帮助教师解决实践过程中的困难，使每一位教师勇于实践、敢于探索、善于创新。

同时要建立激励机制，通过制定和实施一系列的奖励制度，对在教学、训练和科研等方面取得突出成绩的教师进行表彰、奖励，营造创新环境，充分激发和调动广大体育教师的创新精神和创新行为，努力进行创造性的体育教育工作，不断开创新局面。

五、教师能力的素质

民族的希望在教育，教育的希望在教师，培养德才兼备的世纪人才是每位教师的神圣职责。然而教师能否在教育教学中真正有效地履行好教书育人之职责，在很大程度上取决于教师的能力素质。

（一）正确敏锐的判断力

教师的判断能力，就是在大是大非面前能找准方向，不受外力和他人的影响，在个人政治立场的选择上能认清形势、站稳脚跟，以至于正确引导学生。

改革开放、国门洞开，随着先进科学技术和管理经验的引入，自然也不可避免地飞进一些"苍蝇"来，一些不健康的社会思潮直接影响着学生的健康成长。这就要求教师用相应的政治鉴别力和政治敏锐性去观察、去辨别、去判断，以帮助学生澄清思想，提高认识，树立正确的人生观、价值观。

教师要具备敏锐的判断力，必须从以下方面努力：第一，不间断地学习，以具备较高专业知识素养；第二，保持一身正气，一股爱国之正气，爱祖国、爱家乡、爱自己的民族和人民，并真正树立起为人民服务的崇高理想。

（二）明透科学的分析能力

教师的分析能力是指将各种感性材料通过"去粗取精，去伪存真，由此及彼，由表及里"的思维加工，客观、全面、准确、深刻地认识事物的本质之能力。随着科学的发展和社会的进步，世界各国在经济、文化、科学、军事等领域的竞争越来越激烈，人们的思想越来越活跃，且经济意识不断增强。教师有了科学的分析能力，就能客观地看待事物，正确地对待学生。

教师要提高分析能力，就必须掌握下以分析的方法：第一，善于用矛盾分析的方法，既看到事物的个性、特殊性，又看到事物的共性、普遍性，正确对待学生，准确分析形势；第二，敢于运用典型的方法，对典型的国内外事例从正反两方面加以剖析，揭示事物本质与规律，看清国际国内形势。

（三）快捷适度的调控能力

教师的调控能力，是指能够根据不同的教育对象，不断地调整自己的知识结构，不断的调理自己的情绪和教法，以适应新形势新情况下的各种要求。渊博的知识确实重要，也为古今中外学者所强调，但认为知识结构的合理性、教育教学方法的恰当性是教育成功与否的关键因素。"金无足赤，人无完人"，面对不同的教育内容、不同的教育对象，就必须用不同的知识和相应的方法进行教育，才能有好的效果，也才是真正意义上的素质教育。

良好的情绪是成功教育的一半，在实施任何教育时肯定要做到心理相融，"好情绪"就是最有效的融合剂。心理不相融，情感不和谐，再好的教育都会产生逆反，都会被理解为是说教，教育效果将无从谈起。

教师要增强调控的能力：一是要善于认识自我，扬长避短，及时确定合理的长期和短期目标；二是要时时驾驭自我，有效控制自己的行为与情绪，建立良好的师生关系；三是要做到胜不骄，败不馁，愤不怒，急不躁，经常性地保持清醒、理智而又不死板的头脑，在艰巨而又复杂的素质教育工程中完成任务，做出成绩。

（四）形象到位的行为示范能力

教师的示范能力，从本质上讲就是教师的身教能力。所谓身教，就是要教师为人师表，就是要求教师用自己高尚的情操和模范的行为去影响和教育学生。教师有什么样的人格和素质，就会有什么样的人格外化表现，有什么样的教育效果。所谓"名师出高徒""上梁不正下梁歪"，就是从正反两方面论证了身教的重要性。

教师要具有好的示范效力，取得身教效果，就必须认清自己的地位，忠诚党的教育事业，严格要求自己，自觉做到思想进步，品行高尚；谦虚好学，知识渊博；工作认真，执教严谨；作风正派，秉公办事；平易近人，光明磊落；言行一致，表里如一。一句话，教师要严于律己，以身作则，做到讲课、谈话都使学生受益信服，行动举止为学生所佩服、模仿，成为学生的榜样。

（五）优质高效的施教能力

施教能力是教师有效地运用知识进行教学，完成教学任务的实际本领，是体现一个教师业务水平的重要标准，是衡量一个教师是否称职的砝码。施教能力包括教学观察能力、教学组织能力、语言表达能力、操作示范能力、释疑解难能力等等。一位施教能力强，胜任本职工作的教师，会使学生在轻松愉快的情景中学到知识，受到教育。

教师要提升自身的施教能力。首先必须加强对教育理论的研究，掌握心理学、教育学及各专业学科教学法的基本理论。其次，必须加强对教育教学对象的身心特点和教育规律的研究。把握教育对象身心发展的规律，懂得教育教学的基本原则、基本方法、基本要求，并善于把教育理论方面的知识创造性地运用于教育教学的过程之中。再次，要不断总结实践经验，善于把实践中的成功探索上升为理论，总结出科学的教育方法，又在理论的指导下，不断地进行新的实践探索。

（六）超凡脱俗的创新能力

创新能力是指教师不墨守成规，敢于开拓创新，勇于用常新的思想和工作方法去指导和教育学生，使之能更快更好地适应社会的发展，符合国家的需要和人民的要求。教育工作是一个动态的创造性劳动，它要求教师不断地实践、探索、创新教育教学的新思路，不断地丰富、补充、完善教育教学的新方法。有人说：照本宣科，平铺直叙讲课的教师是平庸的老师；身体力行，以身作则的老师是好老师；只有启迪智慧，培养能力的教师才是伟大的教师。这无疑是对教师创新能力的又一充分肯定。

教师要增强自身的创新能力，应从以下方面努力：第一，在继承和发扬优良传统的基础上，不断推陈出新，开创教育教学的新局面，探求教育教学的新方法；第二，抓住时代脉搏，更新观念，迅速吸收、消化和运用各种相邻相关的知识，总结借鉴前人、他人的先进经验与教法；第三，不故步自封，善于发现问题，有探索和开拓进取的勇气，不断总结经验与教训，并使之理论化，从而完善与发展自己的教育教学技巧和方法。

1. 爱岗敬业是体育教师的首要素质，是高尚的思想政治品质和良好的职业道德的具体体现，是教师的灵魂

体育教师必须热爱自己的本职工作，对体育有浓厚的兴趣，这是立志终生当一名体育教师的原始动因。只有热爱自己从事的工作，才会有光荣感和自豪感，才会有敬业精神，乐业不倦，才挚爱学生，诲人不倦。只有对体育有浓厚的兴趣，在工作中才会有执着的追求、强烈的事业心和高度的责任感，以及崇高的献身精神，才会不断学习，随时掌握当代最新的体育知识、信息和科技成果。

随着现代科学技术日新月异的发展，许多新兴学科和边缘学科的理论知识不断渗透到体育科学中来，出现了以现代科学为依据的许多新概念、新观点、新理论、新技术以及新的选材方法、新的教学形式、新的教学手段、新的教学评价办法、新的器材设备，对体育工作提出了新的任务和要求。

随时掌握现代技术的知识和信息，并能将其融会贯通，这是保证体育教师具备较高的思维起点的关键。体育教学是一种动态的过程，没有一种唯一的完全有章可循的模式可以参照，在众多可选择的教学方法和手段中选择一种最合适的方法用于教学过程，是教师思维方式的艺术性技能。体育教师的价值取向就是追求事业成功和永不满足的价值观。

一般人对事业也有追求，但大多数易于满足，而那些有所作为的人对事业的追求则无止境，也正是在这样的价值取向下，才会使他们去勇攀成功的高峰。体育教学以其特有的运动手段和固有教学形式来达到培养和教育人的目的。

2. 没有深而广的知识储备不能成为一个好教师

因此要成为一名胜任工作、得到学生尊敬的好老师，还必须树立终生学习的观念，结合工作实践继续努力学习，具备扎实全面的理论知识，并掌握全面的运动技术和技能，基础理论知识掌握的好坏，直接影响动作技能的形成，直接对教学和训练的效果产生影响。只有这样，才能不断充实和完善自己，才能不断提高专项理论水平，选择最有效的方法和手段，制定出符合专项特点的教学训练计划，再加上相关学科的理论指导，才能在体育教学和训练中，充分利用自己准确的语言表达能力和优美的动作示范，树立起自身的威信，满足学生的求知欲望，激发学生的练习兴趣和积极性，取得事半功倍的理想效果。

3. 自知是体育教师的重要理特征

只有时时能够自知，才能准确判断自己的长处和短处，才能扬长避短，充分发挥自己的特长。自信就是始终对自己抱有充分的信心。一个优秀的体育教师往往既有自知之明，又有十足的自信。自知使其能够把握自己，自信使其能够有持之以恒的动力，这些对体育教师都是十分重要的。情感是人对现实中事物和现象的态度体验。

体育教师良好的情感和情绪主要体现在道德感、理智感和美感。道德感是体育教师的行为规范、言行举止等对学校体育的发展，对学生有强烈的责任心，有约束自己行为的道德责任。理智感是体育教师在智力活动和追求真理时所产生的情感体验，与教师的认知活动、求知欲望和兴趣，以及对真理的追求相联系。一个有理智感受的教师，会有一种锲而不舍追求真理的精神。美感，这种情感是在审美活动中逐渐培养起来的，体育教师应处处都体现出美，应有正确和高尚的审美观。体育教学是学校体育的核心，其目的除了教授体育知识、传授运动技术技能外，还要培养学生的优秀品质，增强他们的体质。

在教学实践中还要有对大纲和教材的驾驭、处理能力；科学地选择教法，合理地安排运动量，有效地组织好各种教学活动的课堂组织能力；具有能调动学生学习积极性，增强学生兴趣的正确优美的示范能力；能使学生建立清晰概念的讲解能力；具有对学生进行思想教育的能力，善于观察了解学生行为和锻炼情况并能迅速分析判断的能力，具有保护帮助，纠正错误，运用现代化手段的能力等。

学校业余运动队训练是体育教学的延续，是国培养优秀运动员的基础，也是体育教师实现在学校工作中的自价值，赢得社会、学校重视和支持的不可缺少的重要组成部分。在运动训练中，教练员起着决定性的作用，教练员水平的高低，基本上决定着所训练的运动员成绩的高低。所以作为体育教师必须具有教练员特有的素质和能力，有攀登高峰的雄心壮志，勇于创新，不断摸索，反复实践，总结出适合新情况的经验，使学生始终情绪饱满、心悦诚服、自觉自愿、身心并用、充满信心地进行训练和比赛。

学校的早操、课间操、课外体活、校内体育竞赛都是活跃、改善、优化教学环境，增进学生身心健康，提高学习效率所必不可少的重要手段。体育教师必须具有很强的组织能力，指导好上述活动。培养学生创新精神和实践能力是实施素质教育的重点。全面实施素质教育要求教师的教育教学工作由"经验型"转向"教研型"。因此，教育科研能力也是体育教师必备的素质。体育教师要在继续提高教学能力的同时，努力提高科研能力，具有浓厚的科研意识，掌握基本的科研方法，具有实事求是的科研精神。

第六节 体育生实践能力的培养

随着现代科技的迅猛发展和高校教改的不断深入，全面推进素质教育、树立健康第一的思想势在必行。高校如何在有限的体育课程计划教学中，既能让学生掌握几种运动技能，又能重视和发展学生的体育实践能力，使学生掌握科学锻炼身体的方法，养成良好锻炼身体的习惯使其终身受益，这是当前高校体育教师面临的重要课题。当今社会和学生自身对体育的要求越来越高，学生必须具备一定的体育实践能力才能适应现代化社会和生活的要求，重视和发展学生的体育实践能力是当前高校体育教学的重要内容和任务。

一、体育实践能力的含义

体育实践能力包括：从事运动的能力、体育锻炼能力、体育观赏能力、体育娱乐能力。

1.从事运动的能力。具有与年龄相适应的体育和基本身体活动能力；具有一定的运动技能和经验；具有学习和从事适宜运动的能力。

2.体育锻炼能力。能准确地判断自己的身体状况和锻炼的需要，为自己制定合理的锻炼计划，并安全地从事锻炼的能力。

3.体育娱乐能力。能在各种场合和条件下，运用多种运动和身体练习，与同伴进行愉快的体育娱乐能力。

4.体育观赏能力。能理性地、愉快地对体育竞赛和表演进行观赏；能对有关的社会背景和问题进行洞察和分析。

二、大学生体育实践能力的现状

绝大部分学生在走到工作岗位后无法利用所学知识、技能自觉地进行锻炼，其原因是高校体育教学忽视了培养和发展学生的体育实践能力。

1.体育教学缺乏目标性和计划性。教学内容多、重复性偏多、枯燥无味或技术性难度大，使学生产生厌学情绪，严重影响学生形成自己的优势运动项目，不利于培养学生的锻炼习惯。

2.增强体质偏重于生理负荷，而忽视了生理方面的训练。

3.重技术、轻理论教学。教学拘泥于简单的运动技术教学和轻视理论知识的传授，造成学生知其然，不知其所以然，实际应用能力差。体育教学仍处在教师教什么学生就学什么，学生的思维活动没有发挥，处于被动状态。

4.教学中研究教法多，研究学生少。在评价教学时，评价教师多而评价学生少。以教师为中心的应试教学，使学生未形成独立思考、判断、决策的主体能力意识。

5.教学设施落后。教学设施远远满足不了教学需要，场地、器材、设备数量少，使教学达不到应有的效果，限制了教师能力的发挥，也影响了学生学习的积极性。

三、体育实践能力的培养具体措施

（一）建立合理的教材体系，培养学生从事运动的能力

通过实践课的改革，开设一些新颖、实用和带有一定娱乐性质的体育项目，建立以增强学生身心健康为主的教材体系。在教学内容上避免把比较单调、枯燥的运动项目作为提高身体素质的基本练习手段，教法手段要不断创新，采用"多导式"、分层次教学等多种形式方法和手段，对培养学生从事体育能力能起到积极的促进作用。

（二）树立素质教育和终身教育观念，培养学生体育锻炼能力

高校体育教学应面向未来，树立全新素质教育观和终身观念，向学生传授自主锻炼目的、方法和手段，提高学生对自学、自练、自评、自控的认识和兴趣。教学有法，教无定法，贵在得法。只有不断完善和改进传统的教学

方法，把自自愿锻炼的方法引入到教学中去，才能提高学生独立自主锻炼的能力和养成良好的终身锻炼习惯。因此，在教学中要倡导"授之以渔"，这也是学生终身从事体育锻炼、保持健康体魄的重要途径。

（三）开设一些新颖、带有时代气息、娱乐性的休闲项目，培养学生体育娱乐的能力

快乐体育、成功体育、休闲体育的教育思想和教学实践日趋显出生命力，体育教材内容、场地设计、教学方法和运动会朝着这个方向的改革已经展开，体育教学逐渐变得活泼和富有朝气。

但是，要真正使学生能够掌握体育娱乐能力，只靠增加娱乐教材和实施轻松愉快的教学是不够的，必须从根本上对体育教育和运动关系进行再认识，把"体验运动乐趣，学习创造娱乐方法"作为体育教学的重要目标，以使学生有创造性地参加体育运动，能够灵活地运用竞赛规则甚至有创新项目的能力。这样才能使学生在任何时候都能愉快地享受适合自己也适合他人的体育活动。

（四）利用声像设备开展多种形式的体育课，培养学生的体育观赏能力

充分利用体育课内、外和周末对学生进行多种形式体育活动引导，这不仅能开拓学生的视野，还能提高学生的欣赏体育比赛和体育表演的水平。

此外，利用比赛录像课、选修课等多种课型使学生学习了解那些电视上常见但暂时在学校无法普遍开展的体育运动项目的学习，从而使学生逐渐掌握多种体育知识和提高自身的体育观赏能力。

第五章 体育专业实践教学

第一节 体育专业实践教学导论

一、体育专业实践教学概念、作用与原则

（一）实践教学概念

实践教学是一种基于实践的教育理念和教育活动。它通常是指在教学过程中，建构一种具有教育性、创造性、实践性，以学生主体活动为主要形式，以激励学生主动参与、主动思考、主动探索为基本特征，以促进学生总体素质全面发展为主要目的的教学观念和教学形式。从广义上说，实践教学就是除理论教学之外的所有教学环节，包括教学计划之内的课上实践教学、技能训练、综合实训、见习和实习等，也包括学生的第二课堂、毕业设计、学生军训、公益性劳动课、社会调查、社会实践等。狭义的实践教学是指教学计划之内的课堂实践教学、技能训练、综合实训、学生见习和实习等，是一种以培养学生综合职业能力为主要目标的教学方式，是巩固理论知识和加深对理论认识的有效途径，是培养具有创新意识和实际应用能力的高素质专业技术人员的重要环节，是理论联系实际、培养学生掌握科学方法和提高动手能力的重要平台。同时也是提高学生素养和形成正确价值观的过程。

（二）体育实践教学的作用

实践教学的作用是由其内在的特征、功能和规律性所表现出来的，是体育专业学生根据专业培养目标及教学计划中的任务和要求，在教学管理部门的统一安排下，在实践教学教师的指导下，通过特定的实践时间来综合培养、检验学生独立从事体育教学、训练和体育管理等能力的实践演习的过程。实践教学是培养未来体育专业人才的重要课程，也是一门融实践性、专业性、教育性为一体的综合性重要课程。从学生实践的角度看，实践教学的目的及

作用主要有以下几点：

1.有利于了解和熟悉今后的工作实际，为今后的工作打下基础

高校体育专业学生实践教学的目的就是为今后成为一名合格的体育教学、训练和体育管理等方面的专业人才打下良好的基础。要达到此目的，就必须熟悉未来的工作场所和一名合格专业人才所必须掌握的基本知识和技能，通过实践教学，让学生有针对性地了解和熟悉体育教学、训练和体育管理等实际情况，深刻理解作为一名合格的体育专业人才应具备的基本素质。

2.有利于巩固知识和提高技能

实践不仅使学生几年来学习和掌握的书本知识、运动技能和教学训练原理在实践中得到检验、运用和巩固，而且进一步提高和发展了独立从事体育教学、训练和体育管理工作的能力。在实践之初，会出现声音小、心跳快，甚至脸色苍白四肢颤抖、调动队伍不自如，下达口令不果断，讲解不清楚，示范动作僵硬等现象，显示出工作能力的不足。这使学生们充分认识到只有在实践中自觉地锻炼自己，培养自己，才能使自己成为一名合格的体育专业人才。总之，实践既有利于学生工作能力的发展和提高，也有助于学生对理论知识的巩固和运用，可以说实践教学是体育教学环境的主要课程。

3.有利于学生进一步认识所学专业，巩固专业思想

实践过程是学生由被动学习者转化为主动的实践操作者，作为一名被动的学习者，学生所学的内容和学习过程是由教师来安排的，学生不需要过多地考虑，只要按照教师的要求完成给定任务。而实践过程则是由学生自己成为实践操作者，学生角色得到转化，由原来的学习者成为指导者，经过自己精心的组织与安排，将自己所学的知识和技能传授给学生，当看到自己所教授的学生能够很好地了解和掌握体育知识和技能，就会有一种成就感、自豪感。同时，在实践过程中也体验到工作在第一线的同行们克服困难，在艰辛的环境中，在平凡的岗位上取得不平凡的成绩，同行的人生观、苦乐观感染、熏陶了自己，这使学生从思想上对自己所从事的专业有更加深刻的认识。

（三）体育实践教学的原则

体育实践教学已成为我国体育教育中与理论教学并重的一种教学模式。培养体育应用型人才，提升学生的实践技能是我国本科体育教育走出发展困境的对策之一，也是提高本科体育教育人才质量的标志之一。根据社会对体育专业人才的实际需求，结合体育专业教学特点和体育专业实践教学所承担的基本任务，体育教育开展体育实践教学应当坚持以下原则。

1. 坚持系统性原则

体育专业实践教学作为一种教学目的与手段并依托于课程而实现的教学模式，系统性是其应当坚持的首要原则。体育实践教学的目的在于全面训练、提升学生的体育专业实践技能，而学生实践技能的形成不是一朝一夕即可实现的目标，它依赖于科学的课程设计和恰当的训练手段。因而，体育实践教学必须认真研究学生实践技能的形成和发展规律，并据此构建符合我国体育教育实际的体育实践教学内容体系。一直以来，我国体育教育沿着一种理论教学与专业技术教学为主的道路发展，贯穿体育教育始终的教育理念、教学模式都是以教师课堂讲授的形式来传授的。这一现象表现在体育教学环节就是重理论、重技术教学，轻实践。教学内容和课程设计以知识传递为中心，课堂教学以教师讲授为主导，实践教学在全部教学环节之中只占有很少的比例，而且教学内容是零散的，学习方式是自愿的，教学效果评价是无标准的，从而造成学生的实践教学能力较差，出现体育教育面临着人才培养目标与体育应用型人才需求相脱节的困境。就学生体育技能的训练方面来看，传统体育教学模式已不能适应培养应用型体育人才的需要。究其原因，除了自身教学组织方面的因素外，体育实践教学内容设计不够科学、系统是一个重要原因。

2. 坚持理论、技术教学与实践教学相结合的原则

体育应用型人才的培养离不开知识和技术教育与技能训练两个环节。体育技能是一种与日常生活技能不同的专业性技能，它是体育职业所要求的体育工作者应该具备的将体育思维能力、体育知识和技术、体育实践经验综合于一体的能力和技巧。因此，它只有在系统地掌握体育专业知识和技术的基础上才能形成，不掌握体育专业知识和技术就不可能形成体育教学技能。而知识和技术教学是学生系统地掌握体育知识和技术的最佳途径。因此，在体育应用型人才培养的过程中，以知识和技术的传授为载体，以体育道德和体育精神培育为核心的理论技术教学是体育教育的重要组成部分。鉴于体育理论技术教学在体育教育中的地位和与体育技能形成的密切关系，体育实践教学首先应当坚持的原则是与理论技术教学相结合，构建理论技术教学与实践教学相互支撑的体系。一方面通过理论技术教学为学生实践技能的形成奠定基础，另一方面通过实践教学深化学生对体育基本知识原理和技术的理解，更好地进行体育教学实践。

3. 坚持实践教学方法与技能训练目标相匹配原则

体育职业以专业化的体育知识、技术为存在的显性标志。体育教育不仅为体育职业创造知识性条件，也应为体育职业技能训练创造机会。由于技能的教与学不同于知识的教与学，它只能通过教师的讲解、示范、指导、训练，

通过学生的观察、模仿、练习等途径来学习。因此，寻找有效的体育技能训练机制是体育教育实现技能的训练目标的关键。在体育实践教学过程中，应当按照学生各项体育技能的形成规律采用不同的教学方法，使实践教学方法与体育技能训练目标相匹配，这是实现体育实践教学目的的必要手段。

4. 坚持技能训练与人格培养相统一的原则

一个没有道德的人，他的学问或技术愈高，愈会损害社会。在体育实践教学过程中，注重培育学生的体育职业道德修养，就是培养学生正确驾驭知识和技能的态度和能力。因此，体育教育应当将学生的职业道德修养作为体育实践教学的一个重要目标，将训练学生的体育职业技能与对学生的体育人格培育有机结合起来。通过实践教学环节对学生进行体育职业道德教育比理论教学的灌输更有实效。体育专业实践教学，可以使学生亲身体会作为一名体育工作者应该具备的职业道德，应该掌握的专业知识、技术与技能。体育实践教学将学生置于一个真实的体育工作环境中，将自己所学的专业知识、技术应用于实践教学。体育实践教学作为与体育理论、技术教学相互衔接、相互支撑的教学模式，对于体育应用型人才的培养具有不可忽视的意义。但作为一种起步较晚的教学模式，在教学内容、课程设计、教学方法与手段等方面都有待于学界进行深入、系统的研究。

5. 坚持持续性原则

体育教学技能的培养是一个长期的、持续的过程。体育实践教学活动的开展不能只图一时热情，有条件就开展，没条件就取消，这很难体现教学的实效性。在综合考虑教师、经费、场所等因素的前提下，应建立长效的实践教学机制和相对稳定的实践教学基地，使实践教学常态化。学校要和实践教学基地单位保持长期沟通和交流，巩固合作成果，夯实合作基础，真正从外部搭建好平台，这样才能对学生进行长期的实践教育，更好地发挥实践教学应有的作用。同时，在学校内部也要建立实践教学机制，采用课堂与课外相结合的原则，从大一到大四不间断地开展实践教学工作，确保学生的实践教学能力得到有效提高。

二、体育专业实践教学体系构建

教育部《关于进一步深化本科教学改革全面提高教学质量的若干意见》中指出：各高校要高度重视实践教学环节，提高学生实践能力。要大力加强实验、实习、实训、实践和毕业设计（论文）等实践教学环节。特别要加强专业实习和毕业实习等重要环节。要采取各种有力措施，确保学生专业实习和毕业实习的时间和质量，推进教育教学与生产劳动和社会实践的紧密结合。

实践教学与理论教学既密切联系，又有相对的独立性。实践教学对提高学生的综合素质，培养学生的创新精神和实践能力有着理论教学不可替代的特殊作用。实践环节的教学是高校教学工作的重要组成部分，是培养学生实践能力和创新能力的重要环节，也是提高学生社会职业素养和就业竞争力的重要途径。陕西理工学院是一所教学型综合性地方大学，以培养具有社会责任感、系统的基础理论知识、实践能力和创新精神等综合素质较高的高级应用型人才为目标，突出学用结合、学创结合。实践教学是应用型本科教育的核心，体育学科是教学理论指导下的实践性学科，无论是从体育的角度，还是从师范教育的层面，体育专业都是一个实践性和应用性极强的专业。遵循系统性、先进性、渐进性等原则，构建以培养体育教师应用能力为主线，以专业知识和技能为支柱，能力培养与素质教育相结合的应用型体育专业实践教学体系尤为重要。

（一）构建实践教学体系的基本思路

实践教学是根据人才培养方案，有计划地组织学生进行以增强专业知识、训练基本技能、提高实践能力为目的的各种实践教学活动。

1.加强实践教学，必须根据培养规格和培养目标，明确各实践教学环节的教学目的与要求，摆正其在教学过程中的作用和位置。同时，也必须符合地方大学的实际情况，符合我国的高等教育规律和人才需求规范。

2.加强实践教学，必须根据人才培养目标要求，围绕素质、能力培养，以实践技能训练为目标，以实践教学内容改革和实践教学环节的合理组合为中心，以实践教学管理和实践教学队伍的完善为保证，形成一个相对独立、整体优化并与理论教学有机结合的体育教育专业实践教学体系。

3.通过系统的实践训练，强化理论教学内容；训练基本专业技能，提高知识技能的综合运用能力，加深对专业、行业、社会的认识；实践教学帮助学生完成从感性认识到理性认识，再从理性认识到实践的飞跃。帮助学生了解学校体育在基础教育中的作用及地位，培养其扎实的专业思想；帮助学生掌握与体育教育专业相关的基础知识和基本技能，能从事区域基础教育的体育教学、训练及社会体育指导等工作。

（二）实践教学体系框架和运行模式

根据专业培养目标和要求，体育教育专业对学生实践技能、创新性和创造能力进行系统培养。专业实践教学体系分课内实践、集中实践和课外实践三个模块，另外实践教学队伍的建设是保障三个模块教学顺利进行的基础。

1. 课内实践

（1）通过运动解剖学、运动生理学、体育保健学、体质测量与评价等专业实用基础理论课程中的实验教学，培养学生对学科知识的应用能力、理论联系实际的能力、观察问题和解决问题的能力。

（2）体育技术课程的设置和内容的选择注重传统内容的继承发展和创新，新兴项目的开展和完善。在技术课的教学中注重教学模式、教学方法和手段的改革，强调以教师为主导，学生为主体，以学生发展为本的现代教育理念，引导学生自主学习、研究性学习，培养学生的创新意识、学习能力和教育教学能力。必修课在强调三基（基础理论、基础知识、基本技能）的同时（基础性），注重各项目教学方法、健身方法和游戏方法的教学（实践性），使学生有初步的体验和感受；田径、球类课程要求学生必须掌握场地器材的基本知识、场地的画法、小型比赛的组织和实施等；体操类课程要求学生必须掌握体育教师基本功（口令）指挥调队，基本体操、健美操的示范、领做、创编等，初步具备基本的组织教学能力（实用性）。通过开设轮滑、跆拳道、散打、瑜伽、健美运动、户外运动与野外生存等新兴课程，体现知识的时尚性、时代性，使学生对体育新兴项目有一定的了解和体验，为将来的实际工作奠定基础，以适应基础教育体育课程教学改革的需要。

（3）学校体育学和中小学体育教材教法等课程，紧密结合中学教学实际和新课程标准改革下的学校体育的需求，从不同角度增设说课、做课的内容，同时把教育见习、观摩、调研等列入计划，使学生在掌握教育教学理论的同时对基础教育有一定的感性认识和初步的了解。

（4）通过各专项理论与实践课程的教学进一步强化学生的从师技能和专项技能，注重理论与实践相结合，在教学中加强教学能力、裁判能力、体育活动组织能力、专业创新能力和健身方法指导能力的培养，要求学生进行课堂教学实习、编写体育教学教案、制定比赛的组织策划方案等。

2. 集中实践

（1）专项技能训练

专项技能训练安排在第二、第三学年四个学期，采取平时分散训练和期末集中训练相结合的形式进行，目的是加强实践环节的教学，在专业必修课和专业选修课的基础上进一步提高专业技术、技能和专项身体素质（对于全体学生来说，专项技能训练是提高某一项目的专项技术水平；对于技术和成绩突出的学生来说，专项技能训练可以通过选拔组织运动队，根据需要代表学校或学院参加比赛）。

①专项技能训练的内容包括田径、体操、篮球、排球、足球、乒乓球、羽毛球、健美操、器械健身、武术、轮滑、游泳等项目。

②开设条件：每学期根据学生、教师、教学条件等课程资源情况，选择开设科目。学生不分年级、班级，任选一个项目，系里根据选项情况，进行适当调整。

（2）体育教师基本功强化训练

①体育教师基本功强化训练安排在早操时间及第三学年第一学期教育实习的前一周，分内容、有计划、有组织地进行。选派相关课程的教学经验丰富、责任心强的教师担任指导教师，对学生进行基本体操、中学生广播操、新大众广播体操、健美操的辅导和训练。

要求学生掌握广播操、健美操，学校对基本体操和广播操进行考核或要求学生表演。

②中学体育与健康课程标准基本教材内容测试，如篮球、体操、田径等。

③中小学体育教法演示课。

④中小学体育教学方面的相关内容讲座。

（3）裁判实习

裁判实习安排在第二学年，两学期各一周。实习使学生在课堂学习的基础上，丰富各项运动的竞赛知识，更深刻地了解运动项目，培养学生对各运动项目的组织、编排、裁判方法等实际运用能力，积累实践经验，培养学生团结协作的意识和精神，为未来从事体育教育教学工作打下基础。

（4）教育实习试讲

教育实习试讲安排在第三学年的第二学期，集中两周，试讲使学生对在课堂上所学到的专业基础知识和基本技能进行尝试性的实践，试讲过程中指导教师要按体育教师的基本要求对学生进行指导。通过试讲一纠正错误一再试讲，帮助学生基本掌握体育教学技能，为教育实习打好基础。

（5）微格教学

微格教学安排在第三学年的第二学期，集中两周。微格教学是近几年才开展的一种提高学生教学技能的有效手段。体育教学技能是一项综合能力，可以分为若干项技能，通过微格教学，采用自评、他评和教师评价等形式，可以对学生的每一项技能进行单独训练，单独提高。同时这种培训也可以使学生更加直观地看到自己在教学中存在的问题，为学生改进提高教学技能提供直观依据。

（6）教育实习

安排在第四学年第一学期进行，集中8周，采用以实习基地为主的集中实习、相对集中实习和与就业相结合的方式进行，主要是深入中学，进行实战学习，体验教师工作，把所学的知识在学校体育工作中加以运用，培养实际工作能力，同时对社会和就业有更深刻的了解。实习基地以汉中市为依托，与市、区体育教研室、教委等相关部门及中小学建立紧密的长期协作关系，成立挂牌基地；同时根据专业建设需求，将实践基地建设拓展到郊区、县及健身中心，为学生提供更多的实践机会和更为广阔的发展空间。学生按照体育教育专业教育实习大纲的要求，完成规定的实习时数和内容。实习单位指导教师和带队教师共同对实习生进行考核、评定成绩。

（7）毕业设计（论文）

毕业设计（论文）安排在第四学年第二学期进行，集中 8 周。毕业设计（论文）是对体育教育毕业生专业实践能力检查的重要环节，是检查毕业生对专业知识掌握的程度，检验其能否运用专业技能解决实际问题的重要实践过程。它有一套有效的管理机制来约束指导教师和学生，能更好地提升指导教师和学生在思想上的重视程度，从而提高毕业生质量。学生的毕业设计（论文）工作，由学院和系进行周密的计划，以了解科研方法和论文撰写格式，培养学生基本的科研素养和能力为主，在毕业设计（论文）的学生选题、教师指导、教师评阅、学生答辩等各环节中结合实践能力的运用和培养，确定具体的管理程序与要求，促使指导教师和学生按照应用型人才的培养要求去完成毕业设计（论文）工作，以确保毕业设计（论文）更好地体现体育教育人才培养的目标。

3. 课外实践

从培养和强化学生运用本专业所学基本理论与技能出发，鼓励学生走出课堂，走向社会，积极参加各种有益的社会实践活动，以期学生在实践中磨炼与提高基本技能。与学校团委、工会建立联系，在校内、院内的各项运动的比赛中，结合专项教学有计划地安排学生参与活动、组织比赛、裁判等体育工作；第二课堂与学院学办、学生支部工作结合起来，引导学生会、团总支组织学生建立武术、排球、足球、散打、跆拳道、健美操等各种运动项目协会、社团、俱乐部、体育辅导站等，与课堂教学紧密结合起来，有计划地安排学生见习与实践操作，培养学生的自主创新意识，提高学生的指导和实践能力。

4. 实践教学队伍建设

加强实践教学队伍的建设，实施新的实践教学体系，是提高教学质量，进一步推进教学改革的基础，实践教学队伍的建设将紧紧围绕专业培养方案的需要予以实施。针对学生毕业实习、裁判实习、专项技能训练、社会体育健身指导、毕业设计（论文）等主要实践环节，每学年分阶段地紧密结合教研活动对教师进行培训，并在实践环节过程中及结束时进行研讨和交流，使教师尽快掌握先进的理念和方法，适应新的形势。选派具有扎实的专业基础、熟悉相关课程内容的教师，参编相关课程的教学大纲，承担实习实训的组织、指导工作，逐渐形成教育实习、毕业设计（论文）两大实践环节专人负责制，建立一支经验丰富的实践教学队伍，保证实践教学任务的顺利完成。

第二节 体育专业实践课堂教学设计

一、体育课堂设计概念、作用与原则

（一）体育课堂教学设计的概念

体育课堂教学设计是在系统地分析教学任务和教学目标属性的基础上，根据教学内容的性质、教学单元的类型与学生的身心特点，综合考虑各方面的条件与资源，依据现代教育理念系统地制订教学实施方案，并对方案的实施进行评价与完善的过程，最终目的是追求体育教学的最优化与最大程度实现教学目标，它是一项应用性很强的教学技术。

（二）体育课堂教学设计的基本作用

1. 体育课堂教学设计能够促进体育教学工作的科学化

在上每一次体育课前，教师要做的就是认真进行教学设计活动，也叫备课活动。教学设计的水平体现教师教学的艺术性，它建立在系统方法的科学基础之上，学习和运用教学设计的原理与方法，是促进教师工作科学化的有效途径。教学设计把准备一次课的过程上升为技术学科，克服了凭经验备课的局限性。当然，好的教学经验与教学设计并不矛盾，教学设计有时也会考虑经验的作用，我们并不提倡所有的体育课都千篇一律，但在进行体育课堂教学设计的过程中，首先要保证的是体育课的科学性，在这个基础之上，允许加入个人经验，体现充满个性色彩的教学艺术性。只有艺术性没有科学性，或者只有科学性没有艺术性的体育课都难称为好课，二者的合理结合才会产生一堂好课，而教学设计技术能够保证体育课课堂教学的科学性，这是课堂教学设计的重要功能。

2. 教学设计能够促使体育教学理论与教学实践的有机结合

为了使体育教学活动高效、有序，广大体育理论工作者一直致力于探讨

体育教学的机制，在一般教学论的基础上，对体育教学过程、影响教学的因素及其相互关系进行研究，并形成了一套独立的知识体系——体育教学理论。但长期以来，体育教学研究偏重于理论上的描述和完善，脱离教学实际。特别是新课程改革以来，新的课程标准的结构和理念与以往的体育教学大纲出现很大差别，教学内容的选择、教学方法的应用等更多依赖教师本人完成。在这种情况下，被称为"桥梁科学"的教学设计学起到了沟通体育教学理论与体育教学实践的作用。在体育新课程背景下，体育教学设计从宏观与微观两个层面发挥着重要功能，宏观层面需要解决体育教学内容的选择与组织，微观层面需要解决教学设计思路与技术问题。因此，教学设计在体育教学理论与教学实践有机结合方面发挥着重要作用。

3. 教学设计能有效突出学习者的主体地位

现代教学理念已明确，在教与学的双边活动中，学习者发挥主体作用。因为学习者是学习活动的主体，学习者是有意识的人，学习的内在动力源于学习者。所以体育教学设计是在对学习者进行全方位的了解和分析，获取大量的信息基础上，才着手进行设计的。体育课堂教学设计以学习者为出发点，遵循学习的内在规律。教学设计是建立在科学心理学基础上的技术学科，不同于以往的经验型备课，对于学生的学习机制非常重视，所以教学设计的科学性是对学生主体地位的保证。

4. 教学设计是提高体育教学效率和教学效果的有效手段

教学设计的主要目的就是要设计出高效的教学过程，提前分析教学中可能出现的问题并制定解决方案，避免教学的盲目性。在体育课堂教学设计中，我们需要对学习需要、学习内容、场地器材和学习者等进行客观的分析。在分析这些内容的基础上，尽量减少许多不必要的内容和活动，然后清晰地阐明教学目标，科学地制订教学策略，合理地确定教学速度，使体育教学活动在人员、时间、器材使用等方面取得最佳的效益。可以肯定地说，没有教学设计，就不可能有教学的最优化。教学设计是达到体育教学最优化理想境界必不可少的环节。

5. 教学设计能够促进体育教师专业化素质的提高

教学设计将体育教师摆在了"设计师""研究者"的位置，从而改变了传统的照本宣科的"教书匠"形象。这种角色的转变，需要用现代教育理论来武装，这就促使体育教师要不断地学习新的教育理论、体育教学理论，认真钻研新的课程标准，更新教育观念。此外，教学设计会促进体育教师的思维创新，没有设计的教学会使教师有意无意地循着传统的道路走下去，因为传统的东西往往有根深蒂固的思想基础，体育教学改革之所以面临诸多困难，就在于传统的体育教学理念已经广为人们接受，实施起来较容易，而新课程的教学设计，则需要体育教师的再创造，这必然会促进思维创新，加速教师的角色转变，提高体育教师的专业化程度。

（三）体育课堂教学设计的原则

仅就教学设计本身来说，它是一个中性词语，本身并不包含价值取向与教育理念，是一项技术性学科。但谈到教学设计的原则时，人们习惯于在教学设计之前附加一定的前缀词语，如面向学习者的教学设计原则、基于研究性学习的教学设计原则、基于建构主义的教学设计原则等。不同的价值取向会形成不同的教学设计原则，对体育课堂教学设计原则进行的分析，并没有建立在任何理论前提之上，是从教学设计本身的理论结构以及体育教学的特点出发，力争归纳出体育课堂教学设计在一般意义上的原则。

1. 系统性原则

系统性原则是指在体育课堂教学设计的过程中，自始至终都要贯彻系统论的思想，使其成为一个有机体。系统论是教学设计的核心理论基础，体育课堂教学设计过程当然也要遵循系统性原则，系统论的观点认为："系统是相互间具有有机联系的组成部分结合起来的能够完成特定功能的整体。"体育课堂教学活动是由教师、学生、场地器材、教学方法、教学内容等要素构成的具有体育教学功能的整体系统。体育课堂教学设计就是应用系统的观点，从整体的角度出发，对体育课堂活动中的基本要素以及各要素之间的相互关系进行认真的分析研究，比较各种不同要素组合产生的效果，从而选择最优化的教学方案，取得最佳的教学效果。如果忽略了系统性原则，只是孤立地考虑体育课课堂教学活动中的某一方面，简单地满足某种需要，就不能够达到优化体育课堂教学的目的。例如，在篮球教学过程中，在没有充分了解学生的体育基础和运动兴趣的前提下，教师主观上随意制订偏难的教学目标，不但大多数学生无法完成，而且也影响了教学效果。又如设计排球课的体育教学方法时，必须要考虑场地器材的条件，特别是在经济比较落后的地区，场地器材配备不齐全，所以有些教学方法难以发挥作用，如人手一球进行练习、分组对抗比赛等，没有场地器材的保证，这些方法是无法实施的。所以在进行体育课堂教学设计时不能忽视系统论的思想，以整体的视角分析各要素之间的关系，严格依照系统性原则，才能保证体育课课堂教学设计的科学性和可行性。

2. 目标设计的综合性、具体性与侧重性相结合原则

目标设计的综合性、具体性与侧重性相结合原则是指在体育课堂教学目

标设计过程中，要全面地考虑认知的、情感的和技能的各个方面所要达到的目标，而且要突出某方面作为一次课的重点目标，同时对课堂教学目标的描述要尽量具有可操作性。教学目标是课堂教学设计的基本内容，它是教学活动的出发点，又是教学过程的指南，同时也是评价教学效果的依据。以往的体育课课堂教学目标设计主要存在两个问题，即目标的单一性与抽象性，所谓单一性指过分重视运动技能目标的设计，忽视其他领域目标的设计，体育教学比其他学科教学更有条件注重教学目标的综合性；传统的体育课课堂教学目标很模糊，难以理解，更不易实现，如"通过练习，培养学生的跳跃能力"等。体育新课程改革以来，新课程标准以三级目标体系的形式规定了体育课课堂教学目标设计的基本框架，划分为5个领域目标，克服了以往过分重视技能目标的缺陷，但要注意在具体的一次体育课课堂上，不可能平均考虑所有方面的目标，应该有所侧重。此外，新课程标准并没有解决目标的具体性问题，即使是最下层的水平学习目标也是很宏观的，如运动参与目标中这样描述："有规律地进行体育锻炼"；在运动技能领域中如"认识多种运动项目对改善身体健康、心理健康、提高社会适应能力的价值"。因此，教师需要根据这些上位目标认真分析研究，制订出年级目标、单元目标与课堂目标，逐级细化目标，设计出可操作的体育课堂教学目标。同时，体育课堂教学目标的表述要具有一定的规范性，它包括4个方面的要求，即目标的主体，目标行为内容，目标完成条件，目标完成标准。需要说明的是，目标的综合性不等于每次课都要考虑所有领域的目标，应该根据教学内容的特点与教学阶段选取几个适宜的领域目标进行设计，而且目标设计应该有所侧重。

3.内容设计的组织性原则

内容设计的组织性原则是指教师面对一次体育课的教学内容，要在认真分析该教学内容的特点、教学目标以及学生特点等基础上，根据教学的综合条件，有目的地组织、加工与改造相应的教学内容，使其更易于达成教学目标。关于这个问题，最明显的例子就是同样的教学内容，不同的教师经过组织或改造会得到不同的教学效果。当然这里存在运用不同的方法组织教学内容会得到不同的教学效果的问题，但对教学内容本身的组织、加工与改造同样重要。如改造教学内容的方法有简化某个动作的技术结构，降低或增加难度，修改某项内容的规则，调整场地器材的规格等。很多教师习惯按照教科书规定的内容不加修改直接进行教学，这里有教师的认识问题，也有教师的惰性问题。实际上，教师只要认真分析教学中的问题，善于开动脑筋，在教学内容的组织与加工方面会做出更多的贡献。

4.评价设计的多样性与针对性相结合原则

需要说明的是，这里提到的评价主要指学生的学习评价，不包括教师评价。所谓评价的多样性与针对性相结合的原则是指教学评价设计要采取多种形式，同时要突出重点评价方法。评价的多样性包括三层含义：①评价内容的多样性；②评价方法的多样性；③评价形式的多样性。评价内容的多样性表现在运动技能、运动参与、身体健康、心理健康和社会适应5个方面，改变以往体育学习评价过分重视技能评价的缺陷，全面评价学生的学习情况。这就提醒教师在设计学习评价过程中要从多个角度评价学生的成绩，而且学生对具体的评价内容应有一定的选择权。

学习评价内容包括体能的评价，知识与技能的评价，学习态度的评价，情意表现与合作精神的评价，健康行为的评价等。学习评价方法的多样性要注意定量评价和定性评价相结合，过程评价和终结性评价相结合，绝对评价和相对性评价相结合。此外在学习评价形式方面，既要重视教师的评价，同时也要重视学生的自我评价和相互评价。

评价的针对性是指要根据教学目标、教学方法、教学进度以及主体特征等各种条件，有针对性地选择评价方法。如对于一次新授课，过程性评价是重点的评价方式，而如果作为单元结束的一次课，则要突出终结性评价的重要性。

5.趣味性原则

趣味性原则是指对于一次课的教学设计应该让学生感到乐学且充满兴趣。教师无论选择什么样的教学内容，都要时刻铭记教学设计尽量使呈现给学生的知识、技能带有一定的趣味性，兴趣性原则的依据是学习理论。现代学习论认为影响学生学习的因素不仅包括智力因素，还包括非智力因素，如动机、兴趣、情感和态度等。体育教学内容大多起源于各种游戏，因此，它拥有与生俱来的趣味性特点。教师要把握课堂教学设计的兴趣性原则，主要应该做好以下几点：

（1）教师应广泛了解学生的兴趣，并在此基础上针对个体的不同兴趣，选择和安排多样化的教学。

（2）教师在分析教学内容过程中，要巧妙设计符合学生兴趣的接受方式和教学方法，同时对一些枯燥的和技能性较强的内容通过适当的加工、改造以满足学生的需要，如田径运动等。

（3）认真分析教学内容的特性，不同的教学内容其趣味性的种类也不同，不能把趣味性简单地理解为学生们高兴，这是低层次上的趣味性体现，而高层次上的趣味性要通过学生获得成功后的满足来体现。

6. 运动负荷的合理性原则

运动负荷的合理性原则是指体育课课堂教学设计始终要在保证学生承受安全的运动负荷的前提下进行。体育教学区别于其他学科的最大特点就是其以身体活动为载体展开教学，而人体的身体活动是有一定的规律的，即生理机能活动能力变化的规律。一般来说少年儿童机能活动能力的特点是上升时间短而快，但达到最高阶段的延续时间较短，承担急剧变化的负荷量的能力较低。而随着年龄的增长，达到最高阶段的延续时间较长，能够承担急剧变化的生理负荷。根据人体生理机能变化特点，教师在进行教学设计时，首先要明确学生的年龄阶段，进而合理安排负荷量和强度；其次无论学生处于哪个年龄阶段，都要严格按照人体生理机能变化的三个阶段的特点设计运动负荷。如在一堂课的开始和结束阶段，不宜安排负荷量过大的内容，在一堂课的主要阶段，也要根据学生的承受能力安排适宜的负荷量，保证既能达到锻炼效果，又不至于对学生的健康造成损害。

7. 可操作性原则

可操作性原则是指体育课堂教学设计的过程与成果是可以传播并应用于教学实践的。教学设计学产生的目的之一就是架设起教学理论与教学实践的桥梁，如果教学设计的成果过于抽象，难以付诸实践，那么这种教学设计就失去了其本身的意义。特别是在当今我国体育课程改革的背景下，以新课程标准为代表的体育教学指导文件如何指导教学实践，这在很大意义上要依赖课堂教学设计的作用。因此说，体育课堂教学设计的过程与成果必须是可操作的，这样才能使教师更快地掌握这项技术，再好的体育课堂教学设计如果无法实施也就失去了意义。

8. 简明性原则

简明性原则是指体育课堂教学设计过程与方法应该是简便易行的。当前很多人对教学设计技术存在一定的误解，认为教学设计是一项非常复杂的教学技术，使用起来也不方便，一线体育教师没有能力与精力顺利完成教学设计。实质上，教学设计重要的作用之一就是提高教学的效率与效果。体育课堂教学设计并不是非常烦琐的教学技术、手段，而是一项指导教师教学的简明技术、手段，它不会给教师增加额外的负担，而是易于掌握，使用起来简单明了，便于指导教师教学。

二、体育课堂教学设计的模式、方法和内容

体育课堂教学设计按照其哲学基础大致可以分为两类，一类是以传统行为主义理论为基础的"以教为主"的教学设计模式，这种教学设计模式关注

的重点是对学生系统知识、技能的传授；另外一类是以建构主义理论为基础的"以学为主"的教学设计模式，这种教学设计模式关注的要点是如何提高学生的学习效率。"以教为主"的体育课堂教学设计技术对于体育课堂中知识与技能的传授的确发挥过重要的作用。但随着体育课程改革的深入，体育课程理念发生了转变，体育课程目标除了使学生通过体育学习加深对体育知识与技能的掌握之外，更加重视学生的心理、社会适应等情意类目标，以及学生学习过程中自主性、创造性、合作性及探究性的培养，而这些目标要得以实现，仅仅靠传统的体育课堂教学设计是不够的，必须开辟新的体育课堂教学设计思路，建立新的体育课堂教学设计原理，即"以学为主"的体育课堂教学设计模式。

（一）"以学为主"的体育课堂教学设计的模式

纵观近年来在国外主要教育技术刊物和国际会议上发表的有关建构主义的论述，可以将其中使用的以"学"为中心的体育课堂教学设计原则概括如下：

1. 以问题或项目任务为核心驱动学习

"学习活动是以解决实际问题或完成某项设计任务展开的，而不是以学科知识的逻辑结构展开的。"例如，在传统的体育教学设计中，教学目标是教学设计的核心，而在"以学为主"的体育教学设计中，问题或任务则是教学设计的核心。例如在足球教学中，"学习足球脚内侧传弧线球技术"是传统体育教学设计的目标表述方式，而"如何使球弧线飞行"则是"以学为主"的体育教学设计对任务的表述方式。在上述两种表述方式中，虽然学习内容一样，但学习的目标发生了变化，第一种表述要达到的目标是学生对技术的熟练掌握，而第二种表述要达到的目标是要学生不但要掌握技术，还要理解技术的原理。显然，第二种表述更有利于学生学习兴趣的提高。

2. 强调自主的学习方式

"以学为主"的体育教学设计中，由于受到建构主义学习理论的影响，强调学生的中心地位，学习主要以自主的探索性和研究性学习方式进行，有别于传统的传递——接受式的学习方式。当然这里所说的自主是教师指导下的自主，不是完全由学生自由学习。当前的体育教学实践中出现"放羊式"的教学现象，个别教师美其名曰以学生为中心，这种认识是完全错误的。

3. 强调"情境"设计的重要作用

建构主义认为，学习总是与一定的社会文化背景即"情境"相联系的，在实际情境下进行学习，有利于学习者利用自己原有认知结构中的有关经验去同化当前学习到的新知识，从而赋予新知识以某种意义。如果原有经验不能同化新知识，则要引起"顺应"过程，即对原有认知结构进行改造与重组。实质上，体育教学内容大多起源于生活，或者具备一定的社会文化背景，完全有条件在教学中充分联系生活、创设情境。

4.强调"协作学习"对意义建构的关键作用

建构主义认为，学习者与周围环境的交互作用对于学习内容的理解，即对知识意义的建构起着关键性的作用。这是建构主义的核心概念之一。学生在教师的组织和引导下一起讨论、交流与练习，共同建立起学习群体，并成为全新的教学设计思想。近年来，教育技术领域的专家在建构主义学习理论的指引下，进行了大量的研究与探索，力图建立一套以"学"为中心的能够与建构主义学习理论相适应的全新教学设计理论模型。我们认为，这将是新一代即第三代的教学设计理论模型，其主要标志就是以建构主义作为其理论基础。

5.强调学习过程的最终目的是完成意义建构

在传统教学设计中，教学目标是高于一切的，它既是教学过程的出发点，又是教学过程的归宿。通过教学目标分析可以确定所需的教学内容；教学目标还是检查最终教学效果和进行教学评估的依据。但是在以"学"为中心的建构主义学习环境中，由于强调学生是认知主体、是意义的主动建构者，所以是把学生对知识的意义建构作为整个学习过程的最终目的。在这样的学习环境中，教学设计通常不是从分析教学目标开始，而是从如何创设有利于学生进行意义建构的情境开始，整个教学设计过程紧紧围绕"意义建构"这个中心而展开，不论是学生的独立探索、协作学习还是教师辅导。总之，学习过程中的一切活动都要从属于这一中心，都要有利于完成和深化对所学知识的意义建构。在学习过程中强调对知识的意义建构，这一点无疑是正确的。

（二）"以学为主"的体育课堂教学设计的方法与内容

根据目前国内外有关文献资料和体育教学的特点，"以学为主"的体育课堂教学设计方法与步骤应包括以下几个方面：

1.教学目标分析

在"以学为主"的体育课堂教学设计中，进行教学设计的目的，是为了确定当前所学知识的"主题"。由于主题包含在教学目标所需要的教学内容（即知识点）之中，通过教学目标分析得出总目标与子目标的形成关系图，即意味着得到了为达到该教学目标所需的全部知识点，据此即可确定当前所学知识的主题。"以学为主"的体育课堂教学设计的目标分析主要为了解析新课程标准中的无实体领域的目标，例如心理健康、社会适应等情意类目标，或者是其他领域高级阶段的学习目标。对于这种教学目标没有必要像传统体育教学设计中教学目标分析得那样具体和细化，因为"以学为主"的体育教学目标分析的最终目的是确定学习任务或主题，目标是依靠学习任务的完成而间接实现的。

2. 学习者分析

建构主义教学设计中学生是学习的主体，是意义的主动建构者。从哲学角度看学习者是内因，外界影响是外因，内因是事物发展变化的决定因素，外因通过内因起作用。这就可以解释为什么在同一课堂中，教师实施同一教学，但不同学生的学习结果却存在较大差异。为了取得较好的教学效果，就必须充分了解学习者的特征，并进行有针对性的设计。学习者特征分析涉及智力因素和非智力因素两个方面。与智力因素有关的特征主要包括知识技能基础、身体基础、认知能力和认知结构变量；与非智力因素有关的特征则包括兴趣、动机、情感、意志和性格。"以学为主"的体育课堂教学设计中对于学习者的分析，主要目的是设计适合学生能力与知识水平的学习主题，提供适宜的帮助和指导，设计适合学生个性的情景问题与学习资源。

3. 学习内容分析

学习内容是教学目标的知识载体，教学目标要通过一系列的教学内容才能体现出来。建构主义强调学习要解决真实环境下的任务，在解决真实任务中达到学习的目的，但真实的任务是否会体现教学目标，如何来体现，这需要我们对学习内容做深入分析，明确所需学习的知识内容的结构关系，知识、技能内容的类型（陈述性知识、程序性知识、策略性知识）。这样在后面设计学习问题时，才能很好地涵盖教学目标所定义的知识体系，才能根据不同的知识类型，将学习内容嵌入建构主义环境下的不同要素中，例如，陈述性知识可以通过学习资源的方式提供；而策略性知识则可通过设计自主探究学习活动来体现并展开。

4. 设计学习任务

建构主义所阐述的学习就是基于真实问题情景下的探索、学习的过程，就是解决实际问题的过程，问题构成了建构主义学习的核心。与客观主义学习理论不同，建构主义用问题来驱动学习，而不是用问题充当技术和原理，学习是为了解决问题，而不是把解决问题视为学习的应用。提出学习任务是整个建构主义教学设计模式的核心和重点，它为学习者提供了明确的目标、任务，其他辅助设计使得任务更加明确具体，使得学习者解决问题成为现实的可能，使得学习者在解决问题的过程中，确实能够达到教学目标的要求。

学习情境设计，有助于将问题置于一个真实的任务环境中，这有助于学生知识与能力的迁移；学习资源有助于问题的理解和可行性方案的提出；认知工具帮助学习者解释和把握问题的各个方面；学习策略可以为学生提供可供选择的问题解决模式；帮助与管理是在问题解决的易出现问题的环节设计实用的帮助与指导。构建学习任务时，应充分考虑如下原则：

（1）在教学目标分析的基础之上提出一系列的问题。这些问题可分为主问题和子问题。子问题的解决是主问题解决的充分条件，下层子问题的解决是上层子问题解决的充分条件，这样就形成了一幅树状谱系图。

（2）学习任务要涵盖教学目标所定义的知识，只能更加复杂，不能更加简单。

（3）要设计非良构的知识。非良构的知识具有无显性目标和限制条件，有多解或多种解法，有多种评判答案的标准，问题具有不确定性等特征。

（4）设计学习任务要符合学习者的特征，不能超越学习者的知识、能力太多。

（5）要设计开放性的问题。解决问题的目的不是期望学生一定就能给出完美的答案，而是鼓励学生参与，使其了解这个领域。

5.教学情境创设

教学情境是指在教学中利用具体的场所、景象、境况等，来引起学生的情感体验。教学情境是"情"与"境"的融合，是为达到既定的教学目的，从教学需要出发制造或设定的与教学内容相适应的场景，或师生共同营造的课堂情感氛围。它有自己独特的范围限制，"境"是指教学环境，它既可以是一个用实物或多媒体创设的具体的环境，也可以指教学双方的关系。"情"是指在"境"中的教学双方人物之间的情感交流、思维互动。情因境生，境为情设，情、境和谐统一，从而达成了某种境界或氛围，让学生满腔热情地投入到学习生活中去。可以说，创设教学情境是一种能促使我们获得最佳教学效果的教学方法。下面介绍两种常用的体育课堂教学情境设计方法。

（1）生活情境的创设

体育课堂上创设生活情境的内在要求是贴近学生生活，要符合学生的认知特点，是学生身边的、感兴趣的。

（2）探究情境的创设

探究情境是针对探究式学习而提出的，问题是探究的起点，创设的问题要切合实际，同时需要特别注意的是创设的问题要有深度，不能过于肤浅。例如，在背越式跳高的课堂上，教师为了让学生意识到过杆时背弓的重要性，提出了这样的问题："大家知道共有多少种跳高技术？"大家你一句我一句讨论之后，说出了跨越式、剪式、滚式等多种技术，接下来教师又问："大家知道哪种技术最好吗？"大家经过一段时间的分析，答案五花八门，有同学认为背越式跳高最好，但说不出具体原因。教师这时及时指导，指出背越式跳高技术最先进，是因为它使人体分阶段过横杆，降低了身体重心，最大限度地提升了人体越过横杆的高度。而背弓是背越式跳高关键技术环节。上述案例就是充分利用学生的求知欲望，提出问题引导学生探究核心技术的过程。

6. 学习资源设计

体育学习资源的设计是指确定学习主题所需资源的种类和每种资源在学习主题展开过程中所起的作用。对于应从何处获取有关的信息资源，如何去获取（用何种手段、方法去获取）以及如何有效地利用这些资源等问题，在学生确实有困难的情况下，教师应及时给予帮助。

7. 学习策略的设计

学习策略的设计是在"以学为主"的体育课堂教学设计中促进学生主动完成意义建构的关键性环节，"以学为主"的体育教学策略主要指生成型教学策略，比较有代表性的是自主学习策略、合作学习策略和探究学习策略。其中，自主学习策略的设计是保证学生充分发挥主动性，体现学生主体地位，是学生意义建构的基础；合作学习策略的设计则是为了使学生在个体意义建构的基础上，通过与他人的协商，进一步完善和深化对主题的意义建构；探究学习是指学生围绕一定的问题，在教师的帮助和支持下，自主寻求或自主建构答案、意义、理解或信息的活动。下面将以上三种学习策略的设计分开阐述，这是为了对建构主义的学习策略有更加清楚的认识，但在实际的体育教学中，各种学习策略很少是孤立运用的，它们常常是相互交叉、相互渗透的。

（1）体育教学中自主学习的类型

①体验学习：要了解一种运动，首先要去尝试。传统的体育教学由于侧重于知识、技能的传授，在教学过程中把教学内容精细加工后，按照严格的程序教给学生。以篮球教学为例，一般先教原地运球，学完右手运球再学左手运球，学完原地运球再学行进间运球，学会直线运球再学曲线运球。学生从学习篮球一开始就被各种程序限制住了，没有自己的体验，感觉枯燥。篮球学习的最初阶段应该是让学生在体验中得到快乐与满足。当然，体验之后，教师要善于激发学生的兴趣，使学生通过多种途径获得必要的基础知识、技能。

②选择学习：传统的体育课堂要求全体学生整齐划一地学习同一教学内容，采取相同的教学进度，对学生的兴趣、能力考虑得不够仔细。体育教学内容的多项一能的特点，为教师设计体育自主学习带来很大的便利。例如，为了发展学生的耐力素质，传统的体育课堂一般是让学生在田径场上进行跑

圈练习，同学们普遍对这种枯燥的活动没有兴趣。相反，给学生提供更多的耐力练习内容，例如，运球跑、10分钟跳绳等活动，让学生根据自己的兴趣选择学习，这既发展了学生的耐力素质，又激发了学生的学习热情。

③创新学习：在传统的体育课堂教学中，对于技术、战术的学习，教师习惯于让学生按照规范的标准进行学习，例如，学生在学习投篮技术时，教师总是花费大量时间纠正学生的投篮动作，而实际上有些学生虽然投篮技术不规范，但一样可以准确地投篮，要知道学生不是职业运动员，而这种技术的创新会给学生带来成功的喜悦，教师则要启发学生如何把自己的技术发挥得更好。在战术学习方面更是如此，同学们有时会创造出很多教科书中没有的战术，而这正是创新学习的表现。

（2）体育教学中合作学习的类型

①互补学习：在合作学习方式中，充分发挥合作各方的优势，进而相互补充，这是合作学习最基本的方法。从双向合作来分析，优势互补可以体现在多个方面，例如技能优势与体能优势的互补、技能优势与意志品质优势的互补、基本技术优势与战术优势的互补等。例如，在合作团体中，一个足球运动技能较好的学生与一个意志品质坚韧的学生形成一对组合，前者可以帮助后者提高一些基本技术，并在后者身上学习到坚强的意志品质。又如，一个运动技术较好的学生与一个体能较强的学生形成了一对组合，在双方合作中，后者向前者学习一定的技能，而前者在后者身上能学会提高体能的方法。在组织互补学习时，最佳的方式是让学生自己组合，教师不要过多地干预学生的选择。互动式的学习，最典型的表现是在各种舞步的学习方面，两个舞伴必须互动，才能形成良好的默契。在现代体育学习中，这种互动也被运用到其他方面的学习中，例如在排球学习中，传统的体育教学强调用对墙传球、垫球来评价学习效果，而现代体育教学则更普遍地采用两人一组的对传、对垫来提高学习效果；在篮球运动学习中，形成一组攻防组合，就可以通过互动来达到熟练掌握运动技能的目的。其实，在体操练习中，很多双人练习都采用了互动学习方法，例如双人操、双人造型等。

②集合学习：合作式的学习可以是较多的人群组合，3—5人固然可以，7—10人也并无不可。也就是说，可以充分利用小组形式来进行合作学习。在小组形式的学习中，合作学习表现出的协同性就是一个非常重要的特点。由于小组内具有3人以上的人数优势，因此进行交流、沟通的机会增加了，这为主体学习提供了更多的途径，特别是创新意识可能在小组中通过"头脑风暴"而产生。小组形式的学习优势还表现在共享性特点方面，特别是智慧的共享与技能的共享。

（3）探究式学习的种类

探究式学习分为 3 种水平，由低到高依次为结构式探究、引导式探究和开放式探究。组织探究式的学习，关键是提出的问题对学生是否有探究价值。如果说提出的问题是纯学术性的，学生不感兴趣，自然也不会主动去研究。因此，在设计问题时，教师应该认真地选择那些学生生活实际中出现的、学生可能感兴趣的内容，例如"健美操和广播操的异同点""健美操和现代舞的吸引力在哪里？""肥胖与偏瘦的学生如何进行锻炼？"等。

趣味性：对学生而言，体育学习本来就应该是充满趣味的一项活动，如果因为要进行探究学习，而抹杀了体育运动的趣味性，这种探究活动可能根本就组织不起来，即使组织起来也不会得到学生的重视。如"体育教学思想"这样的题目，学生怎么会对它感兴趣，而"摔跤时的自我保护"却对学生非常实际，学生愿意探究。

开放性：探究学习方法与传统的体育学习方法的明显区别，在于前者具有开放性特点。传统的体育学习方法是按照前人得出的经验来进行学习的。例如学习跳高，总是愿意学习背越式跳高，因为前人的经验已经告诉我们，用背越式的方法可以跳得更高。因此，我们就不必再去尝试剪式、滚式和俯卧式。这是不需要我们再去探究的。但是，如果探究的题目是"运用什么方法能跳得更高？"那情况就完全不一样了，因为这样的题目已经远远超出了田径运动的范畴，不是单纯的跳高问题了，而是每一名学生如何根据自己的实际情况，采用不同的方法去跳得更高。

三、体育课堂教学设计方案

我国体育课课堂教学设计方案（简称教案）的形式可谓多种多样，特别是体育新课程改革以来，提倡教案的多样化，体育课时教学计划在表现形式方面突破几十年不变的传统课时教学计划的模式，呈现出体育课时教学计划多种类型、多种表现形式共存的局面。体育教案种类较多，本研究主要涉及的是运动技能学习类教案，这也是体育教学内容的核心。传统的体育课程强调教案的统一、固定，导致全国所有体育教师所写的教案格式大同小异，无特色可言。体育新课程给体育教师创造性编写教案留有很大的空间，教师完全可以根据学校、学生的实际情况以及具体的教学任务编写有助于促进有效教学的、具有个性化色彩的教案。

（一）体育课堂教学设计方案形式

1.表格式教案

表格式教案是比较传统的教案书写形式，也是教师使用最频繁的教案形式，表格式教案能够反映教师严谨的教学态度，对一些层次性较强的学习内容，用表格式的教案更能够说明问题，表格式教案给人以准确、规范的感觉，但表格式教案容易造成课堂各要素之间的割裂。逻辑联系不强，是表格式教案的缺陷。

2.描述式教案

描述式教案是用简练的文字描述一节课的上课过程，这在国外的教案中比较多见。它的特点是完整性与连贯性好，给人以整体性的感觉。但这种教案由于从头至尾都以单调的文字表达教师的思想意图，并不能较好地反映教学设计的特色与重点。特别是体育教学中大量的队列队形等组织教法的运用需要通过画图形象地表达，这在文字描述教案中难以体现。

3.画图式教案

画图式教案是用画图来表达自己的教学构思，其中，除了有动作图之外，还有行进路线图、场地布置图等，给人以直观的感觉。画图式教案虽然弥补了上述两种教案的缺陷，但没有一定的文字说明相配合，同样使教案略显单调。对于教案的推广会产生一定的障碍。

4.描述加表格式教案

描述加表格式教案是近年来出现的一种新型教案，一般在教案的开始部分以文字的形式描述本课的设计理念、背景、策略等内容，然后以表格的形式展开教学过程。虽然说这是综合表格、描述、画图等几种教案形式而出现的一种效果较好的形式，但还存在一些不尽人意之处，例如表格式教案造成整体设计思路的割裂问题仍然没有得到解决。严格地说，上述几种体育教案的表述形式没有好坏之分，应该根据具体的教学内容与条件灵活使用，而且各种形式也可以结合使用，例如描述式加画图式、表格式加画图式等。但为了让教师将一堂体育课的整体设计思路清晰而又详细地表现出来，应该创立新的体育课堂教学设计方案的表现形式，这就是要介绍的流程图式体育课堂教学设计方案。

（二）体育课堂教学设计方案的分类

本节以室外体育教学为研究对象，不包含室内体育理论课的教学设计方案。按照上文对体育教学内容的分类标准，可以将体育教学设计方案分为精学类、简学类、锻炼类及体验类四种，下面就各类教学设计方案加以说明。

1.精学类教材体育课堂教学设计方案

精学类教材由于时间跨度比较长，教学所要达到的目标较高，对学生学习就提出了更高的要求。这就要求该类体育课堂教学设计方案能够深刻表达教学设计的每一个细节，例如教学设计的思路、教学目标的设计、教学内容分析、教学过程分析、教学组织形式、运动负荷与练习密度设计、教学评价等多项内容，其中运动技能的示范以及学习方式是重中之重。总之，精学类教材课堂教学设计方案既要考虑到每次课要达到的教学目标，详细书写教案内容，同时也要考虑到每节课具体在单元中所处的位置，以及所处的学年位置，用长期的、发展的眼光制订教案。

2. 简学类教材体育课堂教学设计方案

简学类教材侧重于学生日后有可能从事的运动项目，且集中时间一次性学完，因此，对于该类教材的教学设计方案就要与精学类教材有所区别，特别是在运动技能的描述方面，因为教学时间不充裕，因而不能过于精细，简学类教材体育课堂教学设计方案的重点是让学生大体上掌握此类项目的基本要领与特性，以便日后有机会继续深入地学习。

3. 锻炼类教材体育课堂教学设计方案

锻炼类教材，是指那些在多年级重复出现的走、跑、跳、投等人类基本身体活动，这类活动的主要目的是提高学生的身体素质，其技能性并不强，但比较枯燥，大多数学生对此缺乏学习的兴趣。因此，对该类教材的教学设计方案的重点是练习方法的设计，即要激发学生的练习兴趣，不要拘泥于技术要领的描述。

第三节 体育专业实践教学理论基础知识

一、体育的基本概念

体育虽然有悠久的历史，但是"体育"一词却出现得较晚。在"体育"一词出现前，世界各地对体育这一活动过程的称谓都不相同。

在古希腊，游戏、角力、体操等曾被列为教育内容。17—18世纪，西方的体育教育中加进入打猎、游泳、爬山、赛跑、跳跃等项目，只是尚无统一的名称。18世纪末，德国的 J.C.F. 古茨穆茨曾将这些活动分类、综合，统称为"体操"。进入19世纪，一方面德国形成了新的体操体系，并广泛传播于欧美各国：另一方面世界各地相继出现了多种新的运动项目。在学校也逐渐开展了超出原来体操范围的更多的运动项目，建立起"体育是以身体活动为手段的教育"这一新概念。于是，在相当长的一段时间里，"体操"和"体育"两个词并存，相互混用，比较混乱，直到20世纪初才逐渐在世界范围内统一称为"体育"。

我国体育历史悠久，但"体育"却是一个外来词。它最早见于清末。当时，我国有大批留学生东渡日本求学，仅 1901 年至 1906 年，就有 13000 多人。其中，学体育的就有很多。回国后，他们将"体育"一词引入中国。

在我国，"体育"这个词最早出现在 1904 年，在湖北幼稚园开办章程中提到对幼儿进行全面教育时说："保全身体之健旺，体育发达基地。"1905 年《湖南蒙养院教课说略》上也提道："体育功夫，体操发达其表，乐歌发达其里。"

在我国，最早创办的体育团体是 1906 年上海的"沪西士商体育会"。1907 年我国著名女革命家秋瑾在绍兴也创办了体育会。同年，清朝学部的奏折中也开始出现"体育"这个词。辛亥革命以后，"体育"一词逐渐运用开来。

1762 年，卢梭在法国出版了《爱弥尔》一书。他使用"体育"一词来描述对爱弥尔进行身体的养护、培养和训练等身体教育过程。这本书激烈地批判了当时的教会教育，在世界引起很大反响，因此"体育"一词同时也在世界各国流传开来。从这里可以清楚地看到，"体育"一词的最初产生是起于"教育"一词，它最早的含意是指教育体系中的一个专门领域。到 19 世纪，世界上的教育发达国家都普遍使用了"体育"一词。而我国直到 19 世纪中叶，德国和瑞典的体操传入我国，随后清政府在兴办的"洋学堂"中设置了"体操课"。1902 年左右，一些在日本留学的学生从日本传来了"体育"这一术语。随着西方文化不断涌入我国，学校体育的内容也从单一的体操向多元化发展，课堂上出现了篮球、田径、足球等。许多有识之士提出不能把学校体育课称体操课了，必须厘清概念层次。1923 年，北洋政府在《中小学课程纲要草案》中，正式把"体操课"改为"体育课"。从此"体育"一词成了标记学校身体教育的专门术语。

"体育"一词在含义上也有其演化过程。它刚传入我国时，是指身体的教育，作为教育的一部分出现的，是一种与维持和发展身体的各种活动有关联的教育过程，与国际上使用的"体育"（physical education）是一致的。随着社会的进步和体育事业的不断发展，其目的和内容都大大超出了原来"体育"的范畴，体育的概念也出现了"广义"与"狭义"之分。广义的体育，一般是指体育运动，其中包括了体育教育、竞技运动和身体锻炼三个方面；狭义的体育，一般是指体育教育。近年来，不少学者对"体育"的概念提出了一些解释，但比较趋于一致的解释为"体育是以身体活动为媒介，以谋求个体身心健康、全面发展为直接目的，并以培养完善的社会公民为终极目标的一种社会文化现象或教育过程"。体育的这一定义既说明了它的本质属性，又指出了它的归属范畴，同时也将体育从与其邻近或相似的社会现象中区别出来。但是，体育的概念并非是统一的，随着社会的进步和体育科学的发展，世界各国体育学术界逐步掌握了体育的真意，并广泛将其纳入教育系统。中外体育学者对体育的看法不尽相同，罗列如下。

中国体育教育家陈咏声认为"体育是以身体活动为方式的整个机体的教育"。

美国的教育家普嘉认为"体育是整个教育过程的重要组成部分，其目标在于促进身体性、知识性、情绪性、社会性等充分发展，以能完成上述目标而选出来的身体活动为媒介"。美国的教育家麦克乐认为"体育是从运动神经系统的经验中得来的教育；人类进化的历史是在身体活动中产生的；这种身体活动可以促进德、智、体、劳等健全的整个人生"。

德国的教育家田姆认为"体育具有教育价值，使男女发展能力，活泼而有生气，这是个人、家庭、社会及民族所要求的身体活动"。

苏联的教育家马特维耶夫认为"体育整个来说是教育的一个方面，是体能全面发展和提高人的生活中主要运动技能和本领的计划过程"。

日本的教育家前川峰雄认为"体育是在有助于从多方面培养人品的意图下，针对身体所产生的属于教育性质的影响。换言之，体育是通过身体活动的教育"。

中国台湾的教育家苏竟存认为"体育是一种特殊的社会现象，是社会文化的一部分，是寓教育于运动之中，而又关系到人们身体健康的复杂的社会活动"。

（一）体育的概念

体育是人类社会发展中，根据生产和生活的需要，遵循人体身心的发展规律，以身体练习为基本手段，达到增强体质，提高运动技术水平，进行思想品德教育，丰富社会文化生活而进行的一种有目的、有意识、有组织的社会活动，是伴随人类社会的发展而逐步建立和发展起来的一个专门的科学领域。体育的概念有广义和狭义之分。

1.广义的体育概念

体育是指以身体练习为基本手段，以增强人的体质，促进人的全面发展，丰富社会文化生活和促进精神文明为目的的一种有意识、有组织的社会活动。它是社会总文化的一部分，其发展受一定社会的政治和经济的制约，并为一定社会的政治和经济服务。

2.狭义的体育概念

体育是一个发展身体，增强体质，传授锻炼身体的知识、技能，培养道德和意志品质的教育过程；是对人体进行培育和塑造的过程，是教育的重要组成部分，是培养全面发展的人的一个重要方面。

总之，体育是以身体练习为手段，发展身体，增强体质，促进人的全面发展，为社会发展服务。它在社会发展过程中，受一定的政治、经济制约，并服务于一定的政治、经济。体育具有自然的和社会的两重属性，自然属性如体育的方法、手段等，社会属性如体育的思想、制度等。

（二）竞技体育的概念

竞技体育是指为了战胜对手，取得优异运动成绩，最大限度地发挥和提高个人、集体在体格、体能、心理及运动能力等方面的潜力所进行的科学的、系统的训练和竞赛。竞技体育含运动训练和运动竞赛两种形式，其特点有以下几点：

1.充分调动和发挥运动员的体力、智力、心理等方面的潜力；

2.激烈的对抗性和竞赛性；

3.参加者有充沛的体力和高超的技艺；

4.按照统一的规则竞赛，具有国际性，成绩具有公认性；

5.具有娱乐性。

当今世界所开展的竞技运动项目是社会历史的产物。早在公元前700多年的古希腊时代就出现了赛跑、投掷、角力等项目，发展至今已有数百种之多。普遍开展的项目有田径、体操、篮球、排球、足球、乒乓球、羽毛球、举重、游泳、自行车等。各国、各地区还有自己特殊的民族传统项目，例如中国的武术，东南亚地区的藤球，日本的相扑等。竞技体育的发展与国家、地区的政治、经济、文化教育、科学技术密切相关。

（三）社会体育的概念

社会体育亦称"大众体育""群众体育"。其目的是了娱乐身心，增强体质，防治疾病和培养体育后备人才。社会体育是在社会上广泛开展的体育活动的总称，包括职工体育、农民体育、社区体育、老年人体育、妇女体育、伤残人体育等。其主要开展形式有锻炼小组、运动队、辅导站、体育之家、体育活动中心、体育俱乐部、棋社，以及个人自由体育锻炼等。开展群众体育活动应遵循因地制宜和业余、自愿、小型、多样、文明的原则。广泛开展群众性体育活动，是发挥体育的社会功能，提高民族素质和完成体育任务的重要途径。

（四）娱乐体育的概念

娱乐体育是指在余暇时间或特定时间所进行的一种以娱悦身心为目的的体育活动。具有业余性、消遣性、文娱性等特点。内容一般包括球类游戏、活动性游戏、旅游、棋类以及传统民族体育活动等。按活动的组织方式可分为个人的、家庭的和集体的；按活动条件可分为室内的、室外的；按竞争性可分为竞赛性的和非竞赛性的；按经营方式可分为商业性的和非商业性的；按参加活动的方式可分为观赏性活动和运动性活动。开展娱乐性体育活动，有益于身心健康，陶冶情操，培养高尚品格。

（五）医疗保健体育的概念

医疗保健体育是指运用体育手段治疗某些疾病与创伤，恢复和改善机体功能的一种医疗方法。与其他治疗方法相比，医疗保健体育具有如下特点：

1.主动疗法，要求患者主动参加治疗过程，通过锻炼治疗疾病；

2.全身治疗，通过神经、神经反射机制改善全身机能，达到增强体质，提高抵抗力的目的；

3.自然疗法，以人类固有的自然功能（运动）作为治疗手段，一般不受时间、地点、设备条件的限制。通常采用医疗体操、慢跑、散步、自行车、气功、太极拳和特制的运动器械（如拉力器、自动跑台等），以及日光浴、空气浴、水浴等为治疗手段。因人而异、循序渐进、持之以恒，并配合药物、手术治疗或心理疏导。两千多年前我国已用"导引""养生"作为防治疾病的手段，后经过不断发展与提高，成为中国运动医学的重要组成部分。

（六）民族与民族体育概念

在学术研究中，关于"民族"的概念，大致有三种主要说法。第一种民族概念是长期以来采用较多的概念，即民族的产生与资本主义民族国家的形成是同步的。也就是说，欧洲资产阶级文化和政治运动兴起后，才有民族和民族国家。在现代中文里，民族和国家的含义区划分明，民族学意义上的"民族"，文化含量较高，包括风俗习惯乃至种族等因素。国家则是政治学意义上的词汇。第二种民族概念，泛指人类处于不同社会发展阶段形成的各种共同体，即斯大林所说的"民族是人们在历史上形成的有共同语言、共同地域、共同经济生活以及表现于共同文化特点上的共同心理素质的稳定的共同体"。在《中国大百科全书·民族》卷中关于"民族"的词条认为"氏族、部落是以血缘关系为纽带的人们共同体，而民族则是以地缘关系为基础的人们共同体。……种族属于生物学范畴，而民族则属于历史范畴"。第三种观点认为民族的出现是与文明社会产生之初同步的，例如马克思和恩格斯所指出的，"城乡之间的对立是随着野蛮向文明的过渡、部落制度向国家的过渡、地方的局限性向民族的过渡而开始的，贯穿着全部文明的历史并一直延续到现在"。按照这种说法，古代的埃及、印度、中国和希腊，都已经形成了民族。

"中华民族"兼含文化与地理的含义，与外国民族相对而言，中华民族指"中国古今各民族，即由众多民族在形成为统一国家的长期历史发展中逐渐形成的民族集合体"。中华民族是中国境内 56 个民族的总称。在数千年的历史长河中，各民族的频繁接触，民族间文化的涵化、融合，特别是汉文化对其他民族文化的涵化、整合，最终形成了的中华民族一体化的文化格局。所以，尽管中国境内的民族是多元的，但是在文化上是一体的。著名学者费孝通先生把它称为"中华民族的多元一体格局"。

随着民族及民族文化的发展，体育也经历了形成、传播、融合等文化发展模式，部分体育项目始终为个别民族所实践，部分体育项目则扩散传播到更多的民族。某些体育的文化形式在其形成、发展过程中被赋予的文化内涵又是不同的。有人认为"民族体育的概念通常用来表述与世界范围内规范传播的现代体育竞技活动相对的民间传统体育活动"。也有人认为"民族体育是指作为近代体育前身的一些民族、民间传统的体育及娱乐活动"。将"民族体育"与"现代体育"相对应，或是仅以时间界限来界定民族体育存在着逻辑关系上的问题。从概念的隶属关系看，民族体育作为上位概念，它应该包括民族的传统体育和民族的现代体育。从严格的意义上讲，民族体育不一定具有传统性，它也包括民族现代体育。民族体育是限于某民族的，现代体育是各民族共同接受的，就像乒乓球在我国不能叫民族体育。中国许多民族都有自己独特的武术，但其文化形态各不相同。又如许多民族有自己的射箭运动，其活动方式以及寄寓其中的文化思想各不相同。此外，民族体育的发展机制是某项民族体育由于受到特殊的地理环境、生产方式、民族习惯的限制，因而只能被其本民族所实践和接受。当然也有一些体育运动是经过人为地改造之后才传播到其他民族的。总之，作为一种具有独特的发展机制的文化类型，民族体育与在全世界范围内普遍流行的世界体育有着极大差异，民族体育具有古朴、自然、轻松、和谐及生活气息浓厚、娱乐色彩浓郁等特点，是当今体育不可缺少的组成部分。

我国政府把各个少数民族都称作"民族"，其根据是斯大林的定义和民族产生的历史阶段的观点。"民族体育"不仅仅指少数民族体育。从逻辑上讲，一个国度里的各个族群生活在同一个社会性大环境中，他们之间不应该有社会形态方面的根本性的隔阂和断裂，否则，他们之间也就没有联系、没有需要共同面对的问题了。既然把汉族定义为一个"民族",那么同时居住在中国境内的其他族群自然也都能够定义为"民族"。然而在我国,由于少数民族的地域性和民族色彩十分明显,所以"民族"往往用来称呼少数民族,正如我们使用的"民族学院""民族政策""民族研究"等称呼中的"民族"一样,主要是指汉族以外的少数民族群体,"民族体育"常常是指少数民族体育。但从理论上讲,"民族体育"是应该包括汉族体育的。

（七）传统和传统体育概念

"传统是人类进行创造性活动、劳动过程的沿传,是人们为实现自身价值和满足自身需要所获得的成果的凝聚结构。"从民族学的意义上看,世界各个民族都具有其传统,包含着各民族的文化、思想、行为模式、思维方式、伦理道德、风俗习惯、宗教信仰、心理素质传统以及语言文字传统等要素。"传统"与古代并不具有固定的同一关系,随着时代的变化传统的内涵和外延也发生变化,把历史等同于传统的认识是错误的。在对传统研究较多的社会学家那里,社会往往被分成两大类:一类是传统的,与落后、不发达、静止的状态相联系,从而带有一种贬义;另一类是现代社会,一切先进的、发达的、动态的特征被归为此类型。传统往往从现代的对立面推导出来,最具特征的往往是价值观、行为规范、心理状态、信仰等非经济因素或非物质文化。

传统都是过去的东西,但必然影响甚至决定着今天的生活,生成于某一传统时代及生活在其中的人的消失不等同于传统的消失。单纯的现代的事物不能叫作传统,但并非一切过去的事物都是传统。不能离开过去与现代的关系谈传统,传统、现代、未来是有机联系的。研究"传统",不是为了古人,而是为了今人。所以传统的本质不是在过去,而是在现在。传统是社会性的言行,是一种既对言行者个人有意义,又指向他人的言行。它是人类生活中前后相继、主导人类文明的文化灵魂与精神整体,是在历史进程中延伸着的思想纲领和生活主题。它显现于日常生活中,深藏于人的本性中。因此具有社会整合性质,具有使同一传统的群体凝聚在一起的稳定作用。

从一般意义上看,认定"传统"的标准是什么,不能僵化地界定一个所谓年代标准来衡量某个时段的事物属于某个时代的传统,因为历史是流动的,传统也应该是流动的。若干年后,今天的事物也会被后人视为传统。但是,从一个时代的特定需求和传统的相对稳定性出发,还是应该根据一个较为清晰的时代标准来衡量传统的时限。也就是说,传统既然是流动的,其自身就必然具有发展的阶段性,这就要求在研究中要以发展的眼光来审视,认清传统的源头,并竭力厘清传统发展的路径和模式。只有这样,才能区分传统与非传统，才能找到传统对今天的影响，进而明确什么是传统。

传统体育是传统文化的组成部分，是与传统社会同步形成和发展的，是一个内容十分宽泛的概念。传统体育是在远古和古代产生发展并保留较为固定的形式而影响至今的体育及近似的体育活动。随着时代的变迁，它或多或少地会受到不同时代的影响，并产生顺应社会发展的变化。中国千百年来的农业文化土壤养育了中国传统体育，几千年积累下来的体育观念是直接受农业社会的经济、政治观念（而非商品社会的经济、政治观念）影响而形成的。因此，植根于农业社会的中国传统体育，是中国特有的历史传统、文化心理和农耕经济的背景下产生的，传承性、习惯性和民俗性是这类体育的重要特征。

（八）民族传统体育概念

1996 年，体育学被列为一级学科，这是当代体育科学体系建设的重要里程碑。1997 年，国务院学位委员会和国家原教委在一级学科体育学下设体育人文社会学、运动人体科学、体育教育训练学、民族传统体育学 4 个二级学科，这标志着体育学的进步。民族传统体育学科又分为少数民族传统体育、武术和中华养生保健三个专业。从这时开始，"民族传统体育"这一称谓，作为国家认定学科被正式确定下来。

"民族传统体育"的定义，迄今仍没有一个统一的权威定义。1989 年，人民体育出版社出版的体育学院通用教材《体育史》认为，民族传统体育是指近代以前的体育竞技娱乐活动。对我国而言，指近代体育传入前我国存在的体育模式，即 1840 年前，我国各族人民已经采用并流传至今的体育活动内容、社会表现方式与价值观念的总和。这是从历史的角度，对民族传统体育所做的界定，自西方近代体育传入我国以后，学界对民族传统体育在社会生活中，特别是在大中城市和军队、学校中受到的影响进行了研究。另有研究避开时间的界定，认为民族传统体育是民族（包括汉族）体育的重要组成部分，是历史时期的产物，是各民族体育活动方式的延续和保存，是各民族体育运动生命力的再现，它是构成现代体育的"体育文化密码"，是历史给予我们的重要体育文化遗产。也有研究者认为民族传统体育是指某一个或几个特定的民族在一定范围内开展的，还没有被现代化，至今还有影响的体育竞技娱乐活动。也有研究者认为民族传统体育是指某一个或几个特定的民族在一定范围内开展的、具有浓厚民族文化色彩和特征的传统体育活动，其中的"传统"是指历代因循沿传下来的根本性的模型、模式、准则的总和。民族传统体育包括汉民族传统体育和 55 个少数民族的传统体育，是指特定的民族在一定的范围内开展的，从传统社会沿袭下来的，具有浓厚民族文化色彩的，对人体生理特征有改进作用的各种身体活动的总称。

中华民族传统体育是一个整体概念，"中华民族传统体育"一词的限制条件是"中华"二字，即由"中华"一词所规定的"中国范围"。构成"民族传统体育"的两个最为根本的特质是民族性和传统性。因为，世界各国的民族大多数有自己的传统体育，既具有一般民族传统体育的特点，也具有其自身鲜明的民族特色。就体育而言，当西方民族体育被中华民族所利用的时候，体育的西方性、民族性等一些价值概念，都可以被忽略；当中华民族体育被民族所利用的时候，也会出现同样的情况。因此，只要我们没有在"民族传统体育"前面加上某个国家的限定词，民族传统体育的概念就应该适应于其他世界各国的其他民族。

（九）少数民族传统体育概念

1986年9月在新疆举行的首届少数民族传统体育学术研讨会上，对"少数民族传统体育"的定义提出了四种观点：一是少数民族传统体育是各少数民族世代相传、具有民族特色的各种体育活动的总称；二是少数民族传统体育是在古代体育的基础上延续下来的，因此是指近代体育传入以前我国各民族就已有的体育活动；三是凡是目前在一些民族地区仍在流传的具有民族特色的体育活动（包括自娱活动）都属于民族传统体育范畴；四是少数民族传统体育是具有民族性、传统性、体育性的活动项目。

在我国历史上，汉族是在各民族的几次大的迁徙过程中，不断融合而形成的，在共同缔造祖国疆域的过程中，56个民族在政治、文化、生活方式等诸方面结成不可分离的血肉联系，为斑斓多姿而又各具特色的民族体育项目的产生与发展提供了社会基础。少数民族传统体育是人类社会生活的组成部分，也是滋生出许多现代竞技项目的沃土。当今世界流行的形形色色的体育活动，刚开始时仅仅局限在某一地区的一个或少数几个民族中，但最终为各国各民族所接受，成为全人类共有的体育文化财富。事实上，各具特色的少数民族传统体育，从它的起源和发展及其丰富多彩的内容来看，与各民族的自然环境、生产特点、经济生活和风俗习惯有着密切的关系。因此可以认为，少数民族传统体育就是指长期流传在各少数民族中，具有本民族文化特色及强健体魄和娱乐身心作用的各种身体活动。

二、体育与健康

体育是学校教育的重要组成部分。健康的体魄是青少年为祖国和人民服务的前提，当代学生是我国现代化建设的宝贵财富，肩负着把我国建设成中等发达国家的重任，而要完成这一光荣的使命，必须要有一个健康的体魄。培养学生现代健康观和终身体育思想，掌握科学的体育锻炼技术方法，是体育教育工作的重要任务。下面主要从现代健康观、体质与健康、健康的评价与标准三个方面展开论述。

（一）健康概念

1. 什么是健康

关于健康的概念，不同时期有不同的解释和标准。20 世纪 30 年代，美国健康教育专家鲍尔提出："健康是人们在身体、心情和精神方面都自觉良好，活力充沛的一种状态。"1948 年，世界卫生组织在宪章中明确指出："健康不仅是免于疾病和虚热，而且是保持身体上、精神上和社会适应方面的完美状态。"这一概念突破了以往无生理功能异常、免于疾病就是健康的概念。2000 年，世界卫生组织根据健康的新含义，提出了健康的 10 条标准如下：

（1）有充沛的精力，能从容不迫地担负日常生活和工作压力而不感到紧张。

（2）处事乐观，态度积极，乐于承担责任，事无巨细，不挑别。

（3）善于休息，睡眠良好。

（4）应变能力强，能适应外界环境的各种变化。

（5）能抵抗一般性的感冒和传染病。

（6）体重适当，身体匀称，站立时头、肩、臀的位置协调。

（7）眼睛明亮，反应敏锐，眼睑不发炎。

（8）头发有光泽、无头屑。

（9）牙齿清洁，无龋洞、无痛感、无出血现象，齿龈颜色正常。

（10）肌肉和皮肤富有弹性，走路轻松。

以上标准前四项是心理和社会适应能力，后六项是生理要求。根据以上定义，人的健康标准大致可概括为三个层面：身体健康、心理健康和社会适应良好。一个人只有同时具备了这三个条件，才称得上是完全健康的。

①身体健康

身体健康是指人在生理学方面的健康，即机体完整或功能完善。同时，还要掌握常见健康障碍和疾病的预防和治疗的基本知识，并能采取合理的预防、治疗和康复措施。

②心理健康

心理健康是指人的内心世界丰富充实，处事态度和谐安宁，与周围环境保持协调。心理健康包括两层含义：其一是自我人格完整，心理平衡，有较好的自控能力，有自知之明，能正确评价自己，能及时发现并克服自己的缺点：其二是有正确的人生目标，不断追求和进取，对未来充满信心。

②社会适应良好

社会适应良好是指一个人的外部行为和内在行为都能适应复杂的社会环境变化，能与他人保持正常的人际关系。

2. 现代健康观的内涵

（1）完美健康观

现代人们认为一个人在肌体健康、心理健康、社会适应良好和道德健康四个方面都健全，才是完美健康的人。①肌体健康：一般是指人体生理的健康。②心理健康一般有三方面的标志。一是具备健康心理的人，人格是完整的，自我感觉是良好的，情绪是稳定的，积极情绪多于消极情绪，有较好的自控能力，能保持心理上的平衡。有自尊、自爱、自信心，而且有自知之明：二是一个人在自己所处的环境中，有充分的安全感，且能保持正常的人际关系，能受到别人的欢迎和信任；三是健康的人对未来有明确的生活目标，切合实际地、不断地进取，有理想和事业上的追求。③社会适应良好是指一个人的心理活动和行为，能适应当时复杂的环境变化，为他人所理解，为大家所接受。④道德健康是指不以损害他人利益来满足自己的需要，有辨别真伪、善恶、荣辱、美丑等是非观念，能按社会规范的准则约束、支配自己的行为，能为人们的幸福做贡献。

（2）亚健康状态

健康与疾病之间没有十分清晰的界限，当人体处于既不属于健康又难以发现疾病的状态时，即处于健康与疾病的临界状态，这个状态被称为亚健康状态。

处于亚健康状态的人们，身体可能会有程度不同的不适感觉，各种医学检查基本正常，因此，容易被忽视。但亚健康状态不及时纠正，可能使症状继续发展，导致健康状况下降，最终导致病变甚至死亡。所以，应当充分认识和注意到亚健康状态的潜在威胁，以积极的态度和生活方式，使自己的身心处在良好的健康状态。

亚健康对人体危害极大，那么应怎样走出亚健康状态呢？人们至少应做到以下几点：

①克服不良的生活习惯

吸烟、过度饮酒、过量饮食、缺少运动、睡眠不足、不吃早餐、经常熬夜等不良生活习惯，都会使身体由健康状态逐渐转变成亚健康状态，最后导致各种疾病的发生。

②调整好个人心态，适应社会的发展

随着人类的发展，社会的进步，社会竞争激烈，工作生活节奏加快，人们的心理压力增加，精神负担增大。心理压力过大，会导致心理失衡，神经系统功能失调，内分泌紊乱，正常的生理功能不能发挥出来，抵御疾病的能力也就明显下降，进而引起各种疾病。

③及时消除疲劳，努力提高身体素质

经常感到疲惫不堪是典型的"亚健康状态"。疲劳是人体一种生理预警反应，长时间地超负荷工作会产生疲劳积累，长期下去势必会引起疾病。要注意及时调整工作和生活方式，保证有足够的休息时间，养成良好的生活规律。

④养成良好的饮食习惯，注重饮食营养

从亚健康状态恢复到健康状态的关键在自己，要有自我保健意识，特别要注意良好饮食习惯的养成，并注意饮食营养。

（3）现代健康观

现代健康观的理论表明，健康的内涵已从生物健康模式扩大到了社会健康领域。现代健康概念中心理健康和社会性健康是健康组合的有力补充和发展。个人对自己健康概念所承担的责任和对他人、对社会应尽的义务作为道德健康充实健康组合，使现代健康概念趋于完美和合理。现代健康观摆脱了对健康的片面认识，强调人体的整体统一性，既考虑到人的自然属性，又强调人的社会属性，既重视健康对人的价值，又强调人对健康的作用，并将两者结合起来。这种认识必将使被动治疗疾病转变为积极预防疾病，预测疾病从以单纯的生理标准扩展到心理、社会、道德标准，从个体诊断延伸到群体乃至整个社会的健康评价。

（二）影响健康的因素

根据哺乳类动物的成熟期、生长期和寿命之间的逻辑关系，推算人类的寿命极限应该是 110 岁左右，而为什么大部分人的寿命达不到这个标准呢？其原因是人不关注健康因素。那么，影响人的健康与寿命的关键因素是什么呢？据世界卫生组织 1989 年公布的资料，人的健康与寿命，60% 取决于自身状况，15% 取决于遗传因素，10% 取决于社会因素，8% 取决于医疗条件，7% 取决于生活环境和地理气候条件的影响。对于取决于人们自身的因素来说，影响人的健康与寿命的关键是每个人的生活方式和行为习惯，即每日饮食是否适宜？是否经常进行体育锻炼？是否处于最佳心理状态等。

1.认知水平

认识形成理念，理念指导行为。一个人只有认识到健康的重要性，才能够形成正确的健康理念，并在这种理念的指导下规范自己的行为。如果认识不正确，就不会形成科学的理念，更不会有正确的行为了。所以，认知水平是关系健康的重要因素。

2. 生活方式

身体健康的人，得益于良好的生活方式：不吸烟，节制饮酒，每天吃早餐，注意饮食营养，保持正常的体重，保证高质量的睡眠，坚持适当负荷的体育锻炼，等等。除此之外，还应注意身体的需要，及时注意身体传递给自己的各种信息，并对之做出反应，即具有自我保健的意识和常识，做到定期体检，有病及时就医。

3. 遗传因素

遗传是子代和亲代之间在形态结构以及生理功能上的相似，是一切生物共有的基本特征、对人类来说，遗传除了影响人的自然寿命，在人的生长发育过程中，身高、体重、皮下脂肪、血压等多项形态、生理指标都有不同程度的家族性倾向，尤以身高、体重更为明显。而遗传病是当前医学领域中，严重威胁人类健康的疾病之一。

4. 环境因素

（1）自然环境

人类是自然的一部分，人类的生命活动一刻也离不开自然界。自然的变化与人的生命活动息息相关。风雨寒热都会影响人的健康。

人类与环境之间的最本质的联系是物质和能量的交换。一方面，人类从环境中摄取空气、水、食物等生命必需的物质，组成身体成分或产生能量：另一方面，肌体排泄的各种代谢废物，在环境中经过多次变化，再次形成营养物质。由此可见，人和环境是不可分割的统一整体，环境的构成及其状态的任何异常变化，都会不同程度地影响人体正常的生理活动。

人类可以适应一定的环境变化，如人体可以通过体温调节来适应环境中气象条件的变化。但环境异常超出了人体适应的范围时，人体就会发生某些病理性的变化。人体的疾病绝大部分是由环境因素引起的，在环境致病因素中，环境污染又占很大比重。

（2）社会环境

社会经济发展状况、社会秩序、伦理道德、宗教、风俗、教育等因素构成的社会环境都可能直接或间接地影响人的健康状况。美国有一份报告，一些遭受歧视的青少年儿童，生长发育缓慢、身材矮小，性发育迟缓，他们并无明显的家庭遗传倾向，可能是由于不良环境对中枢神经系统形成长期的恶性刺激，导致生长激素释放因子分泌缺乏而引起的。一旦改变他们的社会处境，他们的生长速度会大大加快，甚至最终可达正常水平。

综上所述，环境对人类健康的影响是多层面的，维护和改善人类生存的自然环境和社会环境，已经成为保证人类健康生存的迫切任务。

（三）健康教育的目的与要求

1. 健康教育的目的

（1）了解健康新概念，树立健康意识

在我国，大部分人还没有接受过健康新概念的教育。仍认为无病就是健康，没有定期进行体格检查的习惯和要求。学生时代正是身体生长发育的关键时期，他们总认为自己是最健康的，忽略自我保健，从而埋下了疾病的隐患。健康教育的首要任务是要宣传健康新概念，帮助人们树立强烈的现代健康意识，使他们了解现在和未来的健康需求。

（2）掌握健康保健知识，提高自我保健能力

掌握与健康有关的知识，是促使行为改变的基本条件，因而，加强对学生的健康知识教育，提高学生的自我保健能力，是健康教育的又一要求。

（3）完善生活方式，形成健康行为

生活方式是指个人和社会的生活模式。生活方式虽然受到自然环境和社会环境的影响，但又是可由个人选择及控制的，很多疾病都是因不良的行为和不健康的生活方式引起的。

（4）重视环境因素，增强维护健康的责任感

环境污染造成生态环境的持续恶化，已成为影响人类健康的一大因素。改善健康必须改善环境，已成为人们的共识。为做好环境保护工作，并阐明环境与健康的关系，把有害健康的主要环境因素及其作用过程与规律等正确地传授给人们，使每个人重视环境保护，建立有益于健康的环境行为，保护环境，维护身体健康。

2. 健康教育的要求

（1）作为一种有计划、有目的、有评价的教育行动，健康教育帮助和鼓励人们树立增进健康的信心，促使人们采取有益于健康的行动，形成健康的生活方式，以消除或降低危险因素的影响，创造健康的环境，并学会在必要时寻求适当的帮助，从而达到保护和促进健康的目的。

（2）健康教育不仅着眼于人类，更为重要的是健康教育看到人类所具有的社会性的一面，即教育对象是受社会道德规范和法律约束的、受社会文明程度影响的、与社会不可分割的人。健康教育的任务是要使人类达到身体上、精神上和社会适应方面的完美状态。

（3）健康教育还要促进人们树立高尚的人生观，形成科学、文明和健康的生活方式，为社会环境，生产、生活条件向有益于健康的方向转化做出应有的贡献。

（四）健康的标准与评价

1. 健康的标准

（1）大众健康的标准

关于健康的标准，各国有不同的说法，这主要与各国的文化背景、生活环境等因素有关。其实人在不同时期，有不同的评价标准。

我国学者认为，健康应包含下列因素：

①身体各部分发育正常，功能健康，没有疾病。

②体质健康，对疾病有较强的抵抗力，并能吃苦耐劳，担负各种艰巨繁重的任务，经受各种自然环境的考验。

③精力充沛，能经常保持有较高的工作效率。

④意志坚定，情绪正常，精神愉快。

世界卫生组织提出了衡量个体健康的基本标志，归纳起来有以下 10 个要求：

①精力充沛，能从容不迫地担负日常生活和工作。

②处事乐观，态度积极，乐于承担工作，事无巨细，不挑剔。

③善于休息，睡眠良好。

④应变能力强，能适应外界环境的各种变化。

⑤对一般性感冒和传染病具有抵抗力。

⑥体重适当，体形匀称，站立时头、肩、臀位置正确。

⑦眼睛明亮，反应敏锐，眼睑不发炎。

⑧牙齿清洁，无龋洞，无痛感，齿龈颜色正常，无出血现象。

⑨头发有光泽，无头屑。

⑩肌肉、皮肤富有弹性，走路轻松。

以上 10 点，通俗易懂，有很强的可操作性，较全面概括了健康人的基本表现。

（2）青少年健康标准

①智力正常。智力正常是生活、学习、工作的基本条件与周围环境取得平衡的心理保证，人的智力往往通过智力测验来划分，90 以上是正常智力，关键是情商。智商是成才的基础，情商是成才的关键。情商是指信心、恒心、毅力、乐观、忍耐、抗挫折、合作等一系列与个人素质有关的反应程度。情

商低的人表现出意志不坚定、不能控制自己的情绪、易冲动、做事不规范、任性、不负责任。

②有足够充沛的精力，能从容不迫地应对日常生活和学习的压力，而不感到过分紧张。

③心情开朗、情绪乐观稳定、心胸豁达、热爱生活，对工作和学习不视为负担，而视为乐趣，努力将自己的才智在学习中发挥出来。

④与人为善、乐于与人交往，和同学和睦相处，对同学尊重、信任，不产生嫉妒、憎恨的心理。

⑤应变能力强，能适应环境的各种变化。

⑥控制能力好，没有不良行为、不良习惯和嗜好。不良行为包括说谎、逃学、不守纪律、顶撞父母和老师、离家出走、痴迷游戏机、网吧等。不良习惯如咬指甲、上课注意力不集中、多动症等。不良嗜好如吸烟、喝酒等。

⑦学习态度端正：学习时注意力集中、休息时善于放松、睡眠好。

（3）大学生健康标准

当代大学生是祖国现代化建设的宝贵财富。大学学习期间是人生走向成熟的阶段，世界观、人生观逐渐形成。大学生健康标准主要应从以下八个方面衡量：

①体格发育良好，能抵御一般疾病。

②精力充沛，情绪稳定。

③饮食与睡眠合理。

④人际交往和谐，积极参加社会集体活动。

⑤能够调整好学习、生活、娱乐三者的关系。

⑥个人行为与人格符合大学生的特征。

⑦有积极进取的人生态度。

⑧关心他人和社会。

（4）心理健康的标准

关于人的心理健康标准，不同的组织、不同的国家有不同的标准。

①世界卫生组织提出的心理健康标准

a.具有健康心理的人，人格是完整的，自我感觉是良好的，情绪是稳定的，且积极情绪多于消极情绪；有较好的自我控制能力，能保持心理平衡。自尊、自爱、自信，而且有自知之明。

b.一个人在自己所处的环境中，有充分的安全感，且能保持正常的人际关系，能受到别人的欢迎和信任。

c.心理健康的人，对未来有明确的生活目标，有理想和事业上的追求，并能脚踏实地、不断地进取。

②我国的心理健康标准

a. 对自己有正确的认识和恰当的评价。

b. 正视现实并对现实环境有良好适应。

c. 建立和谐的人际关系。

d. 热爱生活，献身事业。

e. 保持健全的人格。

f. 能协调情绪，保持良好的心境。

2. 健康评价

（1）健康评价的概念

健康评价是根据可靠有效的评价理论、评价标准和方法，对受试者的健康状况做出判断的过程。评价必须建立在测量的基础上，没有测量就没有评价权。但是测量并不等于评价，没有评价的测量则毫无意义。

（2）健康评价的原则

健康评价的原则是指在健康测量与评价过程中必须遵循的一些基本要求，它包括以下四个方面：

①计划性原则。健康测量与评价应有计划、有目的地进行，应是连续的、与整个健康教育计划的实施同步。

②全面性原则。健康测量与评价的内容应该是全面和客观的。具体来说，选用的指标应包括形态、机能、心理状态和对社会适应等多个方面，以全面测量参与评价人的健康状况。

③可靠性原则。健康测量应在相同的时间和地点，并在同一测试仪器与测试方法下进行，以将测量误差减至最低。

④综合评价原则。人的健康受多种因素的影响，在进行健康评价时决不能因为某一项指标或几项指标的变化，做出不切实际的结论。应强调从各项指标间的相互关系上，以及各项指标对整体的影响上进行全面和综合的评价。

（五）体育锻炼时的身体状态

科学的体育锻炼就是遵循体育运动对人体的作用规律以及人体发展的生物学规律进行有目的、有成效的身体活动。科学的体育锻炼能从根本上增强人体各器官、系统的功能，增强人体免疫功能，提高机体的适应能力，从而提高健康水平。违背客观规律的人体活动是达不到增强体质的目的，甚至有损于身心健康。

1. 人体运动时的能量供应方式

人体运动时的直接能源是肌肉中的一种特殊高能磷酸化合物——三磷酸腺苷（ATP），它在酶的催化下，迅速分解为二磷酸腺苷（ADP）与磷酸（PI），同时释放出能量供肌肉收缩。但是人体中的 ATP 含量甚微，只能供极短时间的消耗，因此，肌肉要持续运动就需要及时补充 ATP。体内 ATP 的恢复是糖、脂肪、蛋白质等能量物质通过各种代谢途径来实现的，生理学称之为运动时的三个供能系统。

（1）无氧代谢供能

人体在进行剧烈运动时，氧供应满足不了人体对氧的需求，肌肉即利用三磷酸腺苷（ATP）和磷酸肌酸（CP）的无氧分解释放能量，由于 CP 的分解能迅速将能量转移给 ADP 生成 ATP 且不需要氧，也不产生乳酸，因此也称这个磷酸原系统为非乳酸能系统。但这个供能系统持续供能时间很短，仅维持 8—10s 左右的能量供应。

另一个无氧供能系统是动用肌糖元进行无氧酵解供能，由于在酵解中产生乳酸积累，故也把这个供能系统称为乳酸能供能系统。人体肌肉快速运动持续较长时间后（10s 以上），磷酸原供能系统已不能及时提供能量供 ATP 的合成，这时就动用肌糖元进行无氧酵解供能。人体乳酸能供能系统的最长供能持续时间约为 33s。

100m 跑无氧代谢占 98% 以上，200m 跑无氧代谢占 90%—95%，有氧代谢仅占 5%—10%，因此，短距离跑的项目应以提供无氧代谢能为主。无氧代谢练习中，发展磷酸原供能系统的供能能力最好采用每次 10s 以内的全速跑重复训练，中间间歇休息 30s 以上，如果间歇时间短于 30s，会使磷酸原供能系统恢复不足而产生乳酸积累。发展乳酸能供能系统的能力最适宜的手段是全速跑 30—60s，间歇休息 2—3min，以使血乳酸达到最高水平，来提高人体对高血乳酸的耐受力。

（2）有氧代谢供能

有氧代谢是指糖类、脂肪在氧供应充足的条件下，氧化分解成二氧化碳和水，同时释放大量能量供 ATP 再合成的过程。长时间、长距离的运动项目主要是有氧代谢供能，5000m 跑有氧代谢占 80%，10000m 跑有氧代谢占 90%，很多球类项目也需要良好的有氧代谢能力。这个系统的能力主要和人体心肺功能有关，是耐力素质的基础。可采用较长时间的中等强度的匀速跑或较长距离的中速间歇训练来提高有氧供能系统的功能。

任何一种体育运动项目都是多种供能系统参与供能，由于不同运动项目的持续时间和强度不同，各供能系统所占的比例各不相同。短距离、大强度项目是磷酸原系统及乳酸供能能力；中等距离、较大强度的运动项目对供能系统均有较高要求。糖类和脂肪是运动中合成ATP的主要能量来源，糖能进行无氧酵解和有氧代谢，而脂肪不能无氧酵解，只能进行有氧代谢，在长距离项目中，在运动的后期用来合成ATP的能量大约有80%来自脂肪氧化。所以为了消耗体内多余脂肪，需采用强度不大但持续时间较长的有氧运动。

2."极点"与"第二次呼吸"

（1）"极点"

在一定强度和一定持续时间的运动开始后不久，人体所产生的呼吸急促、胸部胀闷、动作迟缓、协调性下降、精神低落、运动欲望骤减，甚至伴有恶心的生理现象被称为"极点"。产生"极点"的原因是内脏器官的惰性大于运动器官的，内脏器官的功能一时跟不上运动器官的要求，不能及时把氧送到骨骼肌，也不能及时带走肌肉运动时产生的大量二氧化碳和乳酸等代谢产物，使这些代谢产物大量堆积引起呼吸、循环系统活动失调和活动功能的降低，导致动力定型的暂时紊乱，使运动中枢产生抑制。

"极点"出现的时间与人的运动水平、运动项目、运动强度和运动前的准备活动有直接关系，运动水平较高、运动强度较小、运动前做适当的准备活动，"极点"出现得较晚，生理反应也较小。运动中的"极点"现象是正常的生理反应，运动者应以顽强的毅力坚持运动，这样就会度过此阶段进入"第二次呼吸"。

（2）"第二次呼吸"

"极点"出现后应坚持运动。由于"极点"出现，运动速度有所下降，运动器官对氧的需要量暂时减少，而持续的运动会使人体的植物性神经机能逐步得到提高，内脏器官的惰性逐步得到克服，呼吸和循环系统功能逐步赶上运动器官的活动需要。当内脏器官的供氧能力又开始加强，体内堆积的乳酸得到氧化，血液中的化学刺激得到缓解，体热散发作用也开始顺利进行，激素分泌旺盛。因此，动力定型的协调关系会达到新的平衡，这样就出现了所为的"第二次呼吸"。此时，呼吸变得均匀而加深，动作轻快，一切不舒服的感觉消失。

"第二次呼吸"机能状态的出现和人的训练水平、运动能力及准备活动有关，训练水平高、运动能力强、准备活动充分，"第二次呼吸"出现得早。"第二次呼吸"状态的出现标志着人体进入工作状态结束，开始进入一种稳定状态。

在体育运动中存在着人体对运动负荷的适应—不适应—再适应的循环往复的过程，人体只有在不断地克服"极点"的基础上，逐渐适应并增加运动负荷，身体的机能水平才能得到发展，运动能力和运动成绩才能逐步得到提高。

3. 超量恢复

运动时体内代谢过程加强，不间断的代谢可以补充运动时能源的消耗，在运动中及运动停止后，能量物质都在不断地进行补充和恢复，只不过运动中的能量消耗大于补充，运动后的体内能量消耗小于补充。能量恢复过程可分为三个阶段：第一个阶段是在运动中恢复过程就开始了，但由于此时的恢复跟不上消耗量，因此能量物质储备逐步下降；第二阶段是运动结束后，此时人体能量消耗减少而补充不断加大，直到体内的能量物质恢复到运动前的水平；第三个阶段就是超量恢复阶段，能量物质不仅能恢复到原有水平，而且超过原来的能量储备水平，比运动前的能量物质的储备量还要多，称为"超量恢复"。超量恢复现象并不始终存在于恢复期，而是保持一段时间后又回到原有的水平。

运动强度的大小对能量消耗有直接影响，同时对超量恢复出现的强弱也有直接影响，运动强度越大超量恢复越明显，相反超量恢复就弱或根本不出现。超量恢复学说是运动训练学中大运动负荷训练原则的理论依据之一。认识和掌握这种运动效应产生的生理机制，在训练中恰当安排运动负荷，把握住超量恢复时机，对于加大运动负荷、达到最好训练效果及在比赛中取得最佳成绩是非常重要的。

4. 准备活动

（1）准备活动

在运动或比赛前所做的各种身体练习称为准备活动，其主要目的是通过有目的的适量的身体练习提高中枢神经系统的兴奋性，克服内脏器官的生理惰性，使各器官系统缩短进入工作状态的时间，为正式练习或比赛做好机能上的准备。

准备活动能够缓解运动者对比赛的过分关注，能够调整不良的紧张或抑制状态，使中枢神经系统的兴奋性达到适宜水平。准备活动能使体温升高，神经传导速度加快，内脏植物性神经逐渐兴奋起来，从而提高呼吸系统和心血管系统的功能，加强体内物质能量代谢。准备活动能降低肌肉及韧带的黏滞性，加快肌肉收缩与放松的速度，增加肌肉韧带的力量和弹性。高质量的准备活动可使各器官功能相互适应和协调，充分发挥机体各器官系统在运动时的最大机能水平，对取得优异的运动成绩和防止运动损伤有积极的生理意义。

准备活动的内容分可分为一般性准备活动和专门性准备活动。一般性准备活动包括走、跑、跳、徒手操和游戏。专门性准备活动是指与运动项目相类似的活动内容，可根据项目特点进行徒手或利用轻器械进行练习。一般性锻炼的准备活动需要 5—8min，运动员的专项准备活动可达半小时，准备活动的强度应由小到大，身体微微出汗即可。有时运动员的肌肉温度可升高至 39℃，心率可达 100—120 次/min。做好充分的准备活动与正式比赛或练习开始时间的间隔一般为 2—3min 为宜，最长不超过 15min，期间应注意保暖。总之，准备活动的内容、时间、强度及与正式比赛或练习的间隔时间要根据运动者的年龄、训练水平、运动项目及季节气候等多种客观情况进行调整后再确定。

（2）整理活动

在剧烈运动结束后做一些放松性练习，可以使人体由紧张激烈的运动状态逐步过渡到安静放松的状态，使肌体得到更快的恢复。此时，剧烈运动虽然停止，但体内在运动时欠下了氧债，堆积了导致疲劳的代谢产物，这就需要心血管和呼吸系统仍处于一个较高的活动水平，来偿还氧债和清除代谢产物。另外，通过一些整理活动可使各部肌肉有节奏地放松和收缩，使肌肉中的血流通畅，可以加速体内血乳酸的清除，消除疲劳，促进人体机能的恢复。如果在剧烈运动结束后马上停止活动，肌肉对静脉的挤压作用消失，会使大量血液因重力的作用滞留在下肢，造成回心血量减少，心输出量也相应减少而导致血压下降，就会造成暂时性贫血，出现面色苍白、头晕、恶心及呕吐等现象，甚至出现"重力性休克"。

做整理活动时，运动负荷不宜过大，要尽可能使参与活动的肌肉得到伸展和拉长。做深呼吸可加大肺的通气量，提高气体交换率，对神经系统也有良好的调节作用。

5. 赛前状态

人体在比赛或训练前某些器官和系统产生的一系列条件反射性变化叫赛前状态。赛前状态发生的时间和强度与运动者参与比赛的性质、运动者自身的机能状态有关。如果运动者参加的比赛活动较重大、训练水平较低、比赛经验较少、心理活动激烈、情绪紧张，赛前状态发生时间就早，可能在数天前或数小时前就产生了，而且距离比赛时间越近表现就越明显、激烈。

赛前状态的产生是由于有关比赛或训练的舆论信息、场地器材、观众及对手的表现等方面的刺激经常作用于运动者而产生。为了达到良好的赛前状态，应使运动者正确对待比赛，控制情绪。可采取如下措施：

（1）进行心理咨询，并同时进行必要的心理训练。

（2）经常参加体育竞赛以积累经验。

（3）进行有针对性的和实战条件下的训练。

（4）安排丰富多彩的活动和做好赛前的准备活动，来缓解并消除过度的赛前状态，调节出良好的赛前状态。

6. 运动状态

运动阶段分为两个阶段，一是运动开始阶段，二是运动稳定阶段。

人体各器官的工作效率是逐步提高的，这个逐步提高机体工作能力的过程就称为进入工作状态。任何物质从静止到运动，从运动的低速度到高速度都必须克服惯性。在运动开始后，人体的生理功能和协调性逐步提高。由于内脏器官的惰性比运动器官大，呼吸循环系统的许多功能指标需要 2—7min 才能达到最高水平，而运动器官在 20—30s 内就可以发挥出最高工作效率，所以运动开始后，内脏器官的活动水平落后于肌肉的活动水平，不能及时为人体运动提供能量和清除代谢产物，故人体的整体机能不能达到最高水平。另外，动作的复杂程度对人体进入工作状态也有一定的影响。人体的随意运动都是在中枢神经系统的控制调节下实现的反射活动，相应中枢兴奋性提高，神经冲动沿着反射途径传导需要时间，动作越复杂传导的时间越长，进入工作状态越慢。每个人进入工作状态所需时间取决于工作的性质和个人的特点，如果运动项目复杂、个人训练水平较低、身体机能状态欠佳，则进入工作状态时间就长。

进入工作状态结束后，人体各种生理惰性已被逐步克服，在继续运动的过程中，人体各器官系统的机能活动在一段时间内保持在一个较高而稳定的水平上，这个过程即为稳定工作状态。稳定工作状态又有真稳定状态和假稳定状态。在进行中小强度的有氧练习时，机体所需要的氧量得到满足，即吸氧量和需氧量相平衡，叫真稳定状态。随着运动强度的不断加大，吸氧量不能满足需氧量的要求时，就产生假稳定状态。在假稳定状态下无氧代谢参加供能，积累大量乳酸和欠下氧债，运动时间也就不能持久。

7. 疲劳状态

疲劳状态是一种正常的生理现象。运动性疲劳是人体运动到时一定阶段后必然出现的运动能力及身体功能暂时下降的生理现象。疲劳对人体来说是一种保护性信号，提醒人们要适当调整运动量，防止过度疲劳。

运动性疲劳的产生是一个综合性的复杂过程，和人体多方面的因素及生理变化有关。运动时，体内能量物质消耗过多会引起疲劳时。如在进行 2—3min 快速极限强度的无氧练习至非常疲劳，人体肌肉细胞内的磷酸肌酸接近零。肌肉收缩产生的代谢产物积累以后会引起疲劳。工作时间过长，大脑神经细胞会由兴奋转为抑制而引起疲劳，大脑皮质神经细胞长时间兴奋会导致能量消耗增多，当消耗到一定程度时大脑皮质便会产生保护性抑制。

在体育活动中要正确认识和对待疲劳，不同运动项目的供能特点各有不同，应有针对性地发展不同项目人体供能系统的功能，以减轻并消除疲劳。一些疲劳的产生首先是在神经系统，人体在感到疲劳时机体往往还有很大机能潜能，能源物质远未耗尽，因此，应加强意志品质与心理训练，提高身体素质，运动中注意及时调整训练内容和动作。注意饮食营养的科学合理，使体内能源物质储备充分，这些措施都能达到推迟疲劳出现和缓解疲劳的目的。

8.恢复状态

人体在运动结束后，各种生理机能和工作能力逐渐恢复，或在一定时间内稍高于运动前的水平。人体内能量物质的消耗和恢复可分为三个阶段。

第一阶段，运动时能源物质的消耗多于恢复，能源物质逐渐减少，各器官系统功能逐渐下降。第二阶段，运动停止后消耗过程减弱，恢复过程占优势，能源物质和各器官系统功能逐渐恢复到原来水平。

第三阶段，运动停止后的一段时间内，能源物质的恢复水平超过原来水平，即"超量恢复"。

促进疲劳恢复的措施和方法有活动性休息、良好的睡眠和合理补充营养等。

（1）活动性休息

局部肢体疲劳，可通过另一部分肢体的活动来加速疲劳肢体的体力恢复。局部的肢体活动可促进全身的新陈代谢，消除代谢产物，补充能量物质，加速恢复过程。

（2）良好的睡眠

睡眠对体能恢复非常重要，7—9h 的高质量睡眠能使身心得到较彻底的放松，精神和体能才能得到恢复。

（3）合理补充营养

饮食中要含有较丰富的糖和蛋白质，适量的维生素和无机盐的补充对功能恢复也是必不可少的。长时间的训练和比赛所需的能量大部分来自脂肪分解，所以，不能过分限制脂肪的摄入。运动后不宜马上大量饮水，大量饮用白水会破坏体内水盐代谢平衡，影响正常生理机能，甚至发生肌肉痉挛现象。可适量饮用一些高能运动饮料、电解质运动饮料或加入少量食盐的水。

（4）心理调节

心理因素对疲劳恢复有着积极作用，可通过艺术欣赏和娱乐活动来释放不良情绪，调节心理状态。

（5）采用物理恢复手段

按摩、光电疗等有助消除疲劳，温水浴、吸氧、空气负离子吸入都是加快机体疲劳恢复的有效措施。

（六）体育锻炼与身心健康

1.体育锻炼与身体健康

体育锻炼是通过科学的身体活动形式给予人体各器官、系统一种良性刺激，促使身体的形态结构、生理机能等方面发生一系列适应性反应和变化，从而增强体质、增进健康：

（1）体育锻炼的健身功能

体育锻炼对促进人体发展，增强体质具有重要作用。体育锻炼的健身功能如下：

①科学的体育锻炼不仅有利于人体骨骼、肌肉的生长，而且还能改善血液循环系统、呼吸系统、消化系统、排泄系统的机能状况，有利于人体的生长发育，提高抗病能力，增强有机体的适应能力。

②体育锻炼是增强体质的最积极、最有效的手段之一。经专家多年的研究，参加体育锻炼的人身体机能都会得到极大的改善，特别是对心血管系统的改善尤为明显。

③科学的体育锻炼能改善神经系统的调节功能，提高神经系统对人体活动时错综复杂变化的判断能力，并及时做出协调、准确、迅速的反应，使人体适应内外环境的变化，保持机体生命活动的正常进行。

（2）体育锻炼的健脑功能

随着社会的进步，科学技术不断地发展，从事脑力劳动的人不断增多。用脑过度会使脑细胞转入抑制状态。如果不做调整，则会导致记忆力减退，甚至出现神经衰弱而严重影响健康。科学研究表明，体育锻炼对大脑中枢神经系统有良好的刺激作用。改善大脑的供氧情况，可消除大脑疲劳，提高大脑的工作能力。体育锻炼还能使大脑皮质及时准确地调动植物性神经系统，尽早地进入工作状态，提高大脑反应速度和综合分析能力，使大脑的功能加强。这是因为：

①体育锻炼能使脑细胞的数量和体积得到充分的发展。

②体育锻炼能完善大脑的传导系统。

③体育锻炼能改善大脑皮质的兴奋和抑制过程，促进条件反射的建立。

④体育锻炼能提高大脑皮质反应的灵活性和工作能力，有激活脑细胞的功能。

2.体育锻炼与心理健康

体育锻炼对心理健康有促进作用。对于一个健康的人来说，进行长期科学、适宜的体育锻炼，例如，有氧练习，力量和灵敏性练习，可以改善人的心理健康水平，还可以降低人的焦虑程度，并提高学习效率，发展积极的情绪。对于患有心理疾病的人来说，长期的科学适宜的体育锻炼能较大地改善心理状态。

体育锻炼是促进学生个性、心理良性发展的重要途径：

（1）体育锻炼具有调节人体紧张情绪的作用，能够改善生理和心理状态，恢复体力和精力。

（2）体育锻炼能增进身体健康，使疲劳的身体得到积极的休息，使人精力充沛地投入学习、工作。

（3）体育锻炼可以陶冶性情、保持健康的心态，充分发挥个体的积极性、创造性，培养健康的生活观。

（4）体育锻炼的集体项目与竞赛活动可以培养人的团结、协作及集体主义精神。

（七）体育锻炼的原则和方法

体育锻炼可以增进健康，提高身体的运动素质和基本活动能力，并能够防治疾病。但是，并不是只要参加体育锻炼，就一定会获得良好效果。如果锻炼内容、练习强度和练习方法等选择不当或应用不当，反而不利于身体健康。科学的体育锻炼原则是体育锻炼所必须遵循的准则，它包括从实际出发原则、循序渐进原则、持之以恒原则、全面锻炼原则。

1.体育锻炼的原则

（1）从实际出发原则

从实际出发的原则是指锻炼身体应从个人的实际情况和外界环境条件的实际出发，确定锻炼目的，选择适宜的运动项目，合理地安排运动时间和运动负荷。这是增强身体素质及提高运动水平必须遵循的原则。

①从自身的实际出发

由于性别、年龄、体质和健康状况的差异，体育锻炼要从自己的实际情况出发，有目的地选择和确定运动项目、练习方法，合理地安排锻炼的时间和运动负荷。在每次锻炼前，都要评估自己当时的健康状况，使运动项目的难度和强度不要超过自己身体的承受能力。违反人体发展这一基本规律，只能损害身体健康。

②从外界环境条件的实际出发

参加体育锻炼时，一方面要根据自身的实际情况：另一方面，还要从季节、气候、场地、器材等外界条件的实际情况出发，按照科学锻炼的方法，合理选择运动项目、练习时间、运动负荷，才能收到良好的锻炼效果。例如，在冬季应着重发展耐力和力量素质，在春秋两季应重点进行技术性的项目，在炎热的夏天，游泳是比较理想的运动项目，但在运动时不要在阳光下运动太长时间。在力量训练前，要仔细检查器械，避免伤害事故的发生。

（2）循序渐进原则

循序渐进原则主要是指在安排锻炼内容、难度、时间及负荷等方面要根据人体发展规律和超量负荷原理，有计划、有步骤地逐步提高要求。使人体在不断适应的同时，体质逐步得到增强。

①运动负荷的循序渐进原则

进行体育锻炼时，当机体对一定运动负荷产生适应之后，这种负荷对机体的刺激会变小，此时可以适当增加练习时间和练习次数。让机体产生新的适应。但运动负荷的增加要由小到大，逐步提高。体育锻炼的开始阶段或中断锻炼后恢复锻炼时，强度宜小，时间宜短，不要急于求成。

②练习内容上的循序渐进原则

练习内容要由简到繁，在运动要求上应由易到难，逐步加大难度。应首先考虑简单易行，容易收到锻炼效果的项目和内容。在每次练习时，也应先从动作简单、难度不大的内容开始练习，然后逐渐增加动作难度和运动负荷。科学锻炼只有遵循人体生理、心理发展的基本规律，根据自己身体健康情况，科学地安排适宜的运动负荷和练习内容，才能收到良好的锻炼效果。

（3）持之以恒原则

锻炼身体要有连续性和系统性，只有经常参加体育锻炼，安排适合自己兴趣、爱好的运动项目，科学地制定健身计划，才能不断有效地增强体质。科学实验表明，不经常参加体育锻炼或中断体育锻炼的人，会使原有的身体机能、素质和运动技术水平明显地下降。中断锻炼身体时间越长，消失越明显。

掌握一项运动技术也需要持之以恒。人的大脑中有大量的神经突触，必须通过固定形式的重复练习对这些突触连续进行某种刺激，才能在大脑中形成一整套固定形式的反应，即动力定型。动力定型建立后，运动者就能习惯性地、熟练地完成一整套练习。如果不能坚持练习，已形成的条件反射就会因不能及时得到强化而慢慢消退，动作记忆就不牢固。

（4）全面锻炼原则

全面锻炼身体原则是指通过体育锻炼使身体形态、机能、身体素质和心理品质都得到全面而和谐的发展。

人体是一个有机的统一体，各个器官和系统的机能都是相互联系和相互影响的。因此，体育锻炼选择的练习内容和方法应力求全面影响身体，使各种身体素质和身体各器官系统的机能得到全面发展。练习内容和练习手段的选择不能过于单一，因为每种练习内容或练习手段对身体的影响都具有局限性，练习内容练习手段应多样、丰富，应避免长期局限于只锻炼身体某部位或只发展某种身体素质的练习。在锻炼中可以以某一项为主，辅以其他锻炼内容。

上述的四个锻炼身体的基本原则是相互联系、相互促进的，在参加体育锻炼时，只有全面贯彻执行科学锻炼身体的原则，才能使身体得到全面发展，不断提高健康水平。

2. 体育锻炼的方法

（1）体育锻炼的内容

体育锻炼的内容丰富，根据不同的锻炼目的和要求，可分为以下五类：

①健身运动

健身运动主要是指能促进身体的正常发育，使身体各部位协调发展，增强人体的各器官系统的机能，提高身体素质，提高人体活动能力，为增进身体健康而从事的体育锻炼。在实践中，一般采用能增强心肺功能的锻炼项目。比如走、跑、健身操、武术、游泳、滑冰、划船以及各种球类活动等。

②健美运动

健美运动是为了形体的健美而进行的体育锻炼。健美运动不仅可以增进健康，还可以培养审美能力和身体的表现能力。近年来，健美运动普及率逐年提高，人们的健康水平也得到极大地提高。

③娱乐性体育

娱乐性体育是为了调节精神，丰富文化生活而采用的体育活动。这类活动能使人身心愉快，既锻炼了身体又陶冶了情操。例如活动性游戏、体育舞蹈、钓鱼、郊游等。

④格斗性体育

格斗性体育是指掌握和运用格斗的攻防技术，是强身、健体、自卫的体育活动。

⑤医疗和保健体育

医疗和保健体育是指为了预防和治疗疾病而进行的身体锻炼。这种身体锻炼必须在医生或专业教师的指导下进行。例如太极拳、广播操、保健气功、散步等。这些运动已被证明为多种疾病的治疗起到了积极的作用。

（2）体育锻炼的方法

要想获得好的锻炼效果，必须按照科学的锻炼方法进行练习。锻炼身体的方法很多，练习者可以根据自身情况进行选择，练习方法可分为重复练习法、变换练习法、循环练习法等。

①重复训练法

重复训练法是指锻炼者在相对固定的条件下，按照健身计划和要求反复练习同一锻炼内容的方法。这种方法适用于以下三种情况：运动负荷较小或用时较短的练习；动作技术比较复杂，难以掌握的练习；运动负荷较大，难以一次完成的练习。

②变换练习法

变换练习法是指改变锻炼内容、强度和环境进行练习的方法。例如变换练习的项目、提高或降低运动负荷、调整练习要素、改变练习地点等。

采用循环练习法，可以提高中枢神经系统的灵活性，发展身体的调节能力和适应能力。采用变换练习法应注意以下几个方面：

a.要以锻炼的实际需要为前提，有针对性地变换练习条件。

b.合理安排采用变换练习法的锻炼计划，在锻炼中注意收集反馈信息，加强医务监督，及时根据个人的身体健康状况调整计划。

c.变换练习法是短期的计划安排，变换练习主要是调整，变换练习时间过长、过于频繁都不利于锻炼计划的执行。

③循环练习法

循环练习法是根据锻炼任务的需要，确定循环练习的各项内容，在一次练习中依次循环进行练习的方法。这种练习方法，可以弥补单一练习对身体发展作用比较单一的不足，使各练习之间的作用互相补充，有利于身体的全面发展。此外，锻炼的内容多样，能够调动锻炼者的积极性。采用循环练习法应注意以下几个方面：

a.要根据锻炼目的，确定循环练习的各项内容，使之相互配合。练习的组合一定要兼顾发展身体的不同部位、不同运动素质，使锻炼取得促进身体全面发展的效果。

b.合理确定各项练习的比例和顺序。进行循环练习时，确定一个中心练习，其他练习可围绕着这一中心练习做出适当的安排。

c.合理确定每项练习之间的间歇时间，保证能顺利过渡到下一项练习。

三、学校体育指导思想

（一）"健康第一"思想

1."健康第一"思想的由来

"健康第一"的提法源于新中国的创始人之一毛泽东同志。1950 年 6 月 19 日，针对当时学生负担过重，健康水平下降的状况，毛泽东同志回信给时任教育部长的马叙伦："此事宜速解决，要各校注意健康第一，学习第二。营养不足，宜酌增经费，全国一切学校都应如此。"这充分显示了毛泽东同志对青少年学生身体健康的深切关怀。改革开放以来，随着我国社会稳定，经济持续发展，人民生活水平逐步提高以及教育改革的不断深化，我国学生的体质健康水平有了明显的提高。

据 1995 年全国学生体质健康调研结果来看，我国中小学学生形态发育水平和速度、力量素质与 10 年前相比有了明显的提高，部分常见病发生率有所下降，城市学生的保健水平有所提高。但仍存在一些不容忽视的问题，例如，耐力素质、柔韧性素质呈下降趋势，肺活量有所下降。肥胖儿童超体重比率增长较快，近视率居高不下。另外，我国的学生心理品质方面存在一些明显的弱点甚至出现某些问题，例如，抗挫折能力下降，意志力与竞争意识、危机意识及团结协作精神都比较薄弱。

针对学生健康受到威胁的现实，1999 年 6 月，中共中央、国务院《关于深化教育改革全面推进素质教育的决定》指出：健康体魄是青少年为祖国和人民服务的基本前提，是中华民族旺盛生命力的体现。学校教育要树立"健康第一"的指导思想，切实加强体育工作。这里借用几十年前毛泽东同志的提法，使"健康第一"成为新的历史时期学校教育的指导思想。同时，学校体育作为学校教育的组成部分，也自然选择了"健康第一"作为体育教育工作的指导思想，而且随着时间的推移，"健康第一"的思想愈加深入人心。

2006 年 12 月，教育部、国家体育总局在《关于进一步加强学校体育工作，切实提高学生健康素质的意见》中规定："学生的学习、生活、体育、娱乐、课外活动和休息的安排，都要按照健康第一的指导思想和青少年生长发育的规律进行。"同年 12 月 23 日，国务委员陈至立在全国学校体育工作会议上进一步强调"我们必须全面地认识体育对强身健体、培养情操、弘扬民族精神、启迪智慧、壮美人生的重要作用，认识学校体育工作对全面贯彻党的教育方针、提升青少年全面素质和展示民族精神风貌的重要意义。我们不仅要求教育工作者、体育工作者对此要有充分的认识，更要引导全社会特别是广大干部、家长，树立正确的教育观、人才观、健康观，齐心协力，共同把学校体育工作作为一件大事来抓，让'健康第一'在学校教育中真正得到落实。"由此，"健康第一"的学校体育思想得到了进一步的强化。

2．"健康第一"思想的含义

"健康第一"思想的提出，为学校教育和学校体育改革的发展指明了方向。为了更好地贯彻"健康第一"的思想，需要准确、深刻地理解"健康第一"的基本含义。

（1）关于"健康"

1949 年，联合国世界卫生组织（WHO）成立之时公布的章程指出："健康不只是没有身体上的疾病和虚弱状态，而是身体、心理和社会适应都应处于完满状态。"1989 年，WHO 又进一步深化了健康概念，提出健康应包括①身体健康；②心理健康；③社会适应良好；④道德健康。所以，"健康就是没有疾病"是不完善的观念，心理活动的不良状态同样是不健康的表现。而且从健康的 4 个组成部分我们还可以做进一步的分析：社会适应的良好状态以及道德的健康都是以正常的心理活动为前提的，而一个心理不健康的人，很难想象其具有良好的社会适应性，也不能保证他的道德观念不出问题。可见，WHO 对心理健康的问题尤为重视，心理健康的重要性更甚于身体的健康。因此，现在将"健康第一"作为学校体育的指导思想，就意味着学校体育追求的"健康"是身体、心理、社会、道德全方位的健康，那种只重视增强体质、追求身体健康的观念已经落伍了。对此，谭华先生说得好："许多身体素质不错的人却并不健康；许多手无缚鸡之力的人却很健康。作为个体而言，现代人珍视健康，体质的强弱并不太看重。"因此，如何利用学校体育促进学生身体、心理、社会、道德全方位的健康，特别是后三者的健康，成了学校体育工作者的一个新的重大课题。

（2）关于"健康第一"

"健康第一"，首先是针对学校教育而言的。对此，学校体育专家刘绍曾先生认为"健康第一是针对健康与教育和学习的关系而言的。对于二者的关系，古今中外许多思想家、哲学家、教育家都有过论述，尽管具体语言的表达不同，但都有一个共同的观点，即健康或健壮的身体是一切教育的基础，身体育应优先于智育，体强壮而后学问道德之进修勇而收效远。可见健康与教育和学习的关系是第一和第二的关系。这种关系并不是说教育和学习不如健康重要，只是说明教育和学习应在健康的基础上进行，失去健康的教育和学习又有什么意义和价值呢？因为教育最终的目的是幸福，而构成幸福的因素便有健康。"毛振明先生同样认为"健康第一"是针对"学习第二"提出的，"健康第一"实际上不是针对我们体育来说的，是针对整个学校教育来说的。如果在学校体育或体育教学里提，那么什么是第二还真说不清。健康第一，什么第二？技能第二？知识第二？品质第二？所以在我们学校体育和体育教学里提"健康第一"，在逻辑上、意义上都有点问题。可能也是因为"逻辑上、意义上"的问题，曾有人认为"'健康第一'的思想作为学校体育的指导思想并不合适"。另外，作为学校体育的指导思想，"健康第一"也有针对学校体育而言的成分。对此，毛振明先生做了这样的解读："我们过去的体育面向过军事，面向过劳动和生产力，体育也面向过精神的培养，我们的体育还曾经面向过竞技，等等。"那么，在中国这样一个工业化社会走向后工业化社会的国家里，提出"健康第一"的指导思想对体育课程和教学的改革的指导意义就是告诉我们：体育要面向生活，面向人的健康和幸福生活，面向终身体育。我们在体育里提出"健康第一"这样的一个思想，使我们能很清晰地感觉到体育是为了健康的，健康绝不只是指学生现在的健康，而是学生一辈子的健康生活，健康文明幸福的生活。所以本书认为"健康第一"的指导思想的提出，对课程和教学改革的意义主要在于它是终身体育的具体表述形式。"健康第一"指导思想的提出就是明确要求我们："体育要和健康联系起来，为终身体育服务"。

不过，在学校体育领域里讲"健康第一"，也是说得通的。从小的方面说，仍然可以讲"学习第二"，即将运动技术的学习放在第二位，不能因为学习运动技术而有损学生身体、心理、社会、道德诸方面的健康。从大的方面说，讲"健康第一"更加体现了人文关怀。过去体育面向的军事、劳动、生产力、精神、竞技等，更多是把体育视为服务于国家利益的一种工具：现在讲究"健康第一"，更多的是从学生个体利益出发的。两者角度不同，后者则更加体现了"以人为本"的理念。有人说这样可以维护人类的身心健康，改变传统体育观的弊端，"克服体育无人的现象"，并将其称为"人文体育观"。国务委员陈至立在全国学校体育工作会议上倡导"要保证学生每天参加一小时体育锻炼，让'每天锻炼一小时，健康生活一辈子'的理念深入人心"，这就体现了这种"人文体育观"。假如从这个角度出发，采用这样的方法，能够让学生积极投身体育锻炼，促进学生健康水平的全面提高，于国于民都是有利的。因此说，把"健康第一"作为学校体育的指导思想，既是一种探索，也是一种进步。

3. "健康第一"思想的社会背景

"健康第一"的学校体育思想的提出，有着深刻的社会背景，与21世纪现代社会的到来、素质教育的实施、学校体育的改革发展等有着密切的关系。

（1）现代社会对健康的威胁与对健康的渴求

伴随着21世纪的曙光，人类经济经过工业经济发展阶段之后，正迈向知识经济的时代。而由于生产方式的改变，从事脑力劳动的人日益增多，从事体力劳动的人日益减少。高度的精神紧张取代了高度的肌肉紧张，构成了现代社会生产的新特点。高度的精神紧张，不仅使人体极易疲劳，而且会对心脏机能产生不良影响。近20年来，一些发达国家心血管系统的发病率持续上升，美、英、德、日等国已上升到总发病率第一位的水平。其原因除了饮食结构的因素外，长期从事精神紧张的自动化生产活动也是一个重要因素。

另外，现代生活方式的改变，使人们在日常生活中的体力活动大大减少，加之城市交通和通信设备的现代化，减少了人们步行的机会。随着生活的富裕，食物高脂肪、高蛋白成分的增加，人们每天从食物中摄入的热量越来越多，于是以肥胖病为主要特征的现代文明病有增无减。再有，随着现代社会工作、生活节奏日益加快，人际间的竞争日趋增强，人们的精神、生活压力越来越大，心理疾病发生的可能性也不断增加。这一切反映出整个社会生产发展不再直接依附于人的体力因素，而转向智力因素的基本特征。社会所需要的人才首先要健康，而不是体力发达。

总之，现代社会不仅给人们的健康带来了威胁，也对人们的体质状况提出了新的要求。这是因为，21世纪人才的竞争，不单纯是智力的竞争，而是包括身体、心理等各种因素的竞争，包括智力因素，也包括非智力因素。竞争成败的重要物质基础之一，就是人们的健康状况。人类的健康已成为21世纪世界各国关注的焦点。

学校体育是增进健康、增强体质的积极手段，也是防治现代社会各种疾病的最积极、有效的方法之一。学校体育应充分利用自身的功能，为学生的身体健康服务，以适应现代社会对人体健康所提出的越来越高的要求。

（2）素质教育的实施及内在要求

"素质"一词成为教育理论界关注的话题始于20世纪80年代初。党的十一届三中全会后，国家拨乱反正，百业待兴，社会、经济的发展亟须提高全民素质和培养高素质的人才。1985年5月，中共中央、国务院召开了改革开放以来第一次全国教育工作会议，会议颁布的《中共中央关于教育体制改革的决定》指出，在整个教育体制改革过程中，必须牢牢记住改革的根本目的是提高民族素质，多出人才、出好人才。

但在当时的教育界出现了一种愈演愈烈的现象，就是片面追求升学率。从群体层面看，只重视少数学生的升学；从个体方面看，偏重于智育，教育中出现了许多违背教育规律和全面发展教育方针的现象。学生负担过重、高分低能及人的发展失衡等问题受到了社会和教育界的广泛关注。革除教育上的这一弊端，全面提高学生素质的呼声日益高涨。

20世纪80年代中期，教育理论界开展了"端正教育思想，明确教育目标"的讨论。重点讨论了树立正确的人才观和提高民族素质等问题。伴随着对培养目标问题的讨论和提高人的素质的诉求，我国基础教育界开始了改革探索，一些整体改革实验以及"愉快教育""成功教育""和谐教育"等实验研究和理论探索，为素质教育的提出奠定了理论和实践基础。

素质教育概念的出现是在 20 世纪 80 年代后期。原国家教委副主任柳斌同志于 1987 年在《努力提高基础教育的质量》一文中正式使用了"素质教育"一词。与素质教育同时出现的一个概念是"应试教育",当时对"应试教育"赋予了特定的含义,即指那种脱离人的发展和社会发展的实际需要,单纯为迎接考试争取高分,片面追求升学率,违背教育规律的一种教育训练活动。

"应试教育"严重影响了学生的身体健康。当时,一些学校为了追求升学率,大搞题海训练,考试、练习繁杂,学生整天忙学习,身体得不到锻炼,导致学生体质明显下降。睡眠严重不足,患近视眼、肥胖症、佝偻症等身体疾病人数增加。据调查,小学六年级学生、初三和高三学生的平均睡眠时间分别为每天 7h、5.5h 和 6h。体质指标测试结果很不理想。资料显示在身高、体重、胸围和心肺功能等方面,我国青少年学生与日本青少年学生相比较,日本学生明显处于优势,身高、体重和肺活量平均高出 2cm、2.5kg 和 300mL。学生的体质令人担忧。

同时,由于学习压力增大,学生的心理问题也不容乐观。学生在学习中承受着来自家长、学校和社会多方面的压力,并且这些压力随着下岗和就业问题的凸显而越来越大。许多家长置其子女的实际情况而不顾,要求过高、过严。一些学校教师为了自身利益偏重优等生,歧视困难生。这些使得一些学生稚嫩的心灵遭受到无情的摧残,导致了学生的心理健康问题日益加重。研究报告显示:我国小学生、初中生和高中生患学习焦虑、孤独、交往忧虑和敌对等心理疾病所占比例分别为 21.6%、15.4% 和 17.3%。

1993 年 2 月,中共中央、国务院印发的《中国教育改革和发展纲要》提出,中小学存在着"应试教育"的倾向,中小学要由"应试教育"转向全面提高国民素质的轨道,面向全体学生,全面提高学生的思想道德、文化科学、劳动技能和身体心理素质,促进学生生动活泼地发展,办出各自的教育特色。这是中央文件首次对素质教育做出的经典性表述。

1999 年,《中共中央、国务院关于深化教育改革全面推进素质教育的决定》明确地提出了素质教育的目标,"实施素质教育,就是全面贯彻党的教育方针,以提高国民素质为根本宗旨,以培养学生创新精神和实践能力为重点。"可见,我们培养的人首先应具备四个方面的素质:①思想道德素质;②科学文化素质;③身体和心理素质;④创新精神和创造能力。

邓星华、杨文轩认为,素质教育是以促进人的身心和谐发展,提高人的综合素质为目的的。素质教育的提出,进一步肯定了学校体育的作用。身心素质是公认的基本素质之一,因此学校体育必然成为素质教育的重要内容。把"健康第一"作为学校体育的指导思想,不仅强化了素质教育在学校体育中的地位，也是对素质教育的重要补充。

可见，"健康第一"学校体育指导思想的提出，对培养具有强健的体魄、健康的心理、坚强的意志和昂扬的精神的青少年一代具有重要的意义。

4."健康第一"思想的落实途径

落实"健康第一"的学校体育思想，主要有施行《体育与健康课程标准》，实施《学生体质健康标准》，开展学生体质健康调研，执行上级的有关决定等多种途径。

（二）"终身体育"思想

终身体育是指一个人终身进行身体锻炼和接受体育教育。这是由人体发展规律和身体锻炼的作用以及现代化社会的发展所确定的。

1965年，法国议会立法文件首先提出了"终身教育"的概念，同年，联合国教科文组织成人教育专家，法国的保罗·郎格郎在国际成人教育促进委员会上提出了有关终身教育的提案。1972年国际教育发展委员会发表的《学会生存—世界教育的今天和明天》把终身教育作为发达国家和发展中国家在今后制定教育政策时的指导思想。

1978年，联合国教科文组织通过的《体育运动国际宪章》第二条规定"体育是全面教育体制内一种必要的终身教育因素，必须有全球的、民主化的终身教育制度来保证体育活动和运动实践得以贯彻于每一个人的一生。"从而进一步从制度上明确了体育不仅是终身教育的因素，而且需要终身教育制度来保证。因此，终身体育作为一种现代体育思想，成为终身教育研究中的重要课题。

20世纪80年代中期，终身体育思想被引入到我国，立即受到了国内学校体育界的广泛关注和重视。这种思想反映到体育教育中，便出现了终身体育的指导思想。

关于"终身体育"思想，目前一般的认识是指体育教学中以培养学生终身从事体育活动的能力和习惯为主导的一种教学思想；另外还有人认为：终身体育思想主要强调培养终身从事体育运动的兴趣；甚至还有人把让学生掌握一两项终身受益的运动项目作为主要任务。

对此，王占春先生认为："终生体育着眼于现在，也着眼于未来，但首先是现在，要对学生现在负责，对青少年的健康成长负责。"对于未来，也并非简单的理解，并不是只学会一两个项目，可以终生锻炼。实际上掌握一两项体育锻炼手段固然十分重要，但能够终生用以锻炼的手段与内容，并不多见。最主要的是打好基础，这些基础可包括以下内容：

（1）身体正常发育（包括形体和机能）的基础。

（2）体育和健康的知识、技能、方法的基础。

（3）体育意识、价值观和良好的锻炼、卫生保健习惯的基础。

（4）自学、自练、自调、自控、自我检测与评价的知识与能力的基础。

（5）自我保护、避害、不发生伤害事故的知识与能力的基础。

（6）抵御疾病和适应自然与社会环境的知识与能力的基础。

（7）对体育的兴趣和体育文化的关注，具有一定的体育欣赏水平的基础。

不过，套用"终身教育"思想来说，"终身体育"思想应该是一种体育教育观念，一种体育教育的原则，而不是一种直接指导体育教学的思想或理论模式。

（三）"增强体质为主"思想

"增强体质为主"的学校体育思想的提出是在 1976 后，新中国的教育工作得到重新肯定以后，学校体育进入全面的调整恢复时期。这一时期，"增强体质为主"的学校体育思想逐步得以确立，在学校体育发展史上起到了积极的作用。

四、阳光体育运动

为了全面贯彻党的教育方针，认真落实"健康第一"的指导思想，在全国亿万学生中掀起体育锻炼的热潮，切实提高学生体质健康水平。2006 年 12 月 23 日，教育部、国家体育总局、共青团中央联合下发了《关于开展全国亿万学生阳光体育运动的决定》，从 2007 年开始，结合《国家学生体质健康标准》的全面实施，在全国各级各类学校中广泛、深入地开展以"达标争先、强健体魄"为目标的"全国亿万学生阳光体育运动"。目前，阳光体育运动正在全国范围内如火如荼地开展，作为国家层面推动的重要体育活动，阳光体育运动必将对学生身体素质的提高带来巨大的促进。至此，在学校体育中又多了一个术语"阳光体育运动"。

（一）阳光体育运动诞生的社会背景

1.我国学生体质健康水平下降

我国学生身高、体重、胸围增长的同时，超重与肥胖检出率继续增加，成为影响学生营养健康状况的一大因素。全国大、中、小学生视力不良率仍然居高不下。其中视力不良的初中生成为各学段中涨幅最大的学生群体。我国青少年学生、儿童的近视率已居世界第二位。学生各年龄组的肺活量水平继续下降，速度、爆发力、力量耐力素质水平进一步下降。而体能素质也持续下降，体能素质中的速度素质和力量素质连续10年下降，而耐力素质则连续20年下降。这一结果的公布引起了社会各界对学生体质健康水平的广泛关注，媒体在争论，学者在反思，行政管理部门在研究。

2.片面追求升学率

广大青少年身心健康、体魄强健、意志坚强、充满活力，是一个民族旺盛生命力的体现，是社会文明进步的标志，是国家综合实力的重要方面。党中央、国务院历来高度重视青少年的健康成长。改革开放以来，我国青少年体育事业蓬勃发展，学校体育工作取得很大成绩，青少年营养水平和形态发育水平不断提高，极大地提升了全民健康素质。但是，必须清醒地看到，受片面追求升学率的影响，近年来一些地方和学校对体育工作不够重视，社会和学校存在"重智育、轻体育"的倾向，学生课业负担过重，休息和锻炼时间严重不足，学生的体质健康出现了巨大滑坡。

（二）传统体育教学模式和"放羊式"体育教学模式依旧残留

20世纪末，我国学校体育整体改革全面启动，我国先后颁布了中小学《体育与健康课程标准》《学生体质健康标准》《全国普通高等学校体育课程指导纲要》，为我国大、中、小学体育改革更加人性化指明了方向，但是改革并非一帆风顺，由于场地、设备、人力的有限，以及传统的封建思想和国民教育体育观念在体育教师和体育管理者的思想意识中的沉积，使得新旧思想之间对抗是长期的、曲折的。目前来看，传统体育教学模式依旧出现在很多体育课堂上。传统的体育教学模式是一种"以教师为中心"，强调教师的权威作用的一种体育教学模式。这种模式使得师生之间缺乏情感交流，忽略学生的个性发展，难以给学生以人文关怀，不易给学生创造充满自由、和谐、关爱、平等的人文氛围。在传统体育教学模式中，学生成了装载知识的容器和被动体，他们常常对体育课感到"乏味"。在教师的权威下，学生依赖教师，缺乏自我思考、自我发现、自我创造的能力，不能真正掌握所学的知识，从而使得体育教学质量难以得到保障。同时另一种消极的体育教学模式——"放羊式"体育教学模式也普遍存在。

"放羊式"体育教学模式的出现是源于以下原因：

1.学校体育管理者对体育课的轻视

在追求升学率的大背景下，体育课成为随意割舍的"副课"。在很多学校体育管理者眼中，体育课是一种"说起来重要，做起来次要，忙起来不要"的课程。学校管理者缺乏对体育课的管理，使得"放羊式"体育教学模式频频出现。

2.体育教师自身原因

有的教师误解了体育教学人文化的内涵，将学生主体放在绝对地位，而将自己的主导地位降低或放弃。甚至有些体育教师为了寻求减少自己在体育教学中的责任，主观上放弃主导地位，从而导致"放羊式"体育教学模式的出现。在这种体育教学模式中，学生在体育课堂上可以在一定程度上享受运动的乐趣，但是长期来看，学生个性的任意发挥，容易使体育教学走向另一个极端——随意性，使得学生不可能掌握必要的"三基"知识与技能，而且难以正确理解所学内容，依然达不到体育教学的目的。

3.体育教师配备不足和体育设施匮乏

当前，除了片面追求升学率的不正确人才培养观阻止了学生的体育锻炼外，教师队伍配备不足和学校器材、场地的匮乏也严重制约着学生们进行体育锻炼。教育部体育卫生与艺术教育司司长杨贵仁曾指出："体育教师，尤其是专职体育教师严重不足。""体育教师是个很突出的问题，教师数量原来就不够，现在按照新的规定中小学都要增加课时，体育教师人手就更显不足了。"现实情况是，在一些农村学校根本没有体育教师，有些学校所谓的体育教师基本上都是其他教师兼职的。

然而让不少体育教师更加为难的是，学生的活动场地有限，不少体育器材也都已经严重"老龄化"，体育教学活动开展十分困难，这种情况在我国中西部地区以及农村的很多学校尤为严重。我国教育经费不足，可投入体育设施方面的经费就少之又少，加上片面追求升学率等影响，这使得我国很多学校按照大纲要求正常开设体育课更加举步维艰。

除以上各个方面的原因造成学生体质健康水平下降以外，还存在其他原因，例如，许多城市学生贪图安逸，缺乏吃苦耐劳精神和坚忍不拔的毅力，不愿锻炼；吃洋快餐、玩电子游戏、睡懒觉等不良生活习惯也在一定程度上影响了其体质，导致过度肥胖；一些学校害怕体育锻炼给学生造成身体伤害，造成不必要的麻烦，以至于擅自取消了自认为存在危险性的体育运动项目。

（三）阳光体育运动的内涵

了解了我国青少年体质健康现状，大家对开展阳光体育运动的背景和意义有了更为深刻的认识和理解，对阳光体育运动的内容也有了一定的认识，但要在实践中进行有效的操作，还必须对阳光体育运动的概念进行必要的界定。为了相对准确地对阳光体育运动的概念进行界定，我们首先有必要对阳光体育运动与学校体育的关系进行必要的梳理。在开展阳光体育运动实践中，许多学校的体育工作者都会存在以下疑问：阳光体育运动与学校体育是什么关系？如果两者的目标、要求、内容、实现途径和手段一致的话，为什么要特别提出一个阳光体育运动呢？

从学科培养目标来看，学校体育的实施对象主要是大、中、小学生。实施的目标是：开发学生的身心潜能、增强学生体质、增进学生健康、促进学生身心和谐发展；培养学生从事体育运动的态度、兴趣、习惯和能力，为终身体育奠定良好的基础；促进学生个体社会化，培养学生良好的思想品质，使其成为具有创新精神和创新能力、德智体美全面发展的社会主义建设的合格人才。实现这一目标的途径主要有体育课教学、课间操、课外体育活动、课余体育训练与竞赛等。

从实施对象来说，阳光体育运动与学校体育是基本一致的。从实施目标来看，两者的目标是一致的，都是为了增强学生体质，但是阳光体育运动更具有明确性，有时间限制，有量化标准。从实施途径来说，两者基本是一致的，都依托于体育课教学、课外体育活动等，但是阳光体育运动更注重《国家学生体质健康标准》的实施和标准，更关注学生每天一小时体育活动的落实，更重视课外体育活动的开展。两者的要求也是一致的，都是积极贯彻国家的教育方针，切实推进素质教育，认真落实"健康第一"的指导思想，要按照学校体育工作政策要求开展工作，保证课时，按课程标准教学，配齐体育教师，广泛开展课外体育活动，加强学校体育设施器材保障，确保学校体育安全，等等。

（四）阳光体育运动的意义和价值

1. 阳光体育运动的提出关系到中华民族的伟大复兴

青少年时期是身心健康和各项身体素质发展的关键时期。青少年的体质健康水平不仅关系个人健康成长和幸福生活，而且关系整个民族健康素质，关系我国人才培养的质量。可见，青少年学生的体质健康水平将直接影响着国家的竞争力。梁启超先生曾说"少年强则中国强"，这句话在今天仍有现实意义。然而，我们看到的现实却不容乐观。2006年，教育部、国家体育总局和团中央联合成立的全国学生体质健康标准推广活动组委会举办了一场国际青少年体能训练营，同时邀请了中、日、韩三国共320名大、中学生参加。在激烈的对抗赛中，人们发现，中国中学生在运动中的耐力水平和运动后的恢复能力都远低于韩国、日本的学生。增强青少年体质，促进青少年健康成长，是素质教育的重要目标，关系到国家和民族的未来。培养身心健康、体魄强健、意志坚强、充满活力的一代新人是一个国家具有旺盛生命力的体现，是社会文明进步的标志，也是实现中华民族伟大复兴的必然要求。体育锻炼和体育运动是加强爱国主义和集体主义教育、磨炼坚强意志、培养良好品德的重要途径，是促进青少年全面发展的重要方式，对青少年思想品德、智力发育、审美素养的形成都有不可替代的重要作用。阳光体育运动的启动鸣响了采取坚决有力措施，切实改变青少年学生体质健康下滑状况的发令枪，对于全面贯彻党的教育方针，加强青少年体育运动，增强青少年体质，培养健康合格的社会主义建设者和接班人有着深远的意义。

2. 阳光体育运动引起了国家和全社会的高度关注

近年来，大、中、小学学生的体质一直持续下降的状态，引起了国家和全社会的高度关注。2006 年 12 月 26 日，以钟南山院士为首的 15 位社会各界知名人士联名向党中央写信，呼吁加强青少年体育，增强青少年体质。信中指出，一段时间以来，片面追求升学率、片面追求智育教育、片面强调学习成绩的现象比较普遍，形成了不良的社会风气，使得学生、学校、家长乃至社会，都将学生的学习成绩看得十分重要，重蹈了"分数挂帅、智育第一"的覆辙，使一些青少年学生陷入了繁重而又枯燥的学习重压之下，因而忽视了身体素质的锻炼。信中希望，青少年学生都积极投身于体育锻炼，积极投身于增强体质健康的各项校内外体育活动，积极投身于学生体质健康标准推广活动，积极投身于支持奥运会、全民健身的热潮中，不断提高身体素质，为将来肩负民族复兴的历史重任做好准备。

3. 阳光体育运动落实了"健康第一"的指导思想

长期以来，人们受传统观念和传统文化的影响，对健康的认识停留于"体质强壮，没有疾病"的概念层面，随着社会的发展和科学技术的不断进步，人们完全突破了原先的思维。世界卫生组织指出："健康是指身体、心理、和社会各方面都完美的状态。"这便扩展了健康的概念。早在 1999 年，《中共中央国务院关于深化教育改革全面推进素质教育决定》中就指出：学校教育要树立"健康第一"的指导思想。国家面向学校教育提出"健康第一"，为的是加强学校体育与学生健康的联系，所以必须对学校体育教学中的不足进行改革。改革的目的是使学生积极地、主动地投入到体育课和体育活动中去，增加他们对体育的理解和兴趣，将所学知识和技能应用于健身和娱乐中，使他们在身体、心理和社会交际等方面得到全面发展，使他们真正成为体育教学中的主体，为终身体育和健康打下坚实的基础。然而，由于片面追求升学率等多方面的原因，"健康第一"的指导思想没有真正地、全面地落实，这才是造成大、中、小学生体质健康水平持续下降的原因。《中共中央国务院关于加强青少年体育增强青少年体质的意见》中提出：当前和今后一个时期，加强青少年体育工作的总体要求是认真落实"健康第一"的指导思想，把增强学生体质作为学校教育的基本目标之一，建立健全学校体育工作机制，充分保证学校体育课和学生体育活动，广泛开展群众性青少年体育活动和竞赛，加强体育卫生设施和师资队伍建设，全面完善学校、社区、家庭相结合的青少年体育健身网络，培养青少年良好的体育锻炼习惯和健康的生活方式，形成青少年热爱体育、崇尚运动、健康向上的良好风气和全社会珍视健康、重视体育的浓厚氛围。同时，还特别指出：家庭教育对加强青少年体育、增强青少年体质起关键作用。要在广大家长中倡导"健康第一"的理念，树立正确的教育观、成才观，注重从小培养青少年良好的体育锻炼习惯、饮食卫生习惯和文明健康的生活方式，鼓励家长和孩子共同参加体育锻炼。学校、社区要与家庭加强沟通与合作，组织开展多种多样的青少年体育活动，促进家庭、社区、社会形成科学正确的教育观念和方式。

4. 阳光体育运动为"终身体育"奠定了良好的基础

终身体育是指一个人终身受到体育教育和从事体育锻炼，使身体健康、身心愉快、终身受益。终身体育思想是人对体育问题的理性认识，它以人为出发点，从哲学角度探讨人、体育、社会三者的关系，旨在塑造全面发展的人，充实人生和提高人的素质，实现体育运动对人类和社会发展的巨大功能。体育应伴随人的一生。如果把人生中的身体锻炼活动分成若干个环节的话，那么学校体育在终身体育整体中，刚好处在连接家庭体育和社会体育的中间环节。学校体育对实施终身体育起着很重要的作用。目前，教育部、国家体育总局、共青团中央所倡导的阳光体育运动是一项旨在促进大、中、小学生积极参加体育锻炼，增强体质健康水平的，是由学校、社会、家庭多方参加的一体化的体育工作，其工作重点和重心是提高学生体质健康水平。特别是阳光体育运动中广泛传播"健康第一"的思想和健康理念，使"每天锻炼1小时，健康工作50年，幸福生活一辈子"的理念深入人心。培养和提高学生终身体育意识是21世纪我国学校体育发展的趋势。各级各类学校应积极行动起来，抓住"阳光体育运动"这一契机，积极营造良好的舆论氛围和浓厚的体育氛围，创新思路，活跃形式，在时间上、内容上、场地上给予保证，将课堂体育教学与课外体育活动相结合，将校内体育活动扩展到校外，将校外体育活动延伸到节假日，将学校体育与社区体育融为一体，全方位地为学生提供锻炼机会，吸引更多的学生加入"阳光体育运动"，主动参与体育健身活动，充分享受体育带来的快乐，以此提高学生校园体育生活质量，并使之养成终身体育意识。同时，在阳光体育运动开展过程中，各级各类学校应当加强对学生全民健身知识的宣传，建立正确的体育价值观和强烈的健身意识，养成终身体育锻炼的良好习惯；要特别注意宣传在开展阳光体育运动工作中的先进典型和先进经验，以此带动更多的班级和学生参与阳光体育活动：要注意宣传和普及科学健身、科学用眼、科学营养等科普知识，为在校学生参加体育锻炼、建立文明健康的生活方式提供科学指导。

第六章 高校体育教育专业人才培养模式

第一节 高校体育教育培养方案与课程设置

一、课程设置与教学计划

体育教育专业是培养基础教育体育教师的主要机构,中国普通高等体育教育从 1903 年体操(体育)学科设立至今已有百余年的历史。百年来,经历了旧中国时期的模仿、移植阶段,到中华人民共和国成立,通过 4 次体育本科专业调整,使专业设置日趋规范化、科学化。体育教育作为历史最悠久的一门专业,有关其课程设置的研究一直延绵不断,而体育教师教育类课程则是其重要的组成部分,若要对教育类课程进行调整,就应当明确本专业课程整体的设置情况,才好找到问题的症结所在,为探寻解决方案提供参照。

(一)我国高校体育教育专业 5 套课租方案的沿革

20 世纪 80 年代以来,我国高等体育教育经过 5 次重大改革,每次改革均伴随新课程方案的推出。从 1980 年,为了规范我国的高等教育,首次出台了普通高校体育教育专业本科教学计划起,根据社会发展的变化,分别在 1986 年、1991 年和 1997 年推出了新的方案。目前正在使用的是 2003 年教育部印发的《全国普通高等学校体育教育本科专业课程方案》(以下简称《课程方案》)。

5 套课程方案记录了我国高等体育教育的发展历程,对各套课程方案内容的梳理和比较分析,成为体育教育专业课程设置进一步优化的基础,因此有学者就方案的沿革进行了细致研究。文章主要有两种类型:第一类是就某一版的课程方案进行具体分析,包括此方案的设置背景、培养目标、课程体系、课程框架、主要特征、实施策略几个方面内容;第二类是比较型文章,有将相近两次方案对比的,也有 3 套、5 套方案一同对比分析的,比较的内容主要围绕指导思想、培养目标、课程体系3个部分，其中课程体系部分，重点涉及选修课与必修课的学时分配问题、学科课程与术科课程的比重问题、专业必修课与专业主干课程的模块化问题、限制选修课和任意选修课如何开设的问题等。

对课程方案的研究能够使学校和教师快速、清晰地理解方案的主要思想，结合各自学校的情况，制定出相适宜的课程计划。但是，上述研究多是由课程方案制定课题组的成员撰写，课题组以外的研究者明显较少，这在一定程度上影响了对课程方案存在问题和不足的反思，不利于方案的继续补充和完善。

（二）我国高校体育教育专业课程设置的现状

我国各高等院校的体育教育专业课程设置，基本上是采用参考不同时期《课程方案》的方式，结合本院校的特点和资源优势，构建课程结构。课程结构，是指根据一定标准选择和组织课程的内容，其各类课程的比重，各部分内容之间的联系、配合，各个层次的顺序等内部关系。这些相关的问题，直接影响人才培养的规格和质量。

课程设置是人才培养目标在落实过程中的具体体现。人才培养通过专业教育来实现，而专业之间的差别就体现在不同的课程结构上。我国各高校基本上以必修课、选修课和社会实践的课程结构来制定课程方案，大多数院校的总学时都控制在2600—3000小时范围之内，学分一般在150—180分范围之间。不同类型的课程可具体到开设学时、所占学分、涵盖科目等问题，可总结为以下几个热议点：

1. 必修课与选修课的比例

必修课与选修课的设置，体现了人才培养过程中的统一性与灵活性。《课程方案》在不断改进的过程中，逐渐缩小必修课所占总课时的比例，增加选修课的比例。在学者们对各高校现行培养计划必修课和选修课的比例调查中，不约而同地得出我国体育教育专业培养的必修课课时门数过多、选修课课时门数较少这一观点。

2. 学科课程与术科课程的比重

学科与术科的设置一直是每次课程改革讨论的重点。《课程方案》的4次调整，总体趋势是增加学科类学时比例，降低术科类学时比例。很多文章对该问题进行了探讨，一部分认为应当加大学科比例，淡化竞技为主导的教育理念；另一部分学者认为盲目增加学科的科目，降低体育特有的术科课项，这种借鉴其他国家课程设置的情况，并不适合我国的国情。也有学者通过专家访谈、对学生发放调查问卷的方法对这一问题进行调查，得出的结果是学科与术科各占一半，即比例为 5 : 5 较为合适。

另外，在术科课程项目的设置上亦有分歧，是应当开设多个项目，并且把新兴项目都涵盖进来扩充学生的技能储备，还是让学生精选 5~6 个项目学通学精，仍在讨论中。

3. 限制选修课和任意选修课的开设

选修课程包括限制选修课和任意选修课，《课程方案》中分方向限选课程向"模块"化发展，任选课程向"小型"化发展。部分学者认为，目前选修课的设置方式，对课程选择的规定还是较死板，没能充分发挥选修课的作用，并且在分方向的限制选修中，还有部分课程与专业必修课相重复，浪费了学生宝贵的课堂时间，同时也影响学习效果，建议进一步放开选修课程。

4. 教育类课程与实践课程

我国体育教育专业普遍重视学科课程，忽视教育课程，体现在教育类课程科目不足，一般高校开设至多 4—6 门，并且知识陈旧、内容重复。教育类课程未受到应有重视的问题，已经引起一些学者的关注。目前，高等师范类院校和综合性院校的本科体育教育专业，课程设置中开设了教师教育类课程模块，但是体育院校的课程设置中，教育类课程开设的较少。

与教育类课程直接相关的实践课程，可以说是理论与实践的最好结合，可是在各校的培养方案中，普遍存在实习时间不足，并且实习形式单一的问题。

（三）国外体育教育专业课程设置将征

通过对美国、英国、日本、俄罗斯、韩国、新加坡等多个国家及地区的教育体制、培养理念、课程设置、监督体制等方面的考察，总结出每个国家在体育教育专业课程设置上的特征。归纳其中对我国体育教育课程设置有借鉴价值的内容，主要有 3 点：

1. 关注社会发展变化，合理调整体育教师培养课程

国外体育院校的专业课程设置针对性较强，高度重视不同时期的社会需求。把中、小学的实际需要，体育教师标准等作为课程设置的依据，并且加强大学与中、小学的合作关系，有效缩短理论与实践的距离。

2. 拓宽基础课程，培养基本素质过硬的专业人才

大多数国外体育教育专业的基础课程设置都较为丰富，包括社会科学、人文科学、数学和自然科学等内容。可以说，一个人的基本素质首先从其深厚的基础知识体现出来，这些课程能够让学生具有一定的知识储备，在综合

素质上有所提高，对于专业课程的学习是一种基础的积累。

3.平衡学科与教学法课程，切实提高学生教育教学能力

美国 NASPE 在 2010 年发布《健康测量的适切使用》研究报告，再一次阐明并深化了学校体育的培养目标，指出"高质量的体育教学不仅要使全体学生认识到健康的重要性，还要发展其体育能力和对体育活动的知性理解，从而使他们养成关注健康、热爱体育、积极运动的生活方式"，借此"体育教师的责任便在于教给学生体育运动的价值，并保证他们成为终身运动者和终身体育学习者"。体育大学生要具备"授人以渔"的教学能力的要求不断得到重视，可以说教育类课程是体育教育专业学生区别于其他专业学生的标志性课程。因此，重视教师教育类课程，提高其在培养方案中的地位是毋庸置疑的。

体育教育专业的课程设置，作为人才培养和后续发展的基石，已经被广泛地讨论和研究，那么若将教育类课程作为一个独立的体系进行研究时，本专业的课程设置情况有助于其在整体的框架中找准位置，并且可以将整体课程方案的研究方法作为参照，吸取经验精华，完善理论空缺。从现有的研究来看，优势是将多种研究方法相结合，不仅对各校的课程方案进行收集比照，了解课程的问题，还通过问卷和访谈的方式，摸清社会需求，使供与需之间搭起了一座桥梁。但是，在研究内容方面仍然存在一些欠缺，如对课程结构的整体设置研究较多，针对某一问题单项突破的文章较少；对课程设置核心问题的探讨，多停留于表面，只在乎形式上的课时多少、比重分配等问题，而没有真正挖掘为什么要增加或减少比例，改变之后会有什么结果等，这些问题还有待于进一步探讨。

二、专业核心课程与特色课程

（一）专业核心课程

1.运动生理学

运动生理学是运动人体科学最基础的课程之一，主要内容是在体育活动的影响下，人体生理功能发展变化的规律，体育锻炼及运动训练的基本生理学原理，特别是青少年生理功能与年龄、性别特征及体育锻炼的关系。要求学生掌握体育锻炼与运动训练中人体生理机能变化的特点和规律。

2.体育保健学

体育保健学的主要内容是人体保健的基本规律和中国传统养生的基本理论和方法，以及人体在运动过程中的保健规律和措施。要求学生掌握常见运

动创伤的预防、处理的知识和技能；能指导从事符合生理规律的运动，以收到增强体质、增进健康的效果。

3. 学校体育学与体育教法设计

本课程主要讲授体育和体育科学的概念；体育和政治、经济及其他社会现象的关系；体育在我国社会主义现代化建设中的地位、作用和意义；体育的基本手段和管理体制。让学生了解学校体育的地位和目标，体育教学、体育锻炼、课余训练的原理、原则、方法和学校体育研究的内容。

4. 田径

本课程主要讲授短跑、跨栏（障碍跑）、跳高、跳远、标枪、铅球等的基本知识、基本技术、基本训练方法。要求学生掌握运用田径运动全面增强体质的锻炼手段、方法，具备组织、指导竞赛和管理等方面的能力。

5. 体操

本课程讲授队列队形、基本体操、技巧、单杠、双杠、支撑跳跃等的基本理论知识，训练基本技术，掌握基本技能。通过对体操运动和技能的学习，提高学生的体育教学和训练能力，全面发展学生的身体素质。让学生掌握中等学校体育教师所必备的体操教学和组织小型比赛的能力。

6. 篮球

本课程主要讲授篮球运动的运动规律及其基本理论知识、技能和方法；篮球运动发展的概况、技术、战术、训练、规则，科学研究的方法以及篮球的竞赛和裁判方法。通过学习，使学生具备中学篮球教学和组织课外锻炼、竞赛及场地、器材管理的能力。

（二）专业特色课程

1. 裁判训练

运动竞赛的组织与裁判能力是体育专业学生专业能力及水平的重要体现，如何组织竞赛，胜任一名合格的裁判，不管是在学校体育工作中还是在社会体育工作中，都十分重要。结合校内外各项体育赛事，进行理论学习与实践的培训，要求学生至少掌握本人所选的两项专业选修课程项目竞赛规程制定、秩序册编排及裁判工作的方法和能力。

2. 资格证书培训

资格证书培训是应用型人才培养的有效途径，内容包括二级裁判员培训、二级社会指导员培训。其目的是对体育教育专业学生进行素质拓展训练，让学生通过考试获得社会认可的专业资格证书，以适应社会对体育专业人才的要求，拓宽体育教育专业学生的就业渠道。

三、课外素质拓展与创新实践项目的实施

（一）目的与意义

课外素质拓展与创新实践项目的实施，是为了深化教学主渠道外有助于学生提高综合素质的各种活动，构建自主学习平台，创设多维学习环境，在思想政治与道德素养、社会实践与志愿服务、科技学术与创新创业、文体艺术与身心发展、社团活动与社会工作、技能培训等方面引导和帮助广大学生完善智能结构，全面成长、成才。

课外素质拓展与创新实践项目的实施要注重三个结合，即课内外相结合、第一课堂与第二课堂相结合、学习与实践相结合。根据学生个人的特点、爱好和能力，对他们将来可能从事的职业进行设计指导，并就学生完善素质的具体方法和途径提出合理建议，帮助学生建立成才目标，引导他们有意识、有选择地参加各种课外素质拓展与创新实践项目。同时，根据不同阶段和层次的学生的不同成才需求，广泛开展校园科技文化活动、社会实践以及其他有益于学生素质提高的第二课堂活动，为学生的全面发展提供必要的训练和帮助。

（二）大学生素质拓展的科学内涵与实施

1. 素质的概念

素质即人的心理品质，它有一定的先天性，但是主要还是受后天生活环境以及所受教育影响，良好的素质能够使人更好地为社会贡献自己的知识和力量。素质通俗一点来讲就是指一个人的为人处世的方法和态度。从高等教育方面来说，成为一名人才的基本素质要求有思想道德素质、科学文化素质、职业道德素质、身心健康素质等，同时也能归为智力因素和非智力因素两个方面，智力因素主要靠学校教学计划来进行培养，非智力因素则是通过实践活动进行培养。

2. 大学生素质拓展的内涵

大学生素质拓展计划是教育部推行的一项关乎我国教育事业基础的，且具有长期性的伟大工程。大学生素质拓展计划，主要是为了培养大学生的政治素养、科学素养、创新能力、实际动手能力，使得现在的大学生能够全面平衡发展。

（1）教育理论与动手实践的统一：大学生素质拓展开展主要是通过户外社会实践活动开展，在社会实践中引导大学生把课堂上所学习到的专业理论知识转换为自身的技能，引导学生主动参与第二课堂，把学习到的知识应用

到第二课堂上来，做到理论与实践统一。

（2）个体教育与集体教育的统一：大学生素质拓展计划包括创新成果展示、政治理论讲座、大型文艺晚会等，也包括个人技能展示、个人特长特色展示等个人活动。大学生素质拓展将集体教育和个人教育结合起来，既培养团队合作能力，又能够发展个人优势，非常契合素质教育的理念。

（3）教育整体性与一致性的统一：教育工作的任务就是教育人学习科学文化知识，提高素质，为祖国现代化建设培育出更多的优秀的人才，是一项长期且复杂艰巨的工程。一个大学生如何成为一个优秀的人才，需要专业理论知识，同时也需要思想政治教育，还需要家庭、学校、社会等多方位的发力。大学生素质拓展把学生在课堂上所学习到的东西和户外实践所得结合起来，达到教育整体性和一致性的统一。

3. 大学生素质拓展的主要内容

大学生素质拓展是依靠理论与实践相结合的方式，以全面提高大学生的综合素质为目标，重点培养大学生的科学文化素质、身心健康素质、科学与创新能力等，主要有以下几点。

（1）文化素质：重点培养大学生的科学思想、逻辑思维、人文知识、艺术欣赏等科学素养教育和人文修养教育。经常举办演讲比赛、辩论、征文和书画等活动。

（2）健康素质：包括身体素质、心理素质两个方面。培养大学生艰苦奋斗、吃苦耐劳、永不言弃的精神；培养大学生勇于接受挑战和敢于面对困难的能力，良好的自我保护和心理调节能力，善于处理人际交往；积极向上、乐观进取的心理品质；广泛的积极阳光的兴趣爱好等。

（3）科学与创新：培养大学生热爱科学、崇尚科学的精神，以及勇于突破常规、敢于质疑的精神，提高大学生发散性思维能力、分析能力和获取处理信息的能力。鼓励大学生去进行一些小发明和小创作，给予奖励，开展"大学生创业行动"活动等。

4. 大学生素质拓展的特征

大学生素质拓展是教育部发起的服务于广大青年学生，塑造培养高素质优秀人才的一个有计划、有目标、有方向的长期的过程。大学生素质拓展活动和一般意义上的素质教育是不同的，它有自己的显著特点，也就是大学生社会实践活动。主要有以下 4 个特性：全员性、全程性、引导性、系统性。

5. 大学生素质拓展的实施原则

大学生素质拓展在组织与实施过程中首先要确立一定的原则，以一定原则为基础的平台才能够承载素质拓展计划。换个角度说就是，大学生素质拓展需要在一个师生共同关注、校内外共同参与的环境与氛围下才能有效地开展。根据大学生素质拓展的实施要求和内在特点，在实施过程中，必须要坚持以下原则。

（1）素质拓展教育的板块化：所谓的大学生素质拓展教育板块，是指将大学生素质拓展的整体内容分成几个相对独立的板块。每一个独立的板块都有它自己的结构和功能，是组成大学生素质拓展计划的基本单元。而所谓的大学生素质拓展教育模块化就是将相对独立的板块分离开来，将素质教育和拓展教育深度融合，以素质教育为基础，以拓展教育为外延，将学生的学习和生活融入社会大学中。比如，将素质拓展教育分为思想政治与道德修养、社会实践与志愿服务、科学技术与创新创业、文体艺术与身心发展、社团活动与社会工作、技能培训与勤工俭学 6 个板块就是将素质拓展板块化了。这些板块是素质拓展教育的基础，因为实现素质拓展教育板块化是素质拓展教育发挥应有作用的基础。大学生的素质结构是有一定特殊性的，成才是重要目标，各个专业的学生有不同的专业要求。又有一定的普遍性，成人是第一目标。德、智、体、美全面发展是对新时代大学生的基本要求，既要有扎实的专业基础，又要有一定的文化素养。要有较高的综合素质，包括情绪控制能力、自我学习能力、创新精神、人际交往能力和管理水平等。这些是大学生素质教育的主要内容，同样也是素质拓展教育的基础。

（2）素质拓展教育的项目化：大学生素质拓展训练项目，其目的是培养和提高大学生的某种能力和素养。作为大学生的第二课堂，它是以实践活动为基础的，为大学生进入社会以后的发展提供有效的基础。大学生社会实践活动项目化，是指在大学生素质拓展模块化的基础上，遵循大学生第二课堂的规律和特点，将大学生素质拓展分解成既科学合理、可行性又高的实践活动，并建立一个完整的大学生素质拓展项目系统。这是一种重要途径，用来调节素质拓展教育资源。这同样是一种重要方法，可以将素质教育的第一课堂升华为素质拓展教育的第二课堂，这为提高大学生的综合素质起到了很好的促进作用，是充分发挥大学生第二课堂素质教育作用的重要基础，也是今后实行素质拓展教育的重中之重。

（3）素质拓展教育的课程化：课程一直以来是学校教育和教学活动的主要途径，为实现教育目标提供了重要保障，是学校活动的重要载体。在培养大学生成长成才的过程中，发挥了重要作用，也是素质教育延伸到素质拓展教育的关键步骤。为使素质拓展教育的课程化进一步完善，我们可以从以下几点着手。首先，把握好大学生素质拓展课程的定位。大学生素质拓展课程一定要以第一课堂为基础，跟随第一课堂的教育思路和理念。要有内容和大纲，授课方式要更加多样化。大多要从实践的角度着手，要像第一课堂，但要胜似第一课堂。其次，确定大学生社会实践课程的名称。和第一课堂的课程名称有所不同，第二课堂课程名称比较简单，甚至可以用统一的命名格式，采用"项目名称＋实践"的命名方式，这很好地体现了第二课堂课程理论与实践相统一的特征。此外，体现大学生社会实践课程的特色。大学生第二课堂课程的特色主要是课程时间与第一课堂不一致，只有在第一课堂之外的时间里，才能够进行第二课堂的教学活动。实施地点也是在教室之外，校园内外都有可能成为教学点。组织方式也有自己的特点，通常是专题讲座、素质报告、志愿服务等。最后，在大学生社会实践指导书的编写上也是有特殊规定的。大学生第二课堂课程教学活动的实施，主要是学生自主完成，在有必要时可以向相关老师请教。所以，第二课堂课程指导书的编写必须要根据课程开展的实际情况来编写。

（4）素质拓展教育的规范化：规范大学生素质拓展教育，是指大学生第二课堂的教育课程体系化和过程规范化。建立大学生素质拓展的教育课程体系，要以人才培养方案为基础，依照第二课堂的规律和特点，以自己独特的组织形式，按照一定的原则来逐步完成。大学生素质拓展的过程规范化，是指在大学生素质拓展计划的要求下，实现以下几项内容的规范：第二课堂的指导要规范、素质拓展训练要规范、第二课堂的评价体系要规范和拓展证书也要规范。大学生第二课堂的全面规范，是深化大学生素质教育改革的基本要求，也是有效推进大学生第二课堂的重要前提。怎样才能做好大学生素质拓展教育的标准化？可以从以下3点入手：第一，建立完善的第二课堂课程体系，包括科学文化修养、思想道德建设、创新创业精神培育、科技技能培训，等等。第二，实现大学生社会实践课程开设和考核的标准化，将课程内容、开设时间等都用一定的制度来规范。第三，规范大学生素质拓展计划的实施过程。在实施过程中，针对性地制定方针政策，保证实施过程符合素质拓展教育的实质，而不是有名无实。

综上所述，在高效推进大学生素质拓展工作的过程中，需要高校各个部门的统筹和协调。其中，校团委、教务处和学生工作部是最重要的3个部门。在素质拓展板块化、项目化、课程化和规范化等方面共同努力，这为大学生综合素质和能力的提高，促进大学生健康成长和成才提供强有力的支撑和保障。

第二节 高校体育教育专业人才培养机制分析

一、高校体育教育人才培养模式的基本内容

（一）高等院校人才培养模式的内涵

人才培养模式是高等教育领域的基本问题，有人才培养，就有人才培养的模式。但是，我国高校、教育学界提出人才培养模式却是近几十年的事。1983 年，文育林在《改革人才培养模式，按学科设置专业》中，最早提出"人才培养模式"这一概念，其内容是关于如何改革高等工程教育的人才培养模式。之后，也有一些高校和实践工作者继续讨论医学及经济学等各类人才的培养模式及其改革，但都未明确指出何为"人才培养模式"，对其内涵的把握也较为模糊。1983 年，我国学者刘明浚首次对"人才培养模式"这一概念做出明确界定，认为"人才培养模式是指一种教育教学样式，这种样式是在一定办学条件下，为实现一定的教育目标而选择或构思的"。1998 年，教育部下发的文件《关于深化教育改革，培养适应 21 世纪需要的高质量人才的意见》中首次对"人才培养模式"的内涵做出直接表述，指出："人才培养模式是学校为学生构建的知识、能力、素质结构，以及实现这种结构的方式，它从根本上规定了人才特征并集中地体现了教育思想和教育观念。"20 世纪 90 年代以来，随着理论研究的不断深入，相关的研究随之增多，在此过程中形成了以下几种较为典型的界定：

（1）结构论。钟秉林认为，"人才培养模式是以一定的教育思想或理论为基础建立起来的完整模型。这种模型可以为教育工作者在教育过程中提供实际操作的范式。它是集中人才培养的目的性、计划性、过程性和保障性于一体的一整套的体系，是教育理论作用于教育实践的桥梁"。

（2）过程论。周远清认为，"人才培养模式是指在一定的教育理论或思想的指导下，按照特定的培养目标，以相对系统的教学内容、课程设置、管理体系和评估制度，实施人才培养过程的综合，即人才培养模式是人才培养目标、培养规格和基本培养方式"。

（3）结合论。龚怡祖认为，人才培养模式是指："为实现培养目标（含培养规格）而采取的培养过程的某种标准构造样式和运行方式。"这种理论认为

人才培养模式既不能局限在教育过程中，也不能限制在教育结构中。它是过程与结构的统一，即教育当中动态与静态的统一。

综合以上观点可以看出，尽管它们在含义上有一些相同点，即基本上都是指教育思想和理论指导下的一种关于人才培养的方式。推及到高等院校人才培养模式，应该是指在市场竞争的大环境下，高等院校为了提高自身竞争优势、实现毕业生有效就业的目标而建立的由明确的培养目标、高质量的培养规格、实时更新的课程体系以及科学的管理制度、评价方式等构成的一种育人模式。其内涵包括：第一，有一定的教育思想指导，教育思想是人才培养活动的基础，起着指导作用，社会科学领域所研究的"模式"针对的是社会人，而社会人具有主观能动性和目的性，不同的教育思想反映不同的价值观；第二，人才培养活动具有整体性和系统性两大特点，人才培养模式作为人才培养活动的外延应当包含目的性要素和技术性要素两大方面。

（二）高等院校人才培养模式的构成要素

人才培养模式的构成要素主要涉及四个层次：一是培养什么人，表现在价值层面的培养目标以及培养规格，属于目的要素；二是用什么培养人，表现为培养制度和培养内容，属于内容要素；三是怎样培养人，表现为行为层面的教育方法，属于方法要素；四是培养的人怎么样，表现为结果层面的质量评价体系，属于评价要素。

1.目的要素

培养目标是人才培养模式的核心要素，它包括知识培养目标、能力培养目标以及素质培养目标，它们分别决定了学生的知识结构、能力结构和素质结构，是一切教育活动的出发点和归宿。而培养规格是基于培养目标而进一步规定的人才培养层次、服务方向等。

2.内容要素

内容要素主要体现在培养制度和培养过程上。其中，培养制度是保障人才培养活动能够顺利进行的前提，它直接影响着人才培养活动的进行。培养过程是指实施人才培养活动的全过程，它涵盖了所有培养活动的具体环节，是人才培养模式的关键，过程的成功与否直接决定着培养目标能否实现。

3.方法要素

培养方法是为了能够顺利实现培养目标而采取的方式和手段，目的是使学生真正掌握应当具备的知识、能力和素质，培养方法是多元的，它包括教师教学的手段、学生学习的方法以及考核方式等。

4. 评价要素

评价体系主要对实施教育的过程和结果进行考核和测评，是检验人才培养质量的评价尺度，包括人才培养内容、评级标准和评价方法等。

（三）高等院校人才培养模式的特点

高等院校的人才培养目标是在服务区域经济建设和发展基础上培养适应相关行业（企业）需求的技能型人才，这些人才能够为相关行业的生产、管理和建设服务，他们在人才类型上不同于普通高等教育，在人才层次上不同于中等职业教育。高等院校人才培养模式在其发展的过程中具有自身的特点。

1. 系统性

培养模式是一个系统，高等院校的人才培养模式是由培养目标、课程体系、教学方法、教学手段以及管理制度等诸要素组成的有机整体，从整体上勾画出了人才形成的规格，包括知识、能力和素质在内的网络体系。各个子系统之间的相互作用与影响，直接决定了人才培养模式的运行结果。

2. 中介性

高等院校人才培养模式是以某种教育思想、教育理论为依据，然后将其转变为供高校教育工作者在人才培养活动中借以操作的既简约而又完整的范式。因此，高等院校人才培养模式具有中介性。

3. 动态性

高校人才培养模式要适应经济和科技发展的快速性以及人才市场需求的多变性。因此，高等院校人才培养模式必须具有动态化的特点，能够不断变革、调整与发展，随着时代的发展而充实新的内容，但是在一定的时期内，又应该是相对稳定的。

4. 多样性

多样性是我国社会经济现状及其发展的必然要求，高等院校人才培养模式具有多样性是我国高等教育内在规律和自身发展不平衡的必然结果。同时，高等教育走向大众化也是人才培养多样化的动因。

二、高校体育教育专业教材改革与建设

（一）体育教育专业教材改革与建设必须牢固树立目标意识

普通高校体育教育专业教材建设质量是实现人才培养目标的重要保证。目标意识即教材的改革、编写和选用要紧密围绕人才培养目标，符合课程教学大纲的要求。教育部颁发的新《课程方案》，明确了体育教育专业人才培养

目标。培养新世纪具有创新意识和精神的"复合型体育教育人才"，不仅对教育、教学的各个方面提出了很高要求，同时也蕴含着对教材建设质量的高要求。教材改革与指导思想就是要不断适应社会发展的需求，不断提高教材质量，为人才培养服务。教材建设质量制约着人才培养的质量，因此教材不仅要具有很强的实用性，还要体现科学性、新颖性和系统性，具有很高的教育、教学价值。教材也是直接联结教师与学生的桥梁，作为含有各种信息和知识的载体，展现在教师与学生面前，为教师教学范围和深度提供基本依据，为学生学习提供基本内容和信息含量，使之更好地为培养目标服务。

（二）体育教育专业教材改革与建设必须牢固树立更新意识和创新意识

更新意识即加快教材的更新换代，缩短教材的建设周期，不断充实教材的新内容，努力保持教学内容的基础性、先进性和前沿性。随着现代社会的快速发展，世界信息更新速度异常快速，淘汰程度日益加剧。据英国技术预测专家詹姆斯·马丁测算：人类知识在 19 世纪每 50 年增加一倍；20 世纪初每 10 年增加一倍，20 世纪 70 年代每 5 年增加一倍；而现在每 3 年就增加一倍。21 世纪是信息化时代，人类知识总量呈时间的指数函数增长着，新技术每隔 10 年就有 30%—50% 的过时或被淘汰。全世界每天约有近百亿信息单元的信息量在传递，年产约 720 亿信息，并以 15%—20% 的年递增速度在发展，现在的知识信息仅仅是 2050 年的 1%。新世纪体育知识信息也会空前丰富，知识陈旧、老化的速度不断加快，迫使我们必须主动地更新教材内容，扩充教材新信息含量，才能为培养适应现代社会快速发展需要的复合型体育教育人才创造条件和提供保证。

不断创建体育新学科教材，是培养新世纪复合型体育教育人才的重要举措。现代社会已进入科学知识高度分化与高度综合的时代，各种知识相互渗透、交叉和融合，不断地创建出适应现代社会发展需要的新兴学科。体育学科也是如此，在现代社会发展的大背景下，从自身快速发展过程中，创建出了一些体育新兴学科，如体育产业学、体育休闲学、体育经济学等，为体育教育专业培养"宽口径、厚基础"人才而服务。但是，新学科教材建设工作十分滞后，往往在开设这些新课程时，缺乏应有的教材是教学中遇到的主要难题，创编新学科教材已成为迫切需要解决的问题。广大教师和科研人员要主动积极地开采，进行有目标的探索与研究，逐步设计和形成创编新学科教材的思路、指导思想、框架体例、内容体系等，加强新学科知识的总结、归纳、梳理、重组和整合，不断充实、丰富新学科的理论与方法，创编出高质量的新学科教材。当前，尤其要重视创编适应社会体育和学校体育发展需要的新学科教材，为全面贯彻、实施新《课程方案》创造条件。

（三）体育教育专业教材改革与建设必须强化多样化意识

积极建设体育教育专业多种教材是丰富教学内容、提高学生综合素质的一项有力措施，有利于学生更好地理解、掌握基本教材的内容，为学习中的解题、解惑、解难提供更简洁明了的回答，为提高教学质量创造条件。多样化教材不仅为教师备课提供选择，有利于丰富教学内容，拓宽学生的知识面，而且还可以提高学生学习的主动性和积极性，培养学生自主学习的习惯和相关研究能力，有利于促进学生对体育知识的摄取、消化、转化和实际应用，培养学生综合运用知识的能力以及创新思维和精神。教材改革与建设必须强化多样化意识，即形成文字教材、电子教材、辅助教材和参考资料相配套的教学用书和教学软件，并紧密衔接、兼容基本教材的重点、难点内容，以适应现代化教学的需要，使多样化教材在深化教学改革、提高教学质量、培养学生综合素质中发挥重要的作用。

（四）把握体育教育专业教材改革发展趋向

把握体育教育专业教材改革发展的趋向，能够更好地明确教材改革与建设的思路。当前，体育教育专业教材改革发展趋向主要表现在以下 3 个方面：

1. 朝着多元化方向发展

体育教育专业的教材改革，首先表现在契合现代社会发展需要而朝着多元化方向发展，即教材由原来的基本教材（学生用书）建设逐渐发展为基本教材、参考教材（教师、学生）、试题（卷）库等相配套的建设；由原来的文字教材建设逐渐发展为文字教材、电子教材、网络课件等相配套的建设。注重字、像、声、图并茂，达到组合优化，进一步提高教材的全面功能以及可读性、可看性和参考性等，从而促进教材的全方位服务，充分发挥教材多元化的教育功能。

2. 朝着不断创建新学科教材方向发展

为了人才培养和组织教学的需要，为了及时介绍、推广多学科知识经渗透、交叉、融合而成的新知识以及新知识在体育教育领域中的运用，有关专家、学者勇于探索，大量开拓原始性创新，努力创建各种体育新学科和创编各种体育新学科的教材，供学生学习与参考，开阔新知识视野，这也是教材改革建设一个重要的发展方向。

21 世纪信息发展非常之快，信息淘汰与更新的周期大大缩短，大量新信息的产生，积极地促进着人的思想观念、思维模式、知识结构、能力结构乃至精神与人格诸方面的变化，由此使人的综合素质与能力不断得到提高。同时，体育教育专业各学科知识的综合性大大得到了加强，并与其他学科知识相互渗透、交叉、融通，在实践中各种知识的碰撞，会产生许多新的体育现象，亟须运用体育理论知识加以解释与指导。社会发展是创新教育的推动力，而创编各种体育新学科的教材是不断促进创新教育开展的重要部分，是人才培养"面向现代化、面向世界、面向未来"的需要。

3. 朝着体育人文社会科学方向发展

分析新《课程方案》的培养目标，可以发现体育人文社会学科知识的教育占有重要位置，如学校体育管理和社会体育指导等，必须培养学生掌握一定的体育人文社会学科知识才能胜任今后的工作。鉴于此，大量的人文社会科学知识会不断被借鉴、移植、渗透和运用到体育教育中来，从而促进体育人文社会学科的建设与发展，并创建体育人文社会学类的新学科和创编相关的教材，为达成培养目标服务。人文社会学科的研究主要涉及"人—社会"方面，而体育学科的研究则主要与"体育—人—社会"有关，其知识底蕴容易相通，相互之间易渗透、交叉和融合，创建出各种体育人文社会学类新学科。因此，体育学科与人文社会学科之间不存在一条宽阔的"壕沟"，仅仅是一个"门槛"而已，只要努力学习、深入研究就可以使其为体育所用。随着社会体育事业的快速发展，对社会体育指导工作的要求越来越高，只有掌握大量的科学理论知识才能更好地指导实践，促进社会体育事业蓬勃发展。因此，体育教育专业教材改革与建设会快速地朝体育人文社会科学方向发展，架起社会体育理论与实践的桥梁。

三、高校体育教育专业综合素质教育评价体系的构建

（一）体育教育专业综合素质教育评价概述

1. 对体育教育社会评价的定义

社会评价的概念是指："从一定的社会角度来考察和评定现象的社会价值，判断现象对社会的作用之善恶美丑功过及其程度。"依据社会评价的特点和已有的教育评价的定义，陈玉昆把教育社会评价定义为"是从国家与地区的需要出发对教育进行的评价"。社会对教育的需要是当前的需要和长远的需要，与之相对应的是教育社会价值的社会现实评价与社会历史评价。社会现实评价是指以满足社会发展眼前需要为价值尺度的教育评价，而社会历史评价则是以满足社会发展长远需要为价值尺度的教育评价。王景英在《关于建立教育的社会评价机制的思考》一文中，对教育的社会评价是这样表述的："教育

的社会评价是指以教育系统外部的社会力量为主体，以社会发展和用人单位的需要为尺度，对教育现象进行价值判断的活动。"

这些界定都是首先规定了教育社会评价的主体是社会用人单位，因而同教育的自我评价、政府主管部门评价和专家等评价相区别。其次，这些界定也揭示了教育社会评价所具有的独特的视角与尺度。教育评价有不同类型的主体，但评价的对象是同一的，都是教育，因而不论是教育的自我评价或政府主管部门的评价等，都会有某些相同之处。这是因为，它们以教育行为或现象为对象，在评价活动中，都要以国家教育路线、方针及社会和经济发展需要为依据；都要遵循方向性、激励性、科学性和可行性等原则。然而，既然是不同类型主体的评价，那么评价的具体视角和尺度就不会完全相同。教育社会评价是以社会和群众的需要、要求和利益为尺度，这一点是教育社会评价存在的理由，也是同其他类型主体评价的区别点之一。因为教育社会评价在内容、标准方面，不同于其他类型的评价，至少应该说教育社会评价有自己的着重点。社会评价主体是社会力量，因而它的评价视角或角度应当是社会。所谓以社会为视角，是指以社会政治、经济和文化的发展需要为基本尺度去评价教育现象，这种需要不仅包含有短期的发展需要，更包含有长期的可持续性发展的需要；以社会为视角还指以人民群众的利益和需要为基本尺度去评价教育现象，这种利益和需要包括暂时、近期的利益和需要，也包括长期、根本的利益和需要。

教育社会评价的这种独特的视角或角度，是发展和构建教育社会评价的一个重要原因。另外，这些界定所规定的评价对象是教育活动或现象，这是一个整体概念。具体的则包括高校的整体办学水平和效益、学校的管理水平、学生的质量、科学研究能力及其成果水平、师资力量、在社会生活中的影响及其声望等。就是说，教育社会评价的对象，既可以是某一教育活动或现象的整体，也可以是组成整体的各个方面。

体育教育社会评价是教育社会评价的一个分支。通过以上对教育评价和教育社会评价的研究，以及本文所要研究的重点认为：体育教育社会评价就是对体育教育学生价值的评定和判断，是通过对社会用人部门的调查，来评定体育教育专业毕业生的专业综合素质的高低，以及了解社会对学生综合素质构成的需求变化，并对体育院校教育的结果做出价值判断，进而调整体育教育专业的培养目标、优化课程体系，促进体育教育专业健康发展的一种评价方法。据此，体育教育社会评价的概念表述为：通过制订科学的评价指标体系，对体育教育学生的综合素质以及体育院校教育的结果做出客观的评定。

2. 体育教育专业学生综合素质社会评价的特点

所谓特点，就是某一事物具备而其他事物不具备或不完全具备的独特的性质。体育教育社会评价是对以往体育评价思想的反思与发展，在体育教育发展的不同阶段，其特点也会随之有不同表现。

3. 体育教育专业的专业综合素质评价的意义

（1）有利于完善现行体育教育评价活动体系，提高评价的准确性

早在 1988 年 1 月，国家教委在全国高等教育工作会议上就指出："评价教育质量的主要标准是社会实践。各级教育部门和高等学校要有计划地对学生做跟踪调查并形成制度。要把培养出来的学生是否德才兼备，是否真正适应社会主义建设的实际需要作为衡量学校办学成败的基本标志，作为进一步开展教育改革的重要依据。"这不仅阐明了教育评价的主要内容和意义，而且明确了高等教育评价中的人才培养质量和评价必须进行社会评价的根本观点。

多年来，我国体育教育的评价主要集中在对教学评价研究方面。表现在：一是对体育教学质量的评价；二是对体育专业学生学习成绩的评价。随着对体育评价的不断探索，体育教学评价的内容有了很大的扩展，开展了包括对教学效果的评价、教学内容的评价、教学环境的评价、教师的评价以及学生学习效果的评价等。评价的类型也从单纯的终结性评价发展到形成性评价和诊断性评价。评价的方法手段也更加科学，突出了定量评价，如采用模糊数学的方法对体育教学进行综合评价。但是，始终没有建立真正的体育教育评价制度，当然也不会有体育教育社会评价机制。目前，我国正对体育教育培养目标、课程设置方面进行着积极的探索，目的是要提高教育、教学质量，培养适应素质教育需要的体育教育人才。要实现这一目标，就需要构建相应的科学评价体系作为导向和保障。同这种变革相适应，体育教育评价也必须改变那种由政府下管部门或由其组织的单一行政评价形式。体育教育评价不仅应当有政府监管部门的评价，还应有自我评价、专家评价和社会评价等多种形式。通过多种形式的评价反映不同主体的意愿和观点，吸纳各个方面的意见，形成立体评价网络，使体育教育评价成为改良体育、发展体育事业的催化剂。各种形式的体育评价都有其所长，也有其所短。建立体育教育评价的立体网络，则可以扬多种评价形式之所长，避一种评价形式之所短，形成各种评价形式的互补，充分发挥各种评价形式的综合效应。因此，建立体育的社会评价机制，有利于完善现行体育评价活动体系，提高评价的准确性，克服现行体育教育评价形式的不足。

（2）有利于加强体育院校与社会的交流

目前，国外的体育院校体育教育专业早已改变了传统的单纯培养师资的

现状,如:"德国的科隆体院的最大特点是根据社会需求来议定方向,他们每5年做一次调整,毕业生在什么岗位上找到职业,据这一社会需求修订什么专业方向。"日本根据对部分体育专业毕业生的就职状况调查研究发现,日本体育院系的课程大都是为培养体育教师而设,已经不能适应社会对体育运动需要的变化。因此,通过社会的调查,在专业设置上,一些学校在维持原有的体育专业的基础上,创立包括运动科学在内的新学系,培养新型体育人才。在课程结构的改革方面,首先,基础教育课程和专业基础理论课程得到进一步加强。其次,大幅度提高选修课的比例,使学生能够结合自己的能力、兴趣和未来的志向能动地学习。再者,运动经营管理和终身体育受到普遍重视。筑波大学、早稻田大学、大体育大学等都将运动管理列为必修课。此外,信息技术教育也受到普遍的重视。进入21世纪后,随着全民健身计划的实施,体育产业化的蓬勃发展,国际体育交流更加广泛,体育社会化、产业化已成为体育发展的趋势,这为体育人才提供了广阔的用武之地,同时也对体育人才的功能、质量、种类、数量提出更新更高的要求。体育科研人员、社会体育指导、康复保健人员将成为人才市场的一大热点。此外,体育翻译、体育宣传、新闻工作者、体育专业人员、体育旅游作者、传统体育人才也会应运而生,而社会对体育教师的需求将呈现平稳和缓慢下降趋势。因此,通过社会对体育人才的需求和要求、毕业就业市场的现状,把培养目标从过去只培养体育教师的单一目标转向培养具有较宽知识面和多种能力的复合型人才的总目标,以培养体育教育者、指导者、管理者、经营者和第三产业所需要的体育人才为具体目标。

(二)体育教育专业综合素质评价指标体系设计的原则

体育教育专业学生综合素质评价指标体系设计的原则是对指标体系的基本要求,是评价的有效性和可靠性的根本保证。提高社会评价活动的科学性是对社会评价活动的根本要求,要对体育教育毕业生做出一个科学化的社会评价,从作为主体的群体(社会用人单位)方面来分析,首先应明确以下两点:

第一,社会需求能正确地反映到评价主体的意识中来。这里的正确反映包括两个方面的内容:首先,群体需要能全面地反映到评价主体的意识中来,以形成完整的群体利益体系;其次,群体的各种需要与群体之间的客观关系能如实地反映到评价主体的意识中来,为评价主体进行比较和选择提供基础。群体需要比个体需要复杂,群体需要反映到评价主体意识中的过程比个体需要反映到评价主体意识中的过程曲折,这就增加了形成完整的群体利益体系的复杂性，也使评价主体更难把握群体的各种需要与群体之间的各种客观体系。

第二，评价主体对各种群体利益进行比较，权衡得失，从而正确地选择作为社会评价活动的标准。各种利益错综复杂地交织在一起，选择以群体的何种利益作为社会评价活动的标准，有时往往成为一个很复杂的系统工程。在社会评价活动中，选择评价标准的正确性不仅要受到当下社会实践的检验，而且要经受历史时间的考验。

为实现以上两点要求，在对体育教育专业毕业生实施评价时，应遵循以下几个原则：

1. 方向性原则

体育教育专业学生综合素质评价指标体系设计要有正确的价值取向，这是学生综合素质评价的有效性和可靠性的第一层次的最高保障。我们说进行评价方面的改革是实施素质教育的关键，制定完善的评价指标体系则是贯彻素质教育的可靠保障。改革体育教育综合素质教育评价、完善评价指标体系首先就是要确立体育教育综合素质教育的价值取向，以教育是否促进了学生的身心全面发展为评价的标准。学生不是知识的容器，而是有生命和情感体验的活生生的人，是心智有机统一在一起的整体，是处在不断发展变化中的生命个体。

因此，在设计体育院校学生综合素质评价指标体系时，要有正确的质量观和学生观，看教育质量的标准，以学生为评价指标设计的主体。看教育质量的综合性，突出体育专业的特殊性。

2. 科学性原则

在体育教育专业学生综合素质评价指标体系设计过程中要运用科学的方法和技术。首先，要有科学的态度，对指标体系做到客观公正、实事求是；其次，要建立一个科学合理的评价指标体系设计程序；再次，在设计过程中要考虑定量和定性相结合的评价模式；最后，要用正确的价值判断的方法。

3. 全面性原则

第一，全面性原则是指体育教育专业学生综合素质评价指标体系设计的全面性；第二，要面向全体学生，就是说该指标体系设计要在学生综合素质评价中看到全体学生的发展水平，不能以偏概全，双眼只盯在少数优秀学生身上；第三，要注意综合素质评价指标体系中各要素的整体功能综合效应，学生综合素质评价过程是一个复杂的、多因素的且带有鲜明专业特色的动态的过程，因此在设计体育教育专业学生综合素质评价指标体系过程中，要重视影响到综合素质教育质量的各因素之间的关系和结构，以发挥其整体优化的功能；第四，要重视评价效率，衡量评价的质量和效果，不仅要看评价所取得的成果，而且要看所投入的时间和精力；第五，对体育教育专业综合素质评价要自学生入校后一直到毕业的全过程进行评价，保证评价的连续性和全程性。

4. 教育性原则

体育教育专业学生综合素质评价指标体系设计要体现评价的正面导向作用，发挥评价的改进和激励的教育性功能。综合素质评价指标体系在产生之初，主要是通过评价来证明学生是否达到了预定的目标。到了今天，发展为通过评价创造适合于体育院校学生综合素质发展的教育，在评价指标体系中能体现充分尊重和信任评价对象。

5. 动态性原则

体育教育专业的可持续发展既是一个目标，又是一个过程，在一定时期其评价指标体系不仅应保持相对的稳定性，还应具有动态性。动态指标更要综合反映体育教育专业可持续发展的趋势和现状特点。

第三节 高校体育教育专业既有人才培养模式的实施措施

一、"一体三元三翼"的体育专业人才培养模式的实践措施——以湖南省为例

（一）湖南省体育产业发展状况与人才需要现状

1. 体育产业现状

（1）体育竞赛产业不断发展

湖南省体育竞赛产业以问题为导向，以时效为目标，以创新突破难题，不断充实湖南体育竞赛产业。2018 年湖南省全省体育锻炼人数参与人数达到2419.1 万人，全民健身相关活动举办次数达到 5370 项次，新农民体育健身工程行政村创建申报个数达到 1100 个。全省体育竞赛产业本着强基拓优"的发展战略与目标，体育竞赛整体水平不断提高，2018 年全年共获得 8 个世界冠军、22 个亚洲冠军和 67 个全国冠军，实力彰显了全省的体育竞赛的高水平。

（2）体育健身活动不断增加

湖南省于 2019 年先后举办了潇湘 100 第三届湖南·崀山国际越野赛、2019 紫薇国际半程马拉松赛、"和弘扬长征精神，勇攀胜利之山——"薪火传承·中国健康跑"等众多大型体育交流健身活动。这些活动充分利用湖南省旅游业得天独厚的优势条件，适响应中央体育强国的号召，将体育和旅游有

机地结合起来。

（3）体育旅游服务不断提高

体育旅游服务以满足人们多样化需求为导向，对于整个体育总产业所产生的总产值中发挥着举足轻重的贡献。体育产业蓬勃发展和旅游事业不断兴盛的湖南省，在培育和提高体育旅游服务方面有着充足的发展动力和得天独厚的自然和人文资源优势。旅游服务项目中的基本项目如全民健身跑、广场舞大赛、环湘江马拉松等与城市旅游相结合的体育健身类活动受到了人们的喜爱，热气球、动力伞表演、草莓音乐节、非物质文化展演、瑶王宴等表演及体验休闲性活动更是激发了人们对体育旅游的强烈兴趣。

2.体育人才现状

（1）体育产业从业人数不断上升

随着体育事业成为湖南省产业发展的重要支撑力，体育产业从业人数趋势呈现总体上升趋势。截至 2017 年底，湖南省体育产业人数达到 5535 人，相比 2016 年的 5360 万人增加了 175 人，且素质不断提高。以湖南省全年等级运动员人数为例，2016 年湖南省全省等级运动员人数为 1398 人，但 2017 年全省等级运动员人数达到了 1591 人，增加了 193 人，增长率达到了 13.8%，体育从业人员素质越发优秀。

（2）体育青少年业余训练不断提高

通过数十年的发展和对产业的改进，湖南省青少年体育通过"四强工程"，业余训练逐渐走向上坡路。截至 2017 年底，全省现有各级各类体校 89 所，国家高水平体育后备人才基地 14 所，省级体育后备人才基地 36 所，体育后备人才重点县 22 个，体育后备人才重点校 15 所，各级各类体校在训人数超过了万人，湖南省青少年业余训练水平不断上升。

（3）体育后备人才力量不断增加

体育后备人才力量的不断增加，为全省的青少年体质素质的提高维持了充足的动力，为国家优秀体育后备人才的输送提供了后备中坚力量。随着体育事业的发展，除各省市体校不断成为竞技体育人才培养的主要阵地之外，近年来许多项目的发展都体现出，社会力量的增加使得让体育产业有着更多的方式来训练后备力量，社会力量逐渐成体育人才培养的有力补充。

（二）湖南省体育产业发展与人才需要所存在的问题及原因分析

1.发展速度缓慢

虽然湖南省体育产业在近几年来有了初步发展，但同发达地区相比，在总体规模和产值方面仍然还有较大的差距，而经济发展正是影响该产业的重要因素。通过国家数据发现，湖南省去年的生产总值距广东省、江苏省、浙江省还有一定的差值比，从总量上反映了该省的经济实力。正是由于社会经济发展相对缓慢，体育产业的投资自然要少，人们在体育上的消费能力薄弱，体育市场的发展并不是很完善。例如，基础设施相对于经济发达地区来说建设力度较弱，目前国家级、省级体育产业示范基地尚未建立，为了实现这一目标，行业需要在不断进行改革与改善。

2. 管理体制不健全

湖南体育产业作为一个刚刚兴起的产业而言，在体育管理体制和运行机制方面还是存在着诸多的弊端，主要表现在：管理缺乏组织性，规范的管理体系还尚未完全建立，相关部门责任与权利义务不清楚。因为体育产业没有作为重点产业来发展，各类体育社会组织又尚未健全，体育产业的信息没能够得到准确详细地统计，相关的法规政策无法得到很好的实施。其次是由政府来支撑的体育事业造就了运行方式过于单一，在这样的行政体制下，同时也限制了各类体育市场的发展空间，缺乏多样化。

3. 体育产业人才缺乏

体育产业人才需求和发展规模实际上对体育产业的发展起着关键作用。从这个角度来看，人才的缺乏湖严重地阻碍了湖南省体育产业的发展。从整个体育产业的角度来看，复合型体育专业人才是业内最抢手、最缺乏的。通过对建设俱乐部以及销售体育用品的相关从业人员，我们发现，湖南省体育管理层的人员十分少，懂得经商的却又不是很了解相关的专业知识，而熟悉体育工作的又不了解市场运作。事实上目前许多体育人才队伍都是教练员或是体育大学生来构成的，尽管他们熟悉体育，但对市场经济和管理还不太了解，而这需要很长一段时间的大量积累，从而推迟了体育产业的发展。同样由于行政人员对体育产业缺乏认知，没有对人才需求进行很好的调查与规划，导致对体育产业健康发展产生了忽视，体育产业没有合理规范的规划和决策，也就无法掌握体育市场的发展规律和潜在规则。

4. 政府的协调发展作用还需进一步发挥

在当前市场经济大背景下，市场经济不可能成为完全的自由市场经济。当市场调控出现问题时，这就需要政府的宏观调控，可以说体育产业的发展离不开政府的管理和引导。尽管对于新管理体制和运行机制的改革还未完善，存在不确定的风险，但大部分的体育资源开发还是需要政府的支持。与此同时，体育企业的结构过于单一，未能创造良好的体育市场，校企之间缺乏有效的合作机制，因此，形成了体育产业市场发展中实用人才供给不足的现象。

（三）解决湖南省体育产业发展和人才现状的对策研究

1.实施"一体三元三翼"的体育专业人才培养模式

实践教学模式，是根据实践教学的需求，探索并建立起来的一种优化教学的方法论对策系统。它是为实践教学的具体实施提供选择路径和操作方法，指导教师进行实践教学活动的基本范式。

"一体"是体育专业实践教学模式建立的"根本"，就是指在产学研合作教育框架下，根据体育产业的需求，体育人才培训规格要求和体育教学的发展趋势建立的实践教学课程体系，以此指导教学。

"三元"是指秉持政府的主导，高校支撑，企业推动的"三元"互动支持原则，即实施产学研合作教育是政府，企业和高校共同的责任和任务。政府应承担起倡导者、扶持者和服务者的重要角色，制定支持产学研合作教育的配套政策，搭建产学研合作教育平台，强化服务意识；而企业要目光深远地看待经济效益问题，注重创新人才能的培养和企业未来的发展，成为产学研合作的积极参与者和推动者。高校一定要立足实际，突出在产学研合作教育过程中的社会服务功能和定位，充分发挥自身人才和科研优势，把合作的追寻点集中到人才培养和技术攻关上。为体育产业的发展提了坚强有力的人才和科研资源的支持。如此，在这个实践教学的模式中，各个模块自成体系但又彼此关联，使得整个实践教学体系在产学研合作框架下成为紧密关联的统一体。

"三翼"是指产学研和作框架下的三个实践教学模板的设计，即学模块——学科基础和综合能力培养实践教学模块；研模块——协同创新实践教学模块；产模块——专业见习实习实践教学模块。每个模块都有相对应的实践教学环节设计（见图6-1），在产学研合作教育框架下三个模块各有主旨，但又相互交融、互相促进，富有系统性与层次性。能够帮助学生一步步扎实提高自身的专业技能水平，更好试用人单位的需求。通过产学研合作教育框架强化三方的融合互通，推动高校教学改革和科研成果转化率，不断提高教育科研工作水平，提升人才培养质量，更好的对接体育产业链条，促进体育产业发展。

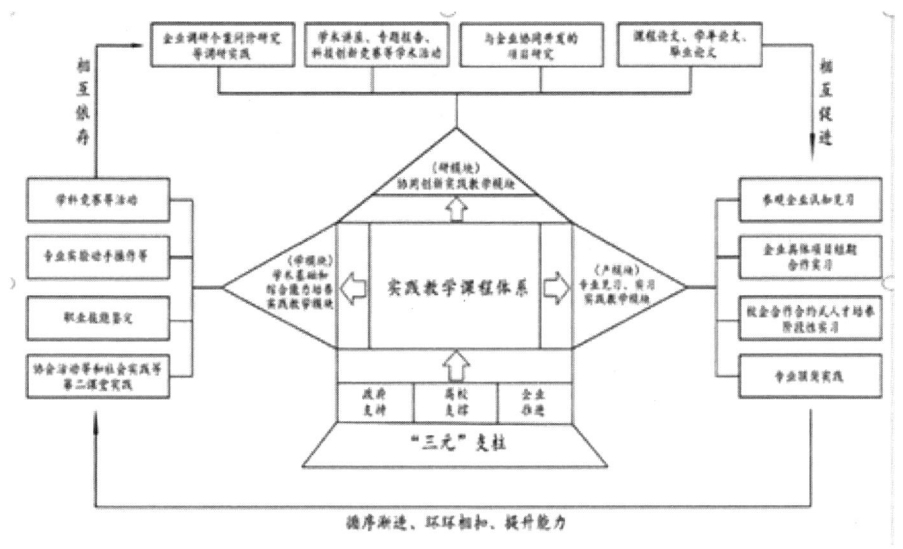

图 6-1 "一体三元三翼"体育专业人才培养模式

2. 加快体育产业基础设施建设和产业细分

体育产业进步离不开基础设施的建设的不断进步，体育基础设施的建设为湖南省体育产业的发展注入新的血液。对体育产业进行市场细分，大致可以分为体育健身、体育竞赛、体育彩票、体育传媒、体育产品生产与销售等几个大类。我们要落实《全民健身实施办法》以及政府出台的各类相关文件，积极开展全民健身活动，引导市民开展健身娱乐，推动健康产业的发展；积极开展各类体育赛事，加快培养高端赛事的经营管理人才，面对市场机遇，积极承接国内外高水平体育比赛；继续做好体育彩票发行工作，坚持"取之于民，用于民"的宗旨来促进公益体育的发展，为很多大中小型体育赛事筹措资金，建设场地等；在信息经济高速发展进步的今天，推动体育传媒行业的发展势在必行，体育传媒行业的发展可以有效地推进整个体育产业乃至相关产业的发展。在体育用品的生产和销售方面，湖南省具备着天然优势。人口众多，经济的发展使得居民收入水平不断提高，人们在满足生活最基本的需求后开始寻求健康的生活方式，各个企业抓住这个机遇，开展体育健康产业，将体育产品推向全世界。

3. 完善体育产业法规体系，健全体育产业管理体制

我国的社会主义市场经济是法制经济，法律则是规范市场行为的最有效的方法。从湖南省内的体育产业情况来看，出台新的体育产业法律法规规范体育市场是非常必要的，在新的法律法规的出台过程中，应吸取以往的经验教训，推出具有可操作性的法规。为了促进湖南省全省的整个体育

产业的全面发展，很有必要在当前体育产业的管理方面上建立现代化体育产业体系，使得湖南省内的体育市场与国外市场接轨，使这个制度在人才培养、改善消费结构，提高人民身体素质、促进经济发展等方面都能发挥出积极作用。

4.加大对体育产业高素质人才的培养和引进

在湖南省经济可持续发展的过程中，体育产业人才的严重缺乏是一个重要的影响因素，有效解决人才问题是促进湖南省体育发展的关键问题。在企业方面，鼓励体育产业的高素质企业加大对体育产品研发的投入力度，开发新型专利产品，打造体育知名品牌，发挥好体育产业的带头模范作用。在培养专业人才方面，培养和引进创新型的体育产业人才，可以通过举办培训班，进行从业资格考核认定等方面来提高从业人员的能力和综合素质，另外，还可以通过省内有条件的高校来进行优秀人才的培养和选拔；完善人才引进机制，引进一批懂体育产业管理的干部，企业家以及体育经纪人，弥补目前的体育产业人才空缺，学习国内外高水平赛事的运作以及先进企业单位以及组织的管理、人才培养的先进经验，提高自身队伍建设。

5.充分发挥政府的助推作用，加大对体育产业发展的引导与支持

在湖南省的体育产业高速发展期间，政府应充分发挥助推作用，对体育发展进行正确的引导作用，帮助建立湖南省体育优势产业，促使体育企业实现规模化、专业化、品牌化生产。在发展本省同时，积极引进国内外体育服务产业和体育用品生产与销售产业，建立更加全面立体的体育产业集群，加快推进产业园区建设工作，提升区域影响力和连带作用，带动周边省区的共同发展。加强和改进体育行业的产业统计工作，体育产业的研究继续数据作为支撑，找到体育发展规律，给相关部门了解行业动态、进行政策研究与颁布提供了重要依据。政府应积极推动信息科技的发展进步，依靠互联网的发展潜力，推动"互联网＋体育"走向新高度。

二、"体教结合"人才培养模式的实践措施

20世纪80年代，"体教结合"问题被提出并开始付诸实践。随着时代的发展及"体教结合"模式的内涵不断丰富与影响不断扩大，其逐渐成为越来越多高校高水平竞技体育人才培养模式的首要选择。从行政管理方面来看，体教结合模式能够保证竞技体育进一步可持续发展；从各级各类学校来看，此模式是学校教育的一个重要手段，能够促进学生的全面发展；从运动员方面来看，体教结合模式能够使得运动员在接受运动训练的同时，接受较全面的文化教育。同时，加强培养优秀的运动员，提高大学生运动员的综合素质

是我国高校在"体教结合"模式下面临的重要任务之一。一直以来，我们国家高度重视运动员的文化教育，相继颁布了《关于进一步加强运动员文化教育和运动员保障工作的指导意见》《教育部国家体育总局关于进一步加强普通高等学校高水平运动队建设的意见》等文件，为运动员及大学生运动员的发展保驾护航。2014 年国务院颁布的《国务院关于加快发展体育产业促进体育消费的若干意见》中明确提出，要鼓励有条件的高等院校设立体育产业专业，加强校企合作，多渠道培养复合型体育产业人才等。2016 年，中共中央、国务院印发的《"健康中国 2030"规划纲要》中指出，到 2030 年经常参加体育锻炼的人数达到 5.3 亿人，并继续加大学校健康教育的力度。可见，国家对于体育教育事业的发展及大学生运动员的培养尤为重视。因此，结合国家和社会的竞技体育人才需求，为国家培养高素质的大学生运动员，是我国高校在"体教结合"模式下培养优秀大学生运动员人才的必然要求。

（一）体教结合：高校体育人才培养新型模式

1. 体教结合的理论基础

（1）教育学基础

教育的基本问题是教育同社会发展以及教育同人发展的关系，即"社会—教育—人"的循环链。社会要把每个人培养成合格的社会成员，最有效的手段是教育；而个人要适应社会的发展，唯一的途径也是靠教育来实现的，教育是社会生存和延续的纽带。联合国教科文组织在《学会生存——教育世界的今天和明天》中指出："教育不但能改造人，而且也能通过改造人去改造社会。"现代体育由于受到过度商业化、职业化的干扰，只注重挖掘运动员的体能，忽视了智能的发展，使许多运动员成了金牌和物质利益的附属物，成为争夺金牌的机器。因此，有必要对运动员进行必要的文化教育，使之通过教育成为一名对社会有所贡献的成员。

（2）生物学基础

生物学是研究生物的结构、功能、发生和发展规律的科学。可以肯定，生物学的理论是提高运动成绩的重要理论基础，但它绝不是唯一的理论基础。诺贝尔化学奖获得者普里高津提出的耗散结构理论，说明教育对竞技运动的作用具有重大的意义。他认为，耗散结构是在远离平衡条件下，系统原有的平衡态将失去稳定性。人体自身就是一个复杂的系统，我们应注意平衡发展，不能特意强调某一方面突出发展，应注意保持系统的平衡。单纯搞生物性的训练，只能挖掘运动员的体能潜力，不能挖掘运动员的全部潜能，这背离了耗散结构理论，不利于人体的平衡发展，应重视运动员的生理、心理、社会三重属性的协调发展。体教结合在重视运动训练的同时，要求他们接受正规的文化教育，有利于培养大批生理、心理、社会三重属性协调发展的高水平运动人才。

2. 体教结合的现实基础

（1）体育与教育本是同宗同源

人类的体育文化与教育均起源于生产劳动，并为劳动服务。可以说，人类最早萌生的"教育"就是"体育"，即传授劳动技术与身体教育。人们将自己在生产劳动中获得的基本知识、打猎时射杀的方法、宗教祭祀中的舞蹈技术、部落纷争时的格斗技巧等作为教育的内容传给后代，而这些教育的内容多与运动有关。可以说，人类早期的教育就是"体育"，体育与教育本是同宗同源。

（2）体育和教育部门都是育人机构

体育部门和教育部门都是育人机构，都担负着为祖国培养人才的重任。教育部门培养的是国家建设所需的各行各业的专业人才，学校可以说是人才的"基地"。并且，学校具备培养人才所需的专业教师，还拥有相对健全的体育训练设施。而体育部门培养的是在竞技场上为国争光的体育人才。虽然教育部门和体育部门职能不同，但都是育人机构，都担负着为国家培养人才的重任。

（3）体育与教育有共同的任务

体育部门的主要任务是为国家培养优秀的体育人才，教育部门除了要完成必要的教育任务的同时，也肩负着为国家培养高水平运动人才的重任。在国家体委和国家教委共同制订和颁布的《关于开展课余体育训练，提高学校体育运动技术水平的规划（1986—2000）》中明确指出："发展学校体育、提高运动技术水平，是我国学校体育的基本任务，也是我国教育事业和体育事业的重要方面。"可见，培养高水平竞技人才也是国家赋予学校体育的一项基本任务，体教结合可以很好地完成国家赋予体育部门和教育部门培养竞技人才的任务，为国家培养全面发展的"智能型"运动人才。

（4）体育与教育集中培养的时间大体相同

运动训练与教育两种活动都主要发生在青少年儿童时期，运动员系统训练的最佳时间也是接受文化教育的黄金阶段。学校有最为丰富的生源优势、文化教育优势和科研优势，两个部门要抓住这一特点，在保证系统文化教育的同时，开展业余训练，使运动员的教育与训练尽可能地相协调。由于运动员系统训练的最佳时间也是接受文化教育的黄金阶段，所以我们不能为了单纯追求运动成绩而荒废了运动员的文化学习，而应该追求运动成绩与文化学习的"双丰收"，培养全面发展的"智能型"人才。因此，应对以往的"金字塔"人才培养模式做出调整，以适应市场经济发展需要，并要大力倡导体教结合人才培养模式，使体育运动实现可持续发展。

（二）体教结合内涵分析

1. 体育管理部门与教育管理部门的结合

"体"是指政府中的体育管理部门；"教"是指政府中的教育管理部门。体教结合是针对各级政府中的体育部门和教育部门而言的，两个部门优势互补、强强联合，以共同的育人目标为导向，实现两个部门之间的结合。培养优秀体育人才，是教育部门和体育部门共同的责任，教育部门具有文化教育、人才资源等方面的优势，体育部门有专业教练和训练经验的优势，两者结合充分发挥各自的长处，既能推动学校体育的普及，又有利于竞技后备人才的选拔培养。正如上海市副市长在 2005 年上海市体教结合工作会议上说："体教结合是充分发挥体育部门和教育部门优势的科学方法，弄清体育和教育两者之间相互依赖、相互塑造的关系，实现体育与教育的高度结合，无疑是我国实施和贯彻党的教育方针，培养全面发展高素质运动人才的一个有效措施。"

2. 体育运动与学校的结合

"体"指的是体育运动；"教"指各类教育机构——学校。自古以来，体育与教育就有着千丝万缕的联系，体育一直是教育的一个重要内容和手段，在促进人的可持续发展过程中起着十分重要的作用。把体育人才培养纳入教育体系，使体育与教育充分融合，不仅可以促进体育人才提高文化水平、人文素质和专项理论水平，为取得优异运动成绩奠定理论基础，还为运动员的可持续发展提供充足的养料。美国学校体育之所以能成为竞技体育和大众体育的基础，就是因为它坚持"竞技与教育融为一体"的指导思想，把体育运动看成一种必不可少的教育手段，对全体青少年儿童施教。我国教育界和体育界应转变观念，统一思想，充分认识体育在教育中的特殊地位和作用，使学校成为培养体育人才的"基地"，这是顺应时代的发展，是一种培养全面发展的人的系统工程。

3. 运动员训练与文化教育的结合

"体"是指运动训练；"教"是指文化教育。运动员应该在接受运动训练的同时接受文化教育，文化教育与运动训练同等重要。"据研究优秀运动员的一些资料表明，运动员文化素质的高低，决定着运动员体能开发和技术掌握的程度，直接影响着运动水平的高低，文化素质高体能潜力就能挖掘得更充分，运动水平提高就快，因而竞技成绩就高"。也就是说，体能的开发是有限的，而智能的开发是无限的，用智能的发展来促进体能的发展，将是今后运动训练的主要手段之一。体教结合就是培养"智能型"运动员，代替过去的"体能型"运动员，让运动员学习文化知识，接受正规教育，减少单纯的体能挖掘，注重运动员的智能发展，为社会培养全面发展的"智能型"体育人才。

4. 学校人文精神与奥运精神的结合

学校管理的对象是学生，学校的根本职能就是育人成才，培养学生拼搏、努力、向上的精神，以及吃苦耐劳、敢于竞争、勇于创新的优良品质。

（三）体教结合模式的特点

1. 教育与体育紧密地结合起来

目前，世界上大多数体育发达国家体育人才的培养，都是在学校中进行的，如美国、日本、加拿大等，都重视学生运动员的全面发展，始终以"育人"为主线，坚持教育与体育并重的教学思想，学校中制定了严格的学习、训练、生活制度，并辅之以人性化的管理，在保证他们文化课学习和训练时间的基础上，充分关注学生的道德教育，培养"身心双修"的高水平运动员。而文化课学习和运动训练的"双重任务"都给学生运动员带来无形的压力，运动员对人生目标的定位更为清晰，能够自觉刻苦训练并主动勤奋学习，使体育与教育紧密联系起来。

2. 大学和中学的关系更加密切

体教结合培养的主体是学生运动员，由于大学高水平运动队的成员来自中学，无形中更加密切了中学与大学之间的联系。中学是大学高水平运动队的准备阶段，通过系统的文化学习和科学的训练，为进入高校打下扎实的文化和运动素质的基础，中学则成为大学的"蓄水池"，是大学高水平运动队的梯队。体教结合培养模式打破了我国原有的体育一家垄断运动人才培养的局限性，使学校的场地、器材和师资等资源配置和利用最大限度地发挥各自优势，实现了大学和中学的"无缝"对接，节约了培养成本，解决了运动员培养过程中的文化教育问题。

3. 选拔和输送一体

从中小学生中选拔优秀体育人才，向高校高水平运动队输送，在培养过程中自成一体，选拔标准立足于长远培养，训练实行教练员负责制，由教练员为学生"量身定做"训练计划，重点是提高身体素质和专项运动技能，为竞技能力在将来进入大学高水平运动队达到"巅峰"做准备。由于整体把握了一体化的培养过程，加之贯彻了科学的训练原则和方法，赢得了很大发展空间，避免了过早、过度训练导致到大学阶段"江郎才尽"。

4.运动员具有双重身份

体教结合培养模式下的学生运动员，其首要身份是学生，完成学校规定的学习任务后，方可进入运动队训练。运动队也应把学生的学习成绩作为定期考核的项目之一，应做到首先是学生，其次才是运动员。对一些运动成绩突出而文化学习成绩较差者，应使其明白学习文化知识的重要性，也可以找专人对其补课使运动成绩和文化素质同时提高。

（四）发展的基本思路与创新

体教结合培养模式是体育学院的品牌特色。华东理工大学高水平运动队教育与训练中心是为了培养高层次的运动人才和能适应社会需求的经贸复合型人才而专门设置的，旨在培养合格的高水平大学生运动员。中心从学术专业能力和运动专项技能两方面设计了理想的人才培养标准：学术专业能力基本达到华东理工大学国际经济与贸易专业普通大学生水平，运动专项技能接近或达到国内优秀专业运动员水平。具体而言，与传统高等院校体育人才培养模式相比，华东理工大学体育学院的体教结合模式具有以下显著特点：

（1）在学科建设和研究方向方面，华东理工大学是我国普通高校范围内最早从事体育经济理论研究，并率先成立体育经济理论研究所，选择体育经济及体育材料科技作为体育学科未来发展方向的高校。

（2）在学科设置方面，体育学院全面考虑到了高水平运动员这一特殊群体的初始文化水平，聘请专业教师成立专门的教研室，研究合适、有效的课程，加强运动员的文化知识，并积极与商学院国际经济与贸易学科教师的沟通，保持教学水平与深度的一致性，保证了高水平运动员培养水平的先进性。

（3）在课程与运动训练方面，学院努力消除高水平运动员运动训练与课程学习之间的矛盾，做到合理安排，并积极对其进行心理引导，提高高水平运动员学习科学文化知识的兴趣。

（4）学院提出并实施了"类别＋层次""课堂＋网络"学习方式，按类别、分层次，采用课堂教学与网络教学相结合的方式对大学生运动员进行培养，通过多元化创新方式进行教学组织与实施，注重对学生的全面综合评价。

（5）学院积极拓展校企合作思路，突破了普通高校体育与社会的合作模式，联合多家体育材料科技企业、体育用品企业等合作共建实践平台，使高水平运动员进一步理解自身从事的运动专业与学科方向之间的联系，同时拓展了学生的社会实践基地，为企业提供高素质的人才储备。

三、"校企合作"人才培养模式的实践措施

（一）校企合作人才培养的必要性

劳动保障部制定的《高技能人才培养体系建设"十一五"规划纲要（2006—2010 年）》中指出，校企合作人才培养就是：紧密结合行业、企业对高技能人才的需求，建立学校和企业联合培养高技能人才的制度。鼓励企业结合高技能人才的实际需求，与职业院校联合制定培养计划；为学校提供实习场地，选派实习指导教师；吸收教师、学生参与技术攻关。

1. 校企合作人才培养是我国当前就业形势的迫切需要

由于我国人口众多，当前和今后一段时期，就业形势仍然很严峻，劳动者整体素质不能适应就业需要的矛盾仍继续存在。目前，全国技术技能劳动者有 8720 万人，占全国城镇从业人员的 32.9%，其中技师和高级技师 360 万人，仅占劳动者总量的 4%。劳动保障部对 103 个劳动力市场监测结果表明，登记的求人倍率均大于 1，对高级技师、技师、高级工程师的求人倍率分别达到 3.3，2.2，2.1。

党的十九大报告提出，要大力发展职业教育，这是建设人力资源强国的重要途径，也是实现社会就业的重要措施。

2. 校企合作人才培养是企业人力资源开发的迫切需要

王瑞祥曾在中央企业高技能人才队伍建设试点工作会议上的讲话中指出，加强高技能人才队伍建设是提高企业核心竞争力和国际竞争力的一项重要的基础性工作。高技能人才匮乏，已经成为制约我国经济发展和产业竞争力提高的一个瓶颈。"中国制造"要走向世界，仅仅靠劳动力的低成本难以参与国际竞争，更难以占领国际市场，迫切需要高素质的劳动者，特别是大批高技能人才。

3. 校企合作人才培养是职业教育提高自身竞争力的迫切需要

工学结合、订单培养、产学研一体化等，都是完善以就业为导向的办学模式，都是职业教育在办学过程中，促进就业、促进办学水平和培养质量提高的成功举措。以就业为导向的办学模式，要求培养的学生与用人单位科学、有机地实行"产销"连接。也就是运用校企合作人才培养模式，充分发挥教育在人力资源开发中的能动作用，利用市场的力量使职业教育在促进人力资源开发中发挥更重要的作用。而职业教育也只有在促进人力资源开发的过程中认识自我、完善自我、发展自我，才能提高自己的核心竞争能力。

（二）校企合作人才培养的可行性

1. 职业教育的培养目标与企业人力资源开发的需求相吻合

职业教育以培养生产、服务一线应用型人才为目的，是培养数以亿计高素质劳动者和数以千万计专门人才的平台。社会劳动力就业需要加强技能培训，产业结构优化升级需要培养更多的高级技工，因此需要大力发展职业教育。

2. 职业教育是企业人力资源开发的重要途径和手段

马海妮曾说："从人才市场上招工很容易，但后期的培训则非常艰难。从培训成本上看，通过'双元制'教学与学校培养订单式的员工，虽然花费不少，但还是'划算'的。"职业教育是适应社会和经济发展的产物，与行业、企业、农村和社会用人部门密切相关，市场需求是职业教育最根本的切入点。职业教育与经济建设同呼吸，共命运，可以保证直接有效地开发人力资源。

3. 国家出台的政策支持校企合作人才培养模式

劳动保障部制订的《高技能人才培养体系建设"十一五"规划纲要（2006—2010年）》中指出，要通过建立政府及有关部门负责人、企业行业和职业院校代表，以及有关方面专家组成的高技能人才校企合作培养协调指导委员会，强化职业院校和企业的联系。改革培养模式，建立高技能人才校企合作培养制度。

国家鼓励企业出资支持重点领域学科和专业建设，设立奖学金或助学金。对于企业或个人支持国家重点领域紧缺人才培养工作的各项经费，可通过中国境内非营利的社会团体、国家机关进行捐赠，可按照《财政部国家税务总局关于教育税收政策的通知》（财税〔2004〕39号）的规定，准予在企业所得税和个人所得税税前全额扣除。国家鼓励企业积极接受高校学生实习，企业支付给在本企业实习学生的报酬，可按照《国家税务总局关于印发＜企业支付实习生报酬税前扣除管理办法＞的通知》（国税发〔2007〕42号）的规定，在计算缴纳企业所得税时扣除。企业还应为高校学生实习提供便利条件，选派有经验的技术人员指导。

（三）校企合作人才培养的具体实施途径

国家要求加快人才培养体制和机制的改革，积极推进产学研合作教育。鼓励高等学校与企业开展合作办学，联合建设重点领域学科和专业，按照企业对人才的要求实行"订单式"培养。聘请行业主管部门和企业共同参与制订人才培养目标、确定课程设置、开展教学质量评估，加大人才培养模式和教学管理制度的改革，工科在校学生要到企业去进行毕业实习和毕业设计，时间不少于 6 个月。建立"双师型"教师队伍，积极邀请企业专家兼课，派教师到企业学习。

校企合作协议书就是用人单位的"订单"，这张"订单"是一张"用人"需求的预定单，包括从培养目标、课程计划到教学方法、评估方法等在内的订单培养计划。在满足用人单位"需求"的前提下，充分发挥用人单位人力资源与物质资源在办学过程中的作用。

（四）校企合作人才培养的作用和意义

对国家来说，校企合作培养人才是加快国家人力资源开发，促进就业、再就业的重大举措；是全面提高国民素质，把我国巨大的人口压力转化为人力资源优势，提升我国综合国力，构建和谐社会的重要途径。

对企业而言，"订单培养"是快速造就人才的有效途径，开展校企合作能有效地保证企业对技能紧缺型人力资源的开发需求，可以较好地解决企业对人才的培养途径与质量要求等问题。在校企双方紧密合作过程中，由于教学计划是校企双方共同制定的，所以学生在实习前初步具备了顶岗生产的能力，使企业感受到接受学生顶岗实习不是负担，而是有效的劳动生产力。同时，学校让合作企业优先挑选、录用实习中表现出色的学生，使企业降低了招工、用人方面的成本和风险。学校在教学中充分体现"订单培养"为企业"量身订制"人才的功能，突出企业岗位要求，注重工学紧密结合，加强学生对企业文化认同感与归属感的培养，并最终实现订单学生综合素质与企业岗位的完满对接。将校企合作作为营造"学习型企业"的重要组成部分，提高企业竞争力，并可以通过对教育的支持，起到宣传效应，树立企业形象。

对学校来说，开展校企合作能有效地使学校了解企业对人才需求的数量与质量的要求，从而能确定人才培养目标，明确人才培养的质量要求，创新人才培养方案的制订，变革人才培养的途径与方法，使之满足企业对技能紧缺型人才的需求。在招生宣传方面，注重突出订单企业及其合作的成效，让学生与家长更多地了解企业发展前景与岗位要求，努力使他们对自身发展做到"心中有数"，体现了"以学生为本，为学生发展考虑"的办学理念，使学校人才培养结构基本适应劳动市场的变化需要，全面提高学生的就业水平与发展能力，提高合作企业及劳动市场对学生的认可度。

对学生来说，校企合作人才培养模式使学习内容与企业需求、实践锻炼与岗位职责合理衔接，促进实践能力和综合素质的提高。同时，能使学生亲身领略企业文化，培养学生对企业文化的认同感与归属感，让学生更多地了解企业发展前景与岗位要求，从而对自身发展做到"心中有数"，提高自身的发展能力。

四、"以人为本"人才培养模式的实践措施

（一）问题的提出

20 世纪 80 年代以来，国内高校人才培养模式呈现出多元发展趋势。从高职人才培养过程来看，目前主要有产学研结合模式、订单式模式、就业导向模式和双证书制模式等。它们相对于以学科为中心的传统高等教育人才培养模式无疑是进步的，这些新模式有助于提高人才的实践能力，彰显了高职教育培养应用型人才的特色与优势，并且带动了高职院校的专业调整，引导了课程设置、教学内容和教学方法的改革。然而，如果以高等职业教育的使命和任务为视角，结合知识经济的发展趋势和构建社会主义和谐社会的新形势，这些高职教育人才培养新模式的不足不容忽视。

首先，新模式重视企业的参与。但是，中国高职院校与企业受各自现有条件所限，难以做到深入交流与合作，必然影响高职人才培养成效。一方面，中国企业行业规范不完善，大型企业较少，在高职院校专业设置和课程研发方面普遍实力不足。参与高职人才培养的企业往往从自身经济利益出发，过分关注人才在特定岗位的生产能力。另一方面，中国高职院校办学水平参差不齐。面对人才培养模式改革的种种复杂事项，大多数院校力不从心。一些学校机械模仿样板工程，或者盲从部分企业的短期需求，这种流于形式和被动的校企合作虽然能暂时缓解当前中国生产一线劳动者素质偏低和技能型人才紧缺的问题，但不利于增强高职学生的通用技术能力，很难培养出把先进科学技术转化为现实生产力的高级应用型人才。

其次，新模式重点培养学生的实际技能，一定程度淡化了高职教育的全面育人功能。中国技能人才需求总量缺口巨大，在生源素质结构复杂的不利条件下，高职院校的人才培养任务相当艰巨。不少高职院校采取保守策略，但求锻炼学生的实际技能，为学生谋生做准备，为企业提供合格的一线劳动者。当今，中国企业的生产方式以流水线批量生产为主，企业偏重于人才的操作技能。被简化为培养掌握操作技能劳动者的高职教育，是远远无法适应21 世纪知识经济时代的发展需求的。作为高等教育的重要组成部分，中国高职教育应该以培养高素质的社会公民为使命，大力推进人的生活、道德、情感、理智与技术的和谐发展，切实为学生的职业生涯发展奠定坚实基础和开创多元路径。

再次，新模式突出培养生产和服务一线的劳动者，这不利于提升高职教育的地位与声誉。众所周知，在中国，家长普遍希望子女接受普通高等教育

而不是高等职业教育。现今，中国只有 4% 的青年愿意当技术工人。这些教育和就业选择偏见不仅反映了残留于当代中国社会的"劳心者治人、劳力者治于人""学而优则仕"等封建社会价值观，而且还暴露了中国高职教育人才培养的种种隐患。中国高校教育的快速发展固然较好地满足了人民群众接受高等教育的迫切需求，但是如果高职教育只为了填补一线操作技能人员的数量缺口，仅满足于充当缓冲社会就业压力的"捷径"，而不考虑学生就业的持续性和终身职业发展，不赋予丰富的育人内涵，不能让学生切实体验到实现自我潜能后的个人与社会价值，那么中国高职教育将难以对抗深深植根于中国社会的扭曲人才观，无法赢得广大学生和家长，甚至是高职教育工作者的认同。

人才培养模式是对人才培养过程的一种设计、建构和管理，关系着人才培养质量，影响着学校的办学效益和效能。中国高职教育的地位、声誉及成效对构建社会主义和谐社会具有重大的战略意义。优化中国高职院校人才培养模式势在必行，"以人为本"将是一个重要的切入点。

（二）"以人为本"高校人才培养模式的内涵

坚持"以人为本"是科学发展观的精髓。教育领域的"以人为本"以育人为目的，尊重和满足不同个体的教育需求和受教育权利，促进人的全面发展。高校人才培养模式突出"以人为本"，就是认同学生的主体地位和个体差异性，并以此为基础大力推进每位学生的个性与潜能在职业领域的充分发展。从内涵来看，实现高等技术应用型人才的全面、高水平、可持续发展始终是以人为本高校培养模式的出发点与落脚点。

1. 致力培养独立、富有创新意识和良好职业道德的高等技术应用型专门人才

高校教育以培养高等技术应用型专门人才为基本目标，体现了高校办学的优势和特色，以人为本培养模式对此予以了坚持和发扬。唯一不同的是，该模式侧重在提高学生职业综合素质的基础上实现高校教育的社会效益，促进学生个体的发展是以人为本培养模式的首要目标。此外，以人为本培养模式针对高校学生群体的思想弱点和社会发展新趋势相应地设置目标。21 世纪，学会认知、学会做事、学会生存和学会共同生活是人才的必要综合素质；独立自主、诚信、实干、积极进取、团结、创新必将成为现代公民的应有素养。大学时代是个体自我意识觉醒和思想成熟的关键时期，高校教育应与普高教育异曲同工。面对当前高校学生群体普遍存在自卑、焦虑、自律不足、依赖性强等问题，"以人为本"的高校教育以塑造学生健全人格为主要目标，努力培养学生的独立人格、创新精神和良好的职业道德。

2.专业设置充分兼顾学生个体的可持续发展需求

目前，中国已在专科层次制定和颁布了全国统一的指导性专业目录，各高校可据此灵活设置专业。高等院校设置专业往往会考虑社会职业分工、学科分类、科学技术和文化发展状况、经济建设与社会发展需要、高校自身条件以及学生喜好等因素。

"以人为本"模式的专业设置强调发挥高等院校的能动性。主张高等院校深入研究行业和地区导向，把社会需求与学生个人需求充分结合起来，最大限度地实现人与社会的长期协调发展。高等院校还要理智地对待所谓的热门专业，不能只盯着就业率，应该综合评估一个专业能多大程度地推动学生的可持续发展，包括促进就业、培养个体的兴趣爱好和特长、实现个人的价值追求、为学生终身学习奠定基础。"以人为本"培养模式鼓励高等院校多设置那些较好地满足了上述条件的专业。

3.构建知识能力素质三位一体的多元化课程体系

以人为本的高校人才培养模式关注人的全面发展，其课程体系集知识、能力和素质为一体，具有较强的灵活性。

首先，重视素质课程的基础地位。除了坚持开设体育课和心理健康指导课以保证学生身心素质的和谐发展外，还积极开发精品通识课程，培养学生的博雅精神和优美情感，提高审美能力。

其次，突出专业课程的实用性和综合性。一方面，结合具体职业要求，把必要的知识和素质渗透到职业技能培养中，使知识和经验得到有效整合，便于学生理解和掌握核心知识。另一方面，扎实推进专业基础课和实践课程。专业基础课程着力提高学生一般认知技能，使学生能够适应未来工作的需求变化，并具备继续学习的能力；实践课程把教育与生产劳动相结合，密切联系理论，切实锻炼学生的综合能力。

再次，优化各课程板块的内部结构。在现有高校的必修课、选修课、活动课"三板块"基础上，可把每种课程板块再分解为两组甚至两组以上的课群，最大限度满足不同个体的多样化需求，让学生个性得到充分自由的发展。例如，选修课可以分为限定选修与任意选修，也可以分为学术性（加深、拓宽）、技术性（乡土、职业素质）、趣味性（文艺、体育）、生活性等方面。

4.推行以学生为中心的教学模式

在"以人为本"培养模式里，学生在各项教学活动中占据主导地位，彻底颠覆了传统教学的"三个中心"（以教师为中心、以教材为中心和以课堂为中心模式）。以学生为中心的教学是师生双向相互传递信息的过程，教师的知识垄断地位被打破，学生通过自身的主动建构获得了学习的主动权，学生成为知识的传播者和创造者。每个学生都是独一无二的个体，他们的经验与生活经历背景的不同，决定着对知识的构建也各异，而教师在学生积极的建构活动过程中则扮演促进者和协调者的角色。

任务教学法是以学生为中心教学模式的常用方法之一。以任务组织教学，在履行任务的过程中，以参与、体验、互动、交流、合作的学习方式，充分发挥学习者自身的认知能力，调动他们的已有资源，让学生在实践中感知、认识、提高应用能力。传统的"三个中心"教学转变为以学生为中心，以任务为中心，以实际经验为中心，充分发掘学生的创造潜能，有效提高学生解决实际问题的综合能力。

（三）"以人为本"高校人才培养模式的实施对策

1. 积极打造办学特色

随着市场经济的发展和高职院校办学自主权的确立，高等院校之间的竞争更加激烈，竞争的核心是教育质量和办学效益。高等院校只有以特色求生存，以特色求发展。办学特色有利于高等院校形成教育品牌，并更好地满足个体千差万别的职业技能培训要求，有效促进个体的发展。

科学准确的办学定位是一所高等院校快速、稳定、健康发展的重要保证。高等院校可以根据经济和社会发展需要，以及自身条件和发展潜力，找准学校在人才培养中的位置。具体而言，高等院校要对现有经济社会状态，包括主要产业结构、发展规划和方向、发展动态、现有人才状况和各类人才需求等情况进行分析，并且结合自身发展的历史积累、现实条件，从中确定学校的发展方向，明确学校服务的社会领域和区域范围，以此拟定人才培养目标和规格，以及与之相适应的教育风格和运行机制。

2. 提高通专结合教育的成效

高等院校推行通专结合教育，能够使学生在掌握必备的知识与技能的同时，树立正确的价值观、就业观，提高学生自学能力、培育终身学习精神以及基本人文素养。通专结合教育是立体和多维的，可以通过课堂学习、生活体验和环境熏陶等多渠道实现。为了提高通专结合教育的成效，高等院校要注意处理好通识教育与专业教育的关系、通识课程设置的广度性与差异性关系，以及通识教育与通才教育的关系。推行通专结合教育的关键在于寻求二者的均衡点与结合点。通识教育和专业教育不是两种教育，而是一个人所应该接受教育的两个方面，两者是可以相互渗透与结合的。

在通识课程的设置上，注意通识课程的内容能涵盖人类知识的主要领域，既要有一定的广度，又要在一定程度上考虑学生个体差异性和课程计划的弹性，应分为必修课、限选课与任选课三种模块，以调动学生的学习积极性。另一方面，通识教育不同于通才教育，它追求的是知识的文化底蕴及由此对人的心灵和智慧的陶冶作用，着重于教育的内在价值。因此，不必刻意强调通识课程的知识量和工具性价值，没必要在教学计划中将其课程学时安排占很大比例，而主要是通过实践教学、环境熏陶等环节加以实施。

3.大力加强"双师型"师资队伍建设

"以人为本"培养模式对教师素质提出了更高的要求：教师既要有较强的问题感知能力和选择最佳教育方案的能力，又要有较高水平的实践操作技能，并且还能够遵循学生的思维方式，以及知识、技能、能力的形成规律，充分调动学生的学习兴趣与自主性。建立一支结构合理、德才兼备、高素质的教师队伍是高等院校实施"以人为本"培养模式的重要保障。

教师素质的提高非一朝一夕之功。从长远来看，国内高等院校可以从两大方面逐步改善教师队伍的质量：一方面，加强制度建设，建立"公开、平等、竞争、择优"的人才引进机制和以能力素质为核心的师资培养机制。另一方面，采取一系列措施不断提升队伍水平，加强课堂教学常规管理与指导，促进教风建设。通过课程建设，特别是精品课程建设，促进师资队伍建设。从企业聘请专家担任兼职教师，从知名学府聘请退休教授，充实院校的优质教师队伍，进一步营造老中青教师"传、帮、带"氛围，有计划地安排教师进修提高，定期派教师到国内外交流学习。

参 考 文 献

[1] 龚正伟 . 体育教学新论 [M]. 长沙：湖南师范大学出版社，2012.

[2] 栾振昌 . 地方高校体育专业研究生"产、学、研"培养模式的探索与实践 [M]. 北京：新华出版社，2015.

[3] 王崇喜 . 体育课程与教学改革研究 [M]. 郑州：河南大学出版社，2014.

[4] 陈玉群 . 体育教学改革与发展历程的动态研究 [M]. 北京：光明日报出版社，2016.

[5] 邱毅 . 体育专业实践教学教程 [M]. 武汉：武汉大学出版社，2015.

[6] 刘大维，胡向红 . 新时代高校体育教育专业人才培养模式理论和实践研究 [M]. 成都：四川大学出版社，2019.

[7] 张振宇 . 高校体育专业"产、学、研"一体化模式研究——以岭南师范学院潜水专业为例 [J]. 体育世界（学术版），2019（09）：61-62.

[8] 陈波 . 体育管理专业产学研人才培养模式研究 [J]. 当代体育科技，2019（19）：64-65.

[9] 任雅琴 . 从自我迷失到本性回归：我国体育硕士专业学位研究生培养困境与路径 [J]. 南京体育学院学报，2019（06）：1-7.

[10] 朱洪生 . 地方综合大学体育专业产学研合作发展模式研究 [J]. 当代体育科技，2019（18）：204-207.

[11] 叶明志，朱怀远，项亚光，金庆凯 . 体育院校与体育产业协同发展现状及思考 [J]. 皖西学院学报，2019（02）：127-132.

[12] 李新华 . 产学研协同创新育人平台建设研究——滨海体育休闲方向 [J]. 当代体育科技，2018（34）：197-198.

[13] 田丽 . 产学研背景下地方本科院校"应用型"体育人才的培养模式研究 [J]. 兰州文理学院学报（自然科学版），2018（05）：104-107.

[14] 赵凯军 . 高校体育专业"产学研用"合作教育模式探析 [J]. 体育科技文献通报，2017（06）：27-28.

[15] 邓翠莲，李东鹏 . 休闲体育专业"五位一体"协同培养应用复合型人才

培养模式研究 [J]. 运动，2017（04）：73-74.

[16] 王乔亮 . 试析非体育类高等院校开设体育专业性选修课的必要性 [J]. 当代体育科技，2016（34）：152-154.

[17] 陆晓燕 . 体育高等职业教育"产、学、研、训、赛"五环相扣人才培养模式理论与实践探索 [J]. 教育教学论坛，2016（48）：241-243.

[18] 王震 . 地方高校体育专业研究生："产、学、研"三轮驱动培养模式 [J]. 科技展望，2016（20）：353.

[19] 戴国清，高秋平 . 地方高校社会体育指导与管理专业"产学研用"教学体系初探 [J]. 当代体育科技，2015（32）：184-185.

[20] 姜亮亮 . 高等体育院校产学研发展现状及结合方式探究 [J]. 运动，2015（21）：58-59.

[21] 周宾宇 . 民办高校社会体育指导与管理专业人才培养思路探究 [J]. 当代体育科技，2015（29）：175-176.

[22] 江金泽 . 深化产学研合作教育破解创新人才培养瓶颈——以体育产业为例 [J]. 中国高校科技，2015（06）：82-84.

[23] 李丽 . 我国公共体育服务人力资源队伍建设研究 [D]. 陕西：陕西师范大学，2015.

[24] 包春峰，艾振国，王丰秋 . 地方院校社会体育指导与管理专业产学研教育研究 [J]. 大庆师范学院学报，2015（03）：156-158.

[25] 韩波，王舒，周文生 . 健身产业发展与高校社会体育专业建设的关系 [J]. 体育与科学，2015（01）：117-120.

[26] 郑美艳，王雪峰，苏新荣 . 产学研合作教育：开启体育产业创新人才培养之匙 [J]. 体育科技文献通报，2014（06）：37-38.

[27] 刘敏涛 . 高职院校创新型体育师资队伍建设 [J]. 教育与职业，2014（12）：86-87.

[28] 石颖 . 产学研合作教育研究——以体育专业为例 [J]. 中国高校科技，2014（04）：49-50.

[29] 社会体育学院社会体育指导与管理专业综合改革成果显著 [J]. 沈阳体育学院学报，2013（03）：145.

[30] 郑伟，徐文静 . 产学研训四结合的运动项目实践教学基地建设研究 [J]. 体育世界（下旬刊），2013（04）：1-3.

[31] 刘金茹，胡刘奇立 . 高校户外运动课程产学研一体化研究 [J]. 体育研究与教育，2011（S2）：77-79.

[32] 魏火艳 . 体育管理专业产学研人才培养模式研究 [J]. 市场论坛，2011

（03）：86-87.

[33] 常先厚，常波．论社会体育专业产学研结合教育模式的构建 [J]. 湖北经济学院学报（人文社会科学版），2010（05）：202-203.

[34] 田凌，田英．产学研模式在社会体育专业办学中应用的可行性研究 [J]. 首都体育学院学报，2005（04）：117-118.

[35] 程晖，董璧．社会体育指导与管理专业人才培养目标及毕业要求研究 [J]. 体育世界（学术版），2019（10）：111-112.

[36] 金海波．民办高校社会体育指导与管理专业建设发展思考 [J]. 体育科技文献通报，2019（11）：84-86.

[37] 刘延莹，杨海平，冯庆鲲，张军．运动处方师队伍建设与人才培养初探 [J]. 肇庆学院学报，2019（05）：73-76.

[38] 欧繁荣，李欣．民办高校本科休闲体育专业校企合作人才培养模式的实践研究 [J]. 广州体育学院学报，2019（05）：125-128.

[39] 薛莲．论新时期高校体育教育专业人才培养模式的变革 [J]. 当代体育科技，2019（27）：79-80.

[40] 张忠林．体育强国视域下的体育教育专业人才培养 [J]. 体育世界（学术版），2019（08）：56-57.

[41] 康锂，姜宇．新时代下社会体育专业发展新方向 [J]. 当代体育科技，2019（27）：45-46.

[42] 武文娟，郝琛琛，何素艳．高校体育教育专业人才培养探析 [J]. 当代体育科技，2019（25）：73-75.

[43] 贾智丰．浅谈新形势下体育教育专业人才培养模式的构建与创新 [J]. 当代体育科技，2019（25）：110-111.

[44] 高伟强，罗跃平，黄文．应用型人才培养视角下社会体育指导与管理专业课程体系实证研究 [J]. 内江科技，2019（08）：121-122.

[45] 陈贵凤．全民健身社会体育专业指导人才培养路径研究 [J]. 产业创新研究，2019（08）：86-87.

[46] 邹学亮，马薇．社会体育指导与管理专业人才培养模式构建 [J]. 体育科技，2019（04）：57-58.

[47] 唐进昌．普通高校体育教育专业创新型人才培养模式研究和实践 [J]. 体育科技，2019（04）：125-126.

[48] 刘宁，刘建国．地方院校体育教育专业实践教学体系的构建 [J]. 安顺学院学报，2019（04）：79-82.

[49] 徐少华．高校体育教育专业人才培养问题与对策 [J]. 淮北职业技术学院学

报，2019（04）：31-34.

[50] 李海霞，杨晓红.校企合作共同培养体育运营与管理专业人才模式研究
[J].武术研究，2019（07）：135-137.